Robert Uerpmann-Wittzack

Examens-Repetitorium Allgemeines Verwaltungsrecht mit Verwaltungsprozessrecht

UNIREP JURA

Herausgegeben von Prof. Dr. Mathias Habersack

Examens-Repetitorium Allgemeines Verwaltungsrecht mit Verwaltungsprozessrecht

von

Dr. Robert Uerpmann-Wittzack

o. Professor an der Universität Regensburg

6., neu bearbeitete Auflage

Robert Uerpmann-Wittzack, Jahrgang 1966, Studium der Rechtswissenschaft in Berlin, Tübingen und Aix-en-Provence (Frankreich), Maîtrise en droit 1988 in Aix-en-Provence, Promotion 1992 an der Freien Universität Berlin, Assessorexamen 1994 in Berlin, Wissenschaftlicher Assistent an der Freien Universität Berlin, 1999 Habilitation ebenda, 1999/2000 Lehrstuhlvertretung an der Europa-Universität Viadrina Frankfurt (Oder), seit 2000 Lehrstuhl für Öffentliches Recht und Völkerrecht an der Universität Regensburg.

Ausgewählte Veröffentlichungen: Die Europäische Menschenrechtskonvention und die deutsche Rechtsprechung, 1993; Das öffentliche Interesse, 1999; Kommentierung der Art. 23, 45, 87e bis 87f, 143a, 143b GG in: v. Münch/Kunig, Grundgesetz-Kommentar, 7. Aufl. 2021.

Bibliografische Information der Deutschen Nationalbibliothek

Die Deutsche Nationalbibliothek verzeichnet diese Publikation in der Deutschen Nationalbibliografie; detaillierte bibliografische Daten sind im Internet über <https://portal.dnb.de> abrufbar.

Print: ISBN 978-3-8114-6119-2
ePub: ISBN 978-3-8114-8815-1

E-Mail: kundenservice@cfmueller.de
Telefon: +49 6221 1859 599
Telefax: +49 6221 1859 598

www.cfmueller.de

Satz: preXtension, Grafrath
Druck: Westermann Druck, Zwickau

Vorwort

Als Examens-Repetitorium dient dieses Buch der Wiederholung und Vertiefung. Es setzt Vorkenntnisse im gesamten Pflichtfachstoff des Öffentlichen Rechts voraus. Dadurch kann es Zusammenhänge innerhalb des Allgemeinen Verwaltungsrechts und des Verwaltungsprozessrechts ebenso verdeutlichen wie die Beziehungen zum Besonderen Verwaltungsrecht und zum Verfassungsrecht bis hin zum Europarecht. In einem einführenden Lehrbuch kommen diese Vernetzungen, die das Verständnis des Rechtsgebiets fördern, unvermeidlich zu kurz. Erst in der wiederholenden und vertiefenden Examensphase können sie richtig erfasst werden.

Zur Vorbereitung auf die Klausuren des ersten Staatsexamens ist dieses Repetitorium fallbezogen. Die Gliederung lehnt sich in weiten Teilen an den typischen Klausuraufbau an. Im Gegensatz zu Übungsbüchern behandelt das Repetitorium keine vollständigen Klausurfälle, doch orientiert sich die Darstellung an kleinen Beispielsfällen, die den Abschnitten vorangestellt sind. Jede und jeder ist eingeladen, sich vor der Lektüre eines Abschnitts Gedanken über die Lösung der Beispielsfälle zu machen. Sie vergewissern sich damit über den Stand Ihres Vorwissens und Ihrer aktuellen Fähigkeiten. Das eigenständige Nachdenken über die Fälle führt außerdem dazu, dass Sie von der nachfolgenden Lektüre der Erläuterungen viel stärker profitieren, als wenn Sie es ohne eigene Lösungsversuche lediglich unternehmen, sich den geschriebenen Text einzuprägen.

Für die sechste Auflage wurde das bewährte Examens-Repetitorium vollständig durchgesehen, aktualisiert und ergänzt. Besonderes Augenmerk galt der zunehmenden Digitalisierung des Rechtsverkehrs. Auch im Staatshaftungsrecht waren neue Entwicklungen nachzuzeichnen. Für wertvolle Vorarbeiten, Anregungen und Unterstützung bei der Bearbeitung des Manuskriptes danke ich Herrn Assessor *Martin Schumacher* sowie Frau stud. iur. *Teresa Kellner*.

Anregungen für weitere Verbesserungen sind stets willkommen. Sie erreichen mich unter robert.uerpmann-wittzack@ur.de.

Regensburg, im Winter 2022/23 *Robert Uerpmann-Wittzack*

Vorwort

Inhaltsverzeichnis

Abkürzungsverzeichnis

a. A.	anderer Ansicht
a. E.	am Ende
AEUV	Vertrag über die Arbeitsweise der Europäischen Union
AG	Aktiengesellschaft; Ausführungsgesetz
AGVwGO	Ausführungsgesetz zur VwGO
allg.	allgemein
AllgVwR	Allgemeines Verwaltungsrecht
Alt.	Alternative
ÄndG	Änderungsgesetz
Art.	Artikel
AtomG	Atomgesetz
AufenthG	Aufenthaltsgesetz
BAföG	Bundesausbildungsförderungsgesetz
BauGB	Baugesetzbuch
BauR	Baurecht (Zeitschrift)
Bay	Bayerisch
BayVBl.	Bayerische Verwaltungsblätter
BBesG	Bundesbesoldungsgesetz
Bbg.	Brandenburg
BBG	Bundesbeamtengesetz
BeamtStG	Beamtenstatusgesetz
BGB	Bürgerliches Gesetzbuch
BGBl.	Bundesgesetzblatt
BGH	Bundesgerichtshof
BGHZ	Entscheidungen des Bundesgerichtshofs in Zivilsachen
BHO	Bundeshaushaltsordnung
Bln.	Berlin
BNatSchG	Bundesnaturschutzgesetz
BNotO	Bundesnotarordnung
BSHG	Bundessozialhilfegesetz
Buchst.	Buchstabe
BVerfG	Bundesverfassungsgericht
BVerfGE	Entscheidungen des Bundesverfassungsgerichts
BVerfGG	Bundesverfassungsgerichtsgesetz
BVerwG	Bundesverwaltungsgericht
BVerwGE	Entscheidungen des Bundesverwaltungsgerichts
BW	Baden-Württemberg
bzw.	beziehungsweise
DB	Deutsche Bahn
DKP	Deutsche Kommunistische Partei
DÖV	Die Öffentliche Verwaltung (Zeitschrift)
DSchG	Denkmalschutzgesetz
DVBl.	Deutsches Verwaltungsblatt (Zeitschrift)

e. V.	eingetragener Verein
EDV	Elektronische Datenverarbeitung
EGGVG	Einführungsgesetz zum Gerichtsverfassungsgesetz
EBKreuzG	Eisenbahnkreuzungsgesetz
EMRK	Europäische Menschenrechtskonvention
EnWG	Energiewirtschaftsgesetz
EU	Europäische Union
EuGH	Europäischer Gerichtshof
EuR	Europarecht
EUV	Vertrag zur Gründung der Europäischen Union
EVU	Energieversorgungsunternehmen
f.	folgende; für
ff.	folgende
FinDAG	Finanzdienstleistungsaufsichtsgesetz
Fn.	Fußnote
Fs.	Festschrift
FStrG	Bundesfernstraßengesetz
G	Gesetz
GastG	Gaststättengesetz
GemS-OGB	Gemeinsamer Senat der Obersten Gerichtshöfe des Bundes
GewO	Gewerbeordnung
GG	Grundgesetz
ggf.	gegebenenfalls
GmbH	Gesellschaft mit beschränkter Haftung
grds.	grundsätzlich
GVG	Gerichtsverfassungsgesetz
h	Uhr
h. M.	herrschende Meinung
HessVGH	Hessischer Verwaltungsgerichtshof
HGrG	Haushaltsgrundsätzegesetz
i. S. (v.)	im Sinne (von)
i. V. m.	in Verbindung mit
insb.	insbesondere
JA	Juristische Arbeitsblätter (Zeitschrift)
JK	JURA Kartei
JURA	Juristische Ausbildung (Zeitschrift)
JuS	Juristische Schulung (Zeitschrift)
JuSchG	Jugendschutzgesetz
Kfz	Kraftfahrzeug
km/h	Kilometer pro Stunde
krit.	kritisch
LG	Landgericht
LKV	Landes- und Kommunalverwaltung (Zeitschrift)
LL.M.	Magister Legum/Master of Law
LuftVG	Luftverkehrsgesetz

m	Meter
MV	Mecklenburg-Vorpommern
Nds.	Niedersachsen
NJW	Neue Juristische Wochenschrift
Nr.	Nummer
NuR	Natur und Recht (Zeitschrift)
NVwZ	Neue Zeitschrift für Verwaltungsrecht
NVwZ-RR	NVwZ-Rechtsprechungs-Report Verwaltungsrecht (Zeitschrift)
NW	Nordrhein-Westfalen
o.	oben
OBG	Ordnungsbehördengesetz
OVG	Oberverwaltungsgericht
PartG	Parteiengesetz
PolR	Polizeirecht
PostG	Postgesetz
Rh.-Pf.	Rheinland-Pfalz
Rn.	Randnummer
S.	Satz; Seite
s.	siehe
s. o.	siehe oben
s. u.	siehe unten
SGB	Sozialgesetzbuch
sog.	so genannte
StPO	Strafprozessordnung
str.	streitig
StVG	Straßenverkehrsgesetz
StVO	Straßenverkehrsordnung
TÜV	Technischer Überwachungsverein
u.	unten
u. a.	und andere
u. U.	unter Umständen
VBlBW	Verwaltungsblätter für Baden-Württemberg (Zeitschrift)
VG	Verwaltungsgericht
VGH	Verwaltungsgerichtshof
VwGO	Verwaltungsgerichtsordnung
VwProzR	Verwaltungsprozessrecht
VwR	Verwaltungsrecht
VwVfG	Verwaltungsverfahrensgesetz
VwVG	Verwaltungsvollstreckungsgesetz
VwZG	Verwaltungszustellungsgesetz
z. B.	zum Beispiel
ZDF	Zweites Deutsches Fernsehen
ZPO	Zivilprozessordnung
ZR	Zivilrecht

Verzeichnis des abgekürzt zitierten Schrifttums

Geis, Max-Emanuel, Examens-Repetitorium Staatsrecht, 4. Aufl. 2022

Herrmann, Christoph/Michl, Walther, Examens-Repetitorium Europarecht. Staatsrecht III, 8. Aufl. 2022

Hufen, Friedhelm, Verwaltungsprozessrecht, 12. Aufl. 2021

Kopp, Ferdinand O./Ramsauer, Ulrich (Hrsg.), Verwaltungsverfahrensgesetz, 23. Aufl. 2022

Kopp, Ferdinand O./Schenke, Wolf-Rüdiger (Hrsg.), Verwaltungsgerichtsordnung, 28. Aufl. 2022

Maurer, Hartmut/Waldhoff, Christian, Allgemeines Verwaltungsrecht, 20. Aufl. 2020

Schenke, Wolf-Rüdiger, Verwaltungsprozessrecht, 17. Aufl. 2021

Schoch, Friedrich/Schneider, Jens-Peter/Bier, Wolfgang (Hrsg.), Verwaltungsgerichtsordnung, Loseblatt, Stand: 2/2022

Seiler, Christian, Examens-Repetitorium Verwaltungsrecht, 7. Aufl. 2022

Siegel, Thorsten, Allgemeines Verwaltungsrecht, 14. Aufl. 2022

Stelkens/Bonk/Sachs, Verwaltungsverfahrensgesetz, hrsg. von *Sachs, Michael/Schmitz, Heribert/Stelkens, Ulrich*, 10. Aufl. 2023

Wehr, Matthias, Examens-Repetitorium Polizeirecht, Allgemeines Gefahrenabwehrrecht, 4. Aufl. 2019

Einführung

Das vorliegende Repetitorium hat das Allgemeine Verwaltungsrecht und das Verwaltungsprozessrecht zum Gegenstand. Da verwaltungsrechtliche Probleme in der Klausur regelmäßig prozessual eingekleidet sind, geht das Repetitorium vom Prozessrecht aus und ordnet die Probleme des Allgemeinen Verwaltungsrechts entsprechend ihrer Stellung in der klausurmäßigen Prüfung prozessual ein. Anfechtungs- und Verpflichtungsklage spielen für die verwaltungsrechtliche Ausbildungs- und Examenspraxis eine überragende Rolle. Sie werden daher an erster Stelle behandelt. Teil 1 behandelt die Zulässigkeit, Teil 2 die Begründetheit verwaltungsrechtlicher Klagen am Beispiel der Anfechtungs- und Verpflichtungsklage. Soweit es sich aus Gründen der Sachnähe anbietet, wird schon in diesen beiden Teilen der Bezug zu anderen verwaltungsrechtlichen Verfahrensarten hergestellt. Systematisch werden die weiteren Klagearten aber erst in Teil 3 und der vorläufige Rechtsschutz in Teil 4 behandelt. Teil 5 ist der Aufhebung von Verwaltungsakten außerhalb von Rechtsbehelfsverfahren gewidmet, hat also vorrangig Rücknahme und Widerruf zum Gegenstand. Grundzüge des Staatshaftungsrechts (Teil 6) und der Verwaltungsvollstreckung (Teil 7) runden das Repetitorium ab. 1

Prozessrecht, Allgemeines Verwaltungsrecht und Besonderes Verwaltungsrecht greifen in der praktischen Anwendung untrennbar ineinander. Deshalb stellt dieses Repetitorium über die integrierte Behandlung des Prozessrechts und des Allgemeinen Verwaltungsrechts hinaus auch die Bezüge zu den Pflichtfachbereichen des Besonderen Verwaltungsrechts her. Die Abgrenzung fällt in manchen Bereichen besonders schwer. Beispielsweise findet der verwaltungsrechtliche Organstreit sein Hauptanwendungsgebiet im Kommunalrecht, während die verwaltungsgerichtliche Normenkontrolle am besten in Zusammenhang mit der Bauleitplanung oder auch mit Polizeiverordnungen behandelt wird. Im Staatshaftungsrecht enthalten die Polizei- und Ordnungsgesetze der Länder vielfach Spezialregelungen, die die ungeschriebenen Ansprüche aus Aufopferung und aufopferungsgleichem Eingriff verdrängen. Die Verwaltungsvollstreckung wird schließlich vor allem im Polizei- und Ordnungsrecht relevant und ist in den Polizeigesetzen der Länder häufig speziell geregelt. Der vorliegende Band kann Repetitorien im Baurecht, im Polizei- und Ordnungsrecht sowie im Kommunalrecht nicht ersetzen[1]. Im Kommunalrecht sowie im Polizei- und Ordnungsrecht findet dieses Werk seine Grenzen schon darin, dass es die unterschiedliche Rechtslage in einzelnen Ländern allenfalls streifen kann. Dennoch sollen auch die Bereiche des Allgemeinen Verwaltungsrechts und des Verwaltungsprozessrechts, die besonders starke Bezüge zum Besonderen Verwaltungsrecht aufweisen, zumindest in den Grundzügen mitbehandelt werden, um die Verzahnung der einzelnen Bereiche deutlich zu machen. 2

Auch im Bereich des Allgemeinen Verwaltungsrechts und des Verwaltungsprozessrechts bestehen landesrechtliche Besonderheiten. Examensrelevant ist vor allem die weitgehende Abschaffung des Widerspruchsverfahrens in einigen Ländern geworden (Rn. 108). Im Rahmen der vorliegenden, knappen, bundeseinheitlichen Darstellung können solche landesspezifische Fragen allenfalls gestreift werden. Im Rahmen der Examensvorbereitung ist es unerlässlich, sich mit den Besonderheiten des eigenen Landes vertraut zu machen. 3

1 S. dazu *Wehr*, Examens-Repetitorium PolR, sowie die Fälle bei *Seiler*, Examens-Repetitorium VwR.

Teil 1

Zulässigkeit verwaltungsgerichtlicher Verfahren am Beispiel der Anfechtungs- und Verpflichtungsklage

Fall 1: Gegen eine bauordnungsrechtliche Beseitigungsanordnung legt die Eigentümerin E nach erfolglosem Vorverfahren postwendend Klage ein. 4

Zulässigkeit einer verwaltungsgerichtlichen Klage am Beispiel der Anfechtungs- und Verpflichtungsklage 5

I. Gerichtsbezogene Sachentscheidungsvoraussetzungen
1. Deutsche Gerichtsbarkeit
2. Zulässigkeit des Verwaltungsrechtswegs (§ 40 VwGO)
3. Sachliche und örtliche Zuständigkeit (§§ 45 ff. VwGO)

II. Beteiligtenbezogene Sachentscheidungsvoraussetzungen
1. Beteiligungsfähigkeit (§ 61 VwGO)
2. Prozessfähigkeit und Postulationsfähigkeit (§§ 62, 67 VwGO)

III. Statthafte Klageart (§ 42 I VwGO)

IV. Besondere Sachentscheidungsvoraussetzungen
1. Klagebefugnis (§ 42 II VwGO)
2. Ordnungsgemäßes, erfolgloses Vorverfahren (§§ 68 ff. VwGO; Ausnahmen beachten!)
3. Frist (§ 74 VwGO)

V. Sonstiges
1. Passive Prozessführungsbefugnis
2. Allgemeines Rechtsschutzbedürfnis
3. Einwand der Rechtshängigkeit und der Rechtskraft
4. Form (§§ 81 f., 55a, 55d VwGO)

6 Es ist lernökonomisch sinnvoll, mit wenigen, möglichst **einfachen Grundstrukturen** zu arbeiten und diese je nach Bedarf **zu kombinieren und abzuwandeln**. In diesem Band wird die vorstehende Zulässigkeitsstruktur der Anfechtungs- und Verpflichtungsklage als Grundmodell verwandt. Aus ihm werden später im Dritten und Vierten Teil die übrigen Klage- und sonstigen Verfahrensarten abgeleitet. Zum besseren Lernen sind die Prüfungspunkte in Gruppen zusammengefasst. Eine andere Gliederung ist ohne weiteres möglich, doch ist die angegebene Reihenfolge sinnvoll.

In einer Klausur müssen niemals alle Prüfungspunkte angesprochen werden. In vielen Fällen ist es an sich möglich, sich auf die fünf nebenstehenden Punkte zu beschränken.

Zulässigkeit der Anfechtungs-/Verpflichtungsklage – Kurzform –

1. § 40 VwGO
2. § 42 I VwGO
3. § 42 II VwGO
4. §§ 68 ff. VwGO
5. § 74 VwGO

7 Häufig wird es sinnvoll sein, daneben auch kurz auf die Beteiligungsfähigkeit und auf die Form einzugehen. Alle übrigen Sachentscheidungsvoraussetzungen spielen nur selten eine Rolle. **Fall 1** ist so unproblematisch, dass sich die Zulässigkeit theoretisch in drei Sätzen abhandeln lässt: „Da E mit der Beseitigungsanordnung einen sie belastenden Verwaltungsakt angreift, ist die Anfechtungsklage zum Verwaltungsgericht statthaft (§§ 40, 42 I VwGO). Als grundrechtlich geschützte Eigentümerin (Art. 14 I GG) ist E klagebefugt (§ 42 II VwGO). Damit ist die nach erfolglosem Widerspruchsverfahren fristgerecht eingereichte Klage zulässig (§§ 68 ff. VwGO)." Für die Examensklausuren hat sich freilich vielerorts eine wesentlich ausführlichere Prüfung eingebürgert.

§ 1 Rechtsweg

I. Der Normalfall

8

Der Verwaltungsrechtsweg – § 40 I 1 VwGO
1. Sonderzuweisungen • „aufdrängende" (z. B. § 54 BeamtStG; § 126 I BBG) • „abdrängende" (z. B. Art. 14 III 4 GG, Art. 34 S. 3 GG, § 23 EGGVG) 2. **öffentlich-rechtliche Streitigkeit** 3. nichtverfassungsrechtlicher Art (Gegensatz: Streitigkeit zwischen Verfassungsorganen über Verfassungsrecht)

9 **Fall 2:** Das Studentenwerk, eine Anstalt des öffentlichen Rechts, versagt die von A beantragte Ausbildungsförderung nach dem BAföG.

Fall 3: Bei einer Polizeikontrolle wird die Autofahrerin F angehalten und aufgefordert, ihre Papiere vorzuweisen. F fühlt sich in ihrem Grundrecht aus Art. 2 I GG verletzt.

Fall 4: Die P-Partei meint, die Bundesregierung habe in unzulässiger Weise in den Bundestagswahlkampf eingegriffen.

Ist in den Fällen der Verwaltungsrechtsweg eröffnet?

10 Der Verwaltungsrechtsweg nach § 40 I 1 VwGO gehört zu den Sachentscheidungsvoraussetzungen, die stets zu prüfen sind. In den meisten Klausuren kann er mit Hilfe der Sonderrechtstheorie unproblematisch und ganz knapp bejaht werden.

→ **Sonderrechtstheorie** (modifizierte Subjektstheorie): Eine Norm ist öffentlich-rechtlicher Natur, wenn sie auf einer Seite spezifisch einen Träger öffentlicher Gewalt berechtigt und verpflichtet.

11 In **Fall 2** kann sich die Anspruchsgrundlage, also die streitentscheidende Norm, nur im BAföG finden. Dessen Normen sprechen nach §§ 40 f. BAföG die Studentenwerke spezifisch als Ämter für Ausbildungsförderung und damit als Hoheitsträger an, so dass es sich um öffentliches Recht handelt. Da dies vollkommen unproblematisch ist, könnte man sich in einer Examensklausur mit einem Satz begnügen: Da die streitentscheidenden Normen des BAföG öffentliches Recht sind, ist der Verwaltungsrechtsweg eröffnet. In derselben Weise könnte in **Fall 3** auf den öffentlich-rechtlichen Charakter der polizeirechtlichen Eingriffsgrundlage abgestellt werden.

In klaren Eingriffsfällen lässt sich stattdessen auch der Subordinationsgedanke fruchtbar machen. In **Fall 3** hat ein Hoheitsträger eine Private, die vorher in keiner besonderen Beziehung zu dem Hoheitsträger stand, durch einseitigen Akt verpflichtet anzuhalten und sich auszuweisen. Dies geht nur kraft öffentlichen Rechts. Die Handlungsform ist eindeutig öffentlich-rechtlich. 12

→ **Subordinationstheorie** (Subjektionstheorie): Verpflichtet ein Hoheitsträger einen Privaten außerhalb einer Sonderbeziehung durch einseitigen Akt, liegt öffentlich-rechtliches Handeln vor.

In **Fall 2** versagt die Subordinationstheorie hingegen, weil die Handlungsform nicht eindeutig ist. Leistungen kann die Verwaltung grundsätzlich auch in Privatrechtsform erbringen.

Der Ausschluss verfassungsrechtlicher Streitigkeiten ist fast nie zu problematisieren. Verfassungsrechtlicher Art ist eine Streitigkeit nur dann, wenn Verfassungsorgane oder andere Teilnehmer am Verfassungsleben i. S. v. Art. 93 I Nr. 1 GG oder Bund und Länder i. S. v. Art. 93 I Nr. 3 GG über Verfassungsrecht streiten (sog. **doppelte Verfassungsunmittelbarkeit**). In **Fall 4** kann die P-Partei geltend machen, die Bundesregierung, also ein Verfassungsorgan, habe sie in ihrem verfassungsrechtlichen Status aus Art. 21 I GG verletzt. Folgt man dem BVerfG, ist die Partei insoweit anderer Beteiligter am Verfassungsleben i. S. v. Art. 93 I Nr. 1 GG[1]. Der Verwaltungsrechtsweg ist ihr daher verschlossen. Streitigkeiten zwischen Individuen und Verwaltung sind hingegen auch dann verwaltungsrechtlicher Natur, wenn sie anhand von Grundrechten zu entscheiden sind. In **Fall 3** ändert die Berufung auf Art. 2 I GG daher nichts am Verwaltungsrechtsweg. 13

Bisweilen wird das Kriterium der doppelten Verfassungsunmittelbarkeit als Abgrenzungsformel kritisiert[2]. Nach anderer Ansicht sind Streitigkeiten verfassungsrechtlicher Natur, wenn sie aufgrund verfassungs- oder einfachgesetzlicher Rechtsvorschriften ausschließlich den Verfassungsgerichten vorbehalten sind. Beide Abgrenzungstheorien führen jedenfalls dann, wenn man die Maßstäbe der Gerichtspraxis zugrunde legt, in den meisten Fällen zu demselben Ergebnis. In der Klausur lohnt es sich daher in der Regel nicht, den Streit anzusprechen. 14

II. Problemfälle bei der Abgrenzung von Öffentlichem Recht und Zivilrecht

Fall 5: M ist mit seinen Mietzahlungen erheblich im Verzug. Als V das Mietverhältnis fristlos kündigt, verpflichtet sich das Sozialamt gegenüber V zur Zahlung, so dass die Kündigung nach § 569 III Nr. 2 S. 1 BGB unwirksam wird. Später verweigert das Sozialamt die Zahlung. 15

Fall 6: Nach der Benutzungssatzung für das städtische Schwimmbad müssen Badegäste eine Eintrittskarte lösen.

Fall 7: Nach den Allgemeinen Geschäftsbedingungen der städtischen Verkehrsbetriebe, eines Eigenbetriebs der Stadt, kommt mit dem Entwerten eines Einzelfahrscheins ein Beförderungsvertrag zustande.

Fall 8: In einer Presseerklärung informiert die zuständige Ministerin über die Gefahren von Jugendsekten. Die J-Sekte, die in dem Bericht namentlich genannt wird, klagt auf Unterlassen.

---

1 BVerfGE 44, 125 (135 f.).

2 *Bethge*, JuS 2001, 1100 ff.; *Schenke*, VwProzR, Rn. 142 ff.

Fall 9: Nachdem B im Streit um seine Ausbildungsförderung den zuständigen Sachbearbeiter bedroht hat, verbietet ihm die Behördenleiterin, das Verwaltungsgebäude des Studentenwerks zu betreten.

Fall 10: C, die nicht studiert und auch nicht studieren will, hat sich mehrfach im Vorraum des BAföG-Amtes schlafen gelegt. Dabei hat sie in angetrunkenem Zustand Studierende belästigt. Die Behördenleiterin erteilt ihr Hausverbot.

Ist in den Fällen der Verwaltungsrechtsweg eröffnet?

16 **Abgrenzung von öffentlichem Recht und Zivilrecht**

1. Rechtsform der Beteiligten?
   nur Private → i.d.R. Zivilrecht
2. eindeutige Handlungsform?
   (Subordinationstheorie)
3. Rechtsgrundlage?
   (Sonderrechtstheorie)
4. Zusammenhang?
5. im Zweifel: öffentliche Aufgabe → öffentliches Recht
   (Interessentheorie)

17 In seltenen Fällen bereitet es Schwierigkeiten, öffentliches Recht und Zivilrecht voneinander abzugrenzen. Dann empfiehlt es sich, die vorstehend aufgelisteten fünf Punkte durchzugehen. Dabei handelt es sich nicht um eine verbindliche Prüfungsfolge. Das Prüfungsraster soll lediglich helfen, Argumente zu finden und zu ordnen.

18 Eine erste Vorklärung ermöglicht die **Rechtsform der Beteiligten**. Streiten ausschließlich natürliche Personen oder juristische Personen des Privatrechts miteinander, geht es fast immer um Zivilrecht. Wichtigste Ausnahme ist die **Beleihung**. Soweit ein Privater mit Hoheitsgewalt beliehen ist, kann er wie eine juristische Person des öffentlichen Rechts öffentlich-rechtlich handeln. Zu beachten ist, dass eine Beleihung stets einer gesetzlichen Grundlage bedarf. Beispiele sind die Technischen Überwachungsvereine (TÜV), die Deutsche Flugsicherung GmbH (§§ 31b I 1; 31d II 5 LuftVG) sowie die Deutsche Post AG bei der Vornahme amtlicher Zustellungen (§ 33 I PostG) und bei der Ausübung von Dienstherrenbefugnissen gegenüber Beamten (Art. 143b III 2 GG).

19 Mit der **Subordinationstheorie** lässt sich nur in klaren Eingriffsfällen ein Ergebnis erzielen (z. B. oben **Fall 3**; Rn. 12). Mit Hilfe der **Sonderrechtstheorie** lassen sich Rechtsnormen meist unproblematisch qualifizieren. Allerdings reicht es streng genommen nicht aus, festzustellen, dass auf der einen Seite ausschließlich Träger hoheitlicher Gewalt berechtigt und verpflichtet werden. Vielmehr ist erforderlich, dass sie gerade **in ihrer Eigenschaft als Hoheitsträger** verpflichtet werden. Damit nähert sich die Definition einem Zirkelschluss. In aller Regel wird die spezifische Verpflichtung als Hoheitsträger nicht in Frage gestellt. In Ausnahmefällen kann es aber sinnvoll sein, eine Norm aufgrund ihres Gesamtzusammenhangs dem Zivilrecht zuzuordnen, obwohl sie nur auf Hoheitsträger Anwendung findet. Ein Beispiel ist die Verpflichtungserklärung nach § 569 III Nr. 2 S. 1 BGB in **Fall 5**. Die Erklärung kann ausweislich des Gesetzeswortlauts nur von einer öffentlichen Stelle abgegeben werden. Das spricht für öffentliches Recht. Dennoch geht das BVerwG in einer aufwendig begründeten Auslegungsentscheidung davon aus, dass die Stelle hier nicht als Hoheitsträger, sondern wie ein Privater an-

gesprochen wird[3]. Ein anderes Ergebnis wäre ebenso vertretbar. In einer Klausur kann nur die Argumentation zählen.

Die Sonderrechtstheorie versagt zudem, wenn die Verwaltung im gesetzesfreien Raum gehandelt hat oder wenn unklar ist, welche Rechtsgrundlage sie gewählt hat. Dann ist auf den **Handlungszusammenhang** abzustellen. Diese schlagwortartige Überschrift umfasst eine Vielzahl von Fallgruppen. 20

- ***Actus-contrarius*-Gedanke:** Ein Akt, der einen öffentlich-rechtlichen Akt aufhebt, ist seinerseits öffentlich-rechtlicher Natur (insbesondere Rücknahme und Widerruf, Rn. 415 ff.). 21
- **Kehrseitentheorie:** Ist eine Leistung aufgrund öffentlichen Rechts erfolgt, ist ein Rückforderungsanspruch ebenfalls öffentlich-rechtlicher Natur. Anspruchsgrundlage ist dann ein sog. öffentlich-rechtlicher Erstattungsanspruch (Rn. 281). 22
- Kann die Verwaltung mangels gesetzlicher Vorgaben zwischen öffentlichem und Zivilrecht wählen, ist das Handeln der Verwaltung auszulegen. Bezeichnung, Inhalt und Ausgestaltung können Hinweise auf die Rechtswahl geben. Nimmt die Verwaltung beispielsweise in einen **Vertrag** eine Unterwerfung unter die sofortige Vollstreckung „gemäß § 61 VwVfG" auf, spricht dies deutlich für die Wahl des öffentlichen Rechts. Ebenso deutet in **Fall 6** die Regelung durch Satzung darauf hin, dass mit dem „Lösen" einer Eintrittskarte ein öffentlich-rechtliches Benutzungsverhältnis zustande kommt. Der Eigenbetrieb in **Fall 7** könnte als städtisches Sondervermögen ohne eigene Rechtspersönlichkeit an sich ebenfalls öffentlich-rechtlich handeln. Die Regelung des Beförderungsverhältnisses durch Allgemeine Geschäftsbedingungen spricht jedoch eher für eine zivilrechtliche Ausgestaltung. Die Wahl der Vertragsform weist ebenfalls deutlich auf das Zivilrecht hin. Zwar kann ein Vertrag auch öffentlich-rechtlich begründet werden. Das Entwerten eines gelösten Fahrscheins würde aber nicht dem Schriftformerfordernis nach § 57 VwVfG genügen. 23

Bleibt die Rechtsnatur des Verwaltungshandelns auch nach ihrem Zusammenhang noch dunkel, lässt sich schließlich die **Interessentheorie** heranziehen. Danach ist im Zweifel anzunehmen, dass die Verwaltung öffentliche Aufgaben in den Formen des öffentlichen Rechts erfüllt. Wichtig ist, im Auge zu behalten, dass die Verwaltung öffentliche Aufgaben im Rahmen der gesetzlichen Vorgaben anerkanntermaßen auch privatrechtlich wahrnehmen kann (sog. **Verwaltungsprivatrecht**). Die Interessentheorie ist daher nur ein schwaches Hilfskriterium. Außerdem greift der Interessengedanke nur, wenn es unmittelbar um die Erfüllung öffentlicher Aufgaben geht. Hilfsgeschäfte, die der Bedarfsdeckung dienen, sind als sog. **fiskalisches Handeln** privatrechtlicher Natur. Der Kauf neuer Polizeifahrzeuge vollzieht sich ebenso nach dem BGB wie die Beauftragung eines Abschleppunternehmens. Lässt die Polizei ein Auto abschleppen, handelt sie gegenüber der Fahrzeughalterin hoheitlich, während das Vertragsverhältnis zum Abschleppunternehmen zivilrechtlicher Natur ist (s. noch u. Rn. 472 f.). 24

In **Fall 8** kommt ein zivilrechtlicher oder ein öffentlich-rechtlicher Unterlassungsanspruch in Betracht, je nachdem, wie die Ministerin gehandelt hat. Ihre Erklärung entbehrt einer fachgesetzlichen Grundlage. § 83 I i. V. m. § 1 III Nr. 3 SGB VIII lässt sich allenfalls eine ganz allgemeine Aufgabenzuweisung entnehmen. Für die Wahl einer privatrechtlichen Handlungsform gibt es kein Indiz. Die Beobachtung gesellschaftlicher Ent- 25

3 BVerwGE 94, 229 ff. noch zum früheren § 554 II Nr. 2 S. 1 BGB.

wicklungen und Gefahren und die Information darüber ist Teil der Regierungsaufgaben[4]. Mithin ist die Äußerung öffentlich-rechtlicher Natur[5].

26 In Klausuren beliebt und seit Jahrzehnten umstritten ist die rechtliche Einordnung behördlicher **Hausverbote**. Als Handlungsform ist das Hausverbot nicht eindeutig, weil es auch ein privates Hausrecht gibt. Nur ausnahmsweise wird sich aus der Wortwahl der Behörde ergeben, dass sie eindeutig öffentlich-rechtlich handeln wollte[6]. An einer speziellen Rechtsgrundlage fehlt es regelmäßig. Man mag an die Anstaltsgewalt oder an das Ordnungsrecht denken. Beides schließt jedoch die Möglichkeit eines privatrechtlichen Hausverbots nicht von vornherein aus. Häufig wird auf die Rechtsbeziehung zwischen dem Störer und der Behörde abgestellt[7]. In **Fall 9** steht die Störung in Zusammenhang mit der öffentlich-rechtlichen Tätigkeit des Studentenwerks nach dem BAföG. Danach wäre auch das Hausverbot hier – anders als in **Fall 10** – öffentlich-rechtlicher Natur. Andere stellen statt dessen darauf ab, ob das Hausrecht die öffentlich-rechtliche Aufgabenwahrnehmung sichern soll[8]. Nach dieser Auffassung könnte auch das Hausverbot in **Fall 10** als öffentlich-rechtlich qualifiziert werden, weil zumindest die Störung von Studierenden, die das BAföG-Amt aufsuchen, die ordnungsgemäße Verwaltungstätigkeit beeinträchtigt. In Klausuren kann hier nur die Argumentation zählen.

27 Bisweilen erfolgt die Gewährung von Rechten zweistufig (sog. **Zweistufentheorie**). Beispielsweise kann beim Antrag auf Nutzung einer **Stadthalle** ein öffentlich-rechtlicher Zulassungsbescheid (1. Stufe) Grundlage für den Abschluss eines zivilrechtlichen Mietvertrages (2. Stufe) sein. Bei einem Streit um die Zulassung (1. Stufe) wäre der Verwaltungsrechtsweg eröffnet, bei einem Streit auf der zweiten Stufe (z. B. vertraglicher Schadensersatz wegen Beschädigung der Halle) der ordentliche Rechtsweg. Nach dem ***actus-contrarius*-Gedanken** muss ggf. auch die Rückabwicklung zweistufig erfolgen[9].

III. Sonderzuweisungen

28 **Fall 11:** B, ein städtischer Beamter, ist angeklagt, sich seinen Unterhaltspflichten entzogen zu haben. Vor der Hauptverhandlung gibt das Amtsgericht eine Presseerklärung heraus, in der B namentlich genannt und mit Foto und ausführlichem Lebenslauf vorgestellt wird. B sieht sich in seinem allgemeinen Persönlichkeitsrecht verletzt und möchte klagen. Welches Gericht ist zuständig?

29 Ausnahmsweise können spezielle Rechtswegzuweisungen in Betracht kommen. Als Spezialregelungen gehen sie der Generalklausel vor. Die bekannteste aufdrängende **Sonderzuweisung** findet sich in § 54 I BeamtStG, § 126 I BBG für beamtenrechtliche Streitigkeiten. Wichtige abdrängende Sonderzuweisungen sind Art. 14 III 4 GG (Enteignungsentschädigung), Art. 34 S. 3 GG (Amtshaftung) sowie § 40 II 1 VwGO (Aufopferung u. a.). § 23 EGGVG weist Streitigkeiten über sog. Justizverwaltungsakte den ordentlichen Gerichten zu. Soweit die Polizei repressiv, also strafverfolgend, tätig wird, richtet

4 BVerfGE 105, 279 (301 ff.); BVerwGE 82, 76 (79-81).
5 Zu den Abgrenzungsproblemen s. auch *Di Fabio*, JuS 1997, 1 f.
6 Dazu und allg. zur Hausrechtsproblematik *Ipsen/Koch*, JuS 1992, 809 (813 f.).
7 Z. B. OVG NW, NJW 1995, 1573 – Sparkasse.
8 Z. B. *Knemeyer*, DÖV 1971, 303 f.
9 Z. B. BVerwG, NJW 2006, 536 (537) zur Rückabwicklung eines zweistufigen Subventionsverhältnisses.

sich der Rechtsschutz vorrangig nach den Vorschriften der StPO[10]. Besonders wichtig ist dabei § 98 II StPO in direkter oder entsprechender Anwendung.

Während aufdrängende Sonderzuweisungen stets vor der Generalklausel zu prüfen sind, ist dies bei abdrängenden Sonderzuweisungen zweifelhaft. Vielfach wird empfohlen, abdrängende Sonderzuweisungen als Ausnahmeregelungen erst nach der Generalklausel zu prüfen. Es ist aber ebenso vertretbar, abdrängende Sonderzuweisungen als Spezialregelungen vor der Generalklausel zu prüfen. Am besten ist ein pragmatisches Vorgehen. **30**

Bei der **Amtshaftung** lassen sich Rechtswegfragen problemlos klären, wenn man sofort die Sonderzuweisung des Art. 34 S. 3 GG heranzieht. Der umgekehrte Aufbau, der mit der Generalklausel beginnt, würde zu aufwendigen Ausführungen über den öffentlich-rechtlichen Charakter der Amtshaftung verleiten. Damit würde ein falscher Schwerpunkt gesetzt. Angesichts der Spezialzuweisung in Art. 34 S. 3 GG kommt es auf den öffentlich-rechtlichen Charakter der Amtshaftung nicht an. Überflüssige Ausführungen sind in der Klausur aber ein Fehler. **31**

Anders verhält es sich bei den abdrängenden Sonderzuweisungen der StPO und des **§ 23 EGGVG**. In diesen Fällen kann es durchaus sinnvoll sein, zunächst im Rahmen der Generalklausel den öffentlich-rechtlichen Charakter der Streitigkeit klarzustellen und dann auf eine möglicherweise abdrängende Sonderzuweisung einzugehen. **32**

In **Fall 11** könnte der Rechtsweg zu den Verwaltungsgerichten nach § 40 I 1 VwGO eröffnet sein. Bei der Einordnung als öffentlich-rechtliche Streitigkeit versagt zwar die Sonderrechtstheorie (Rn. 10), weil die Rechtsgrundlage für die Pressemitteilung nicht ersichtlich ist. Auch die Subordinationstheorie (Rn. 12) versagt, weil die Pressemitteilung schlichtes Verwaltungshandeln ist, durch das niemand zu einem Verhalten verpflichtet wird. Der Zusammenhang und auch die Zweifelsregelung weisen die Presseerklärung aber eindeutig als öffentlich-rechtliches Handeln aus. Die Streitigkeit ist zudem nichtverfassungsrechtlicher Art, weil weder B noch das Gericht Verfassungsorgane sind. In der Klausur kann es sachgerecht sein, die grundsätzliche Eröffnung des Verwaltungsrechtsweges in aller Kürze darzustellen und erst dann zu fragen, ob eine Ausnahme eingreift. In Betracht kommt § 23 EGGVG. Noch speziellere Zuweisungen, etwa aus der StPO, die gemäß § 23 III EGGVG ihrerseits Vorrang beanspruchen, sind für Pressemitteilungen nicht ersichtlich. **33**

§ 23 I EGGVG ist an die verwaltungsgerichtliche Anfechtungsklage angelehnt, § 23 II EGGVG an die Verpflichtungsklage. In **Fall 11** wendet sich B gegen die ihn belastende Pressemitteilung, so dass § 23 I EGGVG zu prüfen ist. Es kommt mithin darauf an, ob die Presseerklärung als sog. **Justizverwaltungsakt** i. S. v. § 23 I 1 EGGVG zu qualifizieren ist. Der Vorschrift liegt ein funktioneller Begriff der Justizverwaltung zu Grunde. Beispielsweise ist auch die Polizei als **Justizverwaltung im funktionellen Sinn** zu qualifizieren, soweit sie Aufgaben der Strafverfolgung wahrnimmt. Justizverwaltungsakte sind zunächst von der rechtsprechenden Tätigkeit abzugrenzen. Zum Beispiel ist die Ablehnung des Strafgerichts, einen Zeugen zu laden, als rechtsprechende Tätigkeit nicht nach § 23 I 1 EGGVG zu überprüfen. Vielmehr kann die Ablehnung nur im Rahmen eines Rechtsmittels gegen das Strafurteil geltend gemacht werden. Die Pressemitteilung in **Fall 11** ist hingegen kein Akt der Rechtsprechung. Sie informiert nur über die rechtsprechende Tätigkeit des Gerichts. § 23 EGGVG soll gerade solche Maßnahmen der ordentli- **34**

10 Dazu *Schoch*, Rechtsschutz gegen polizeiliche Maßnahmen, JURA 2001, 628 ff.

chen Gerichte erfassen, die zwar keine Rechtsprechung darstellen, aber in so engem Zusammenhang zur rechtsprechenden Tätigkeit stehen, dass es sachwidrig wäre, die Verwaltungsgerichte darüber urteilen zu lassen. Bei Pressemitteilungen wird dieser enge Zusammenhang überwiegend angenommen[11], doch lässt sich auch die Gegenansicht vertreten[12].

35 § 23 I 1 EGGVG erfasst nach seinem Wortlaut nur Regelungen. Der Begriff ist aus der Definition des Verwaltungsaktes in § 35 S. 1 VwVfG bekannt. Eine Regelung in diesem Sinn enthält die Pressemitteilung nicht. Der Begriff des Justizverwaltungsaktes ist aber nicht auf Regelungen im technischen Sinn beschränkt. Er erfasst **auch schlichtes Justizverwaltungshandeln**. Anderenfalls könnte § 23 EGGVG seinen Zweck, die ordentlichen Gerichte über solches Verhalten urteilen zu lassen, das eng mit ihrer rechtsprechenden Tätigkeit verwoben ist, nur unvollständig erfüllen. Damit ist in **Fall 11** nach § 23 I 1 EGGVG der Rechtsweg zu den ordentlichen Gerichten gegeben. Sachlich zuständig ist nach § 25 I EGGVG das OLG.

IV. Die Rechtswegverweisung

36 **Fall 12:** Die Stadt Darmstadt möchte verhindern, dass Castor-Behälter mit abgebrannten Kernbrennelementen über ihr Gemeindegebiet transportiert werden. Deshalb beantragt sie vor dem VG den Erlass einer einstweiligen Anordnung gegen die Deutsche Bahn AG. Wie wird das VG entscheiden?

37 Fehlt eine Sachentscheidungsvoraussetzung, führt dies regelmäßig dazu, dass die Klage als unzulässig abgewiesen wird. Anders verhält es sich beim Rechtsweg. Ist der Verwaltungsrechtsweg nicht eröffnet, hat das Verwaltungsgericht die Sache nach § 17a II 1 GVG i. V. m. § 173 VwGO **von Amts wegen** an das zuständige Gericht zu **verweisen**. In Klausuren wird diese Konstellation nur selten vorkommen. Am ehesten bietet sie sich für eine Zusatzfrage an.

38 § 17a GVG ist teilweise dahin verstanden worden, dass es sich beim **Rechtsweg** gar nicht um eine **Zulässigkeitsvoraussetzung** handele. Folgerichtig wäre der Rechtsweg in der Klausur als eigener Prüfungspunkt vor der Zulässigkeit zu behandeln[13]. Dagegen spricht zweierlei[14]. Zum einen empfiehlt es sich, die klare und seit langem allgemein anerkannte Zweiteilung in Zulässigkeit und Begründetheit nicht ohne wichtigen Grund aufzugeben. Zum anderen lässt sich § 17a II 1 GVG zwanglos dahin verstehen, dass es in der Tat um die Zulässigkeit der Klage in dem jeweiligen Rechtsweg geht. Wer den Streit pragmatisch umgehen will, kann ebenso gut die Überschrift: „Zulässigkeit“, vermeiden und den Rechtsweg sowie die übrigen Zulässigkeitsvoraussetzungen unter der gemeinsamen Überschrift: „Sachentscheidungsvoraussetzungen“, zusammenfassen.

39 In prozessualer Hinsicht ist im Übrigen zu beachten, dass ein Streit über den Rechtsweg ggf. vorab durch Beschluss zu entscheiden ist (§ 17a III GVG). Dieser Beschluss ist nach § 17a IV GVG gesondert mit der sofortigen Beschwerde anfechtbar. Damit kann der Rechtsweg abschließend geklärt werden, bevor das Gericht in der Hauptsache entschei-

11 Z. B. OLG Stuttgart, NJW 2001, 3797.
12 So BVerwG, NJW 1989, 412 (413 f.).
13 Dasselbe gilt wegen der Verweisung in § 83 VwGO für die sachliche und örtliche Zuständigkeit; s. u. Rn. 170.
14 S. auch *Fischer*, Zulässigkeit der Klage und Zulässigkeit des Rechtswegs, JURA 2003, 748 ff.

det. Unterbleibt eine **Vorabentscheidung** und hat keine Partei die Zulässigkeit des Rechtsweges nach § 17a III 2 GVG gerügt, kann die Endentscheidung später nicht mehr mit der Begründung angegriffen werden, der Rechtsweg sei nicht eröffnet (§ 17a V GVG). Umstritten ist die Zulässigkeit einer Verweisung im Verfahren des **vorläufigen Rechtsschutzes**. Der Wortlaut von § 17a II GVG spricht eher dafür, ebenso das Interesse an einer Verfahrensbeschleunigung[15].

In **Fall 12** hängt der Rechtsweg von der Einordnung eines möglichen Unterlassungsanspruchs ab. Dafür ist maßgebend, ob die Deutsche Bahn AG den Castor-Transport öffentlich-rechtlich oder privatrechtlich durchführt. Als juristische Person des Privatrechts kann die AG grundsätzlich nur privatrechtlich handeln. Für eine Beleihung im Zusammenhang mit dem Transport ist nichts ersichtlich. Damit ist der Verwaltungsrechtsweg nicht eröffnet. Das VG wird dies feststellen. Folgt man der Ansicht, dass § 17 II GVG auch im Verfahren des vorläufigen Rechtsschutzes gilt, wird das VG die Sache an das zuständige ordentliche Gericht verweisen[16]. 40

§ 2 Beteiligte

Fall 13: Das Bundesamt für Strahlenschutz versagt die beantragte Castor-Transportgenehmigung. Beurteilen Sie die Zulässigkeit einer Klage des betroffenen Energieversorgungsunternehmens (EVU)! 41

I. Beteiligungsfähigkeit

Bei der Beteiligungsfähigkeit bzw. Beteiligtenfähigkeit liegen regelmäßig keine Klausurprobleme. Pluspunkte sind hier kaum zu gewinnen. Dementsprechend sollten die **Ausführungen knapp gehalten** werden. Fehler bei der Beteiligungsfähigkeit können allerdings sehr übel genommen werden. 42

Natürliche und juristische Personen sind nach § 61 Nr. 1 VwGO beteiligungsfähig. Das gilt auch für juristische Personen des öffentlichen Rechts, also insbesondere Körperschaften und Anstalten. Der Bund, die Länder, Kommunen, Universitäten, Studentenwerke oder Rundfunkanstalten sind alle nach § 61 Nr. 1, 2. Alt. VwGO beteiligungsfähig. 43

Handelt eine **Behörde**, gilt im Bund und in vielen Ländern das **Rechtsträgerprinzip** (§ 78 I Nr. 1 VwGO). Beteiligt im Verwaltungsprozess ist dann nicht die Behörde selbst, sondern der jeweilige Rechtsträger, also die juristische Person, der die Behörde angehört. 44

In **Fall 13** kann davon ausgegangen werden, dass das EVU als juristische Person des Privatrechts organisiert ist. Als juristische Person ist es nach § 61 Nr. 1, 2. Alt. VwGO beteiligungsfähig. Es müsste nicht das Bundesamt selbst verklagen, sondern den Rechtsträger des Bundesamts, also den Bund. Das bedeutet, dass in der Klausur die Beteiligungsfähigkeit des Bundes nach § 61 Nr. 1, 2. Alt. VwGO festzustellen ist. 45

15 BayVGH, BayVBl. 1993, 309 (310); OVG MV, NVwZ 2001, 446 (447); OVG Rh.-Pf., ZfBR 2005, 590 f.; zweifelnd BVerwG, NVwZ 2006, 1291; a. A. *Kopp/Schenke*, VwGO, Anhang zu § 41 Rn. 2a.

16 S. VG Darmstadt, NJW 1998, 771 f.

46 Besondere Probleme entstehen dort, wo das **Landratsamt** eine **Doppelnatur** hat. Je nachdem, ob das Landratsamt eigene oder staatliche Aufgaben wahrnimmt, ist die Klage gegen den Landkreis oder gegen das Land zu richten. Dies beurteilt sich nach dem Kommunalrecht des jeweiligen Landes. **§ 61 Nr. 3 VwGO gestattet es, vom Rechtsträgerprinzip abzuweichen**. Einzelne Länder haben davon in mehr oder weniger weitem Umfang Gebrauch gemacht. Dann ist die Behörde selbst als Beteiligte zu behandeln. Wichtig ist, dass § 61 Nr. 3 VwGO **nur i. V. m. landesrechtlichen Ausführungsvorschriften** angewandt werden darf. In Ländern, die keine entsprechenden Vorschriften erlassen haben, spielt § 61 Nr. 3 VwGO keine Rolle.

47 Die VwGO regelt die Beteiligungsfähigkeit relativ großzügig, indem sie auch solche **Vereinigungen**, die keine juristischen Personen sind, nach § 61 Nr. 2 VwGO für beteiligungsfähig erklärt, soweit ihnen ein Recht zustehen kann. Vorrangig sind allerdings **Sonderregelungen** zu beachten. Das gilt insbesondere für **politische Parteien**. Sie sind häufig aus traditionellen Gründen nicht als juristische Personen organisiert. Nach **§ 3 PartG** sind ihre Bundes- und Landesverbände dennoch beteiligungsfähig. Eines Rückgriffs auf § 61 Nr. 2 VwGO bedarf es insoweit nicht. Eine anders geartete Sonderregelung enthält § 47 II 1 VwGO. Danach sind Behörden unabhängig von § 61 VwGO im verwaltungsgerichtlichen Normenkontrollverfahren als Antragsteller beteiligungsfähig (Rn. 351).

48 Die verwaltungsprozessuale Beteiligungsfähigkeit nach § 61 VwGO findet **für das Verwaltungsverfahren** ihr Pendant in **§ 11 VwVfG**.

II. Prozessfähigkeit und Postulationsfähigkeit

49 Die **Prozessfähigkeit** nach § 62 VwGO ist **regelmäßig unproblematisch**. Bei natürlichen Personen ist sie nur zu erwähnen, wenn dafür besonderer Anlass besteht, also z. B. bei Minderjährigen. Bei juristischen Personen, die als solche prozessunfähig sind, könnte geklärt werden, welche Organe oder sonstigen Vertreter für sie handeln. Die Suche nach einschlägigen Vorschriften darf aber auf keinen Fall die Zeit für die eigentlichen Probleme der Arbeit rauben, die in der Regel anderswo liegen.

50 Bei der **Postulationsfähigkeit** geht es darum, ob die prozessfähige Partei Verfahrenshandlungen selbst vornehmen kann oder ob sie sich dafür durch einen Rechtsanwalt vertreten lassen muss. Nach § 67 VwGO sind Beteiligte grundsätzlich nur vor dem VG selbst postulationsfähig. Ansonsten besteht **Anwaltszwang**. In der Klausur interessiert die Postulationsfähigkeit regelmäßig nicht. Eine Besonderheit ist die verwaltungsgerichtliche Normenkontrolle nach § 47 VwGO. Über sie entscheidet erstinstanzlich das OVG, so dass sich Antragsteller anwaltlich vertreten lassen müssen (Rn. 351).

III. Das Problem der passiven Prozessführungsbefugnis

51 Besondere Schwierigkeiten bereitet die richtige Einordnung von § 78 VwGO. In **Bayern** wird weitgehend angenommen, dass § 78 VwGO die **Passivlegitimation** regelt. In dieser Funktion betrifft § 78 VwGO nicht die Zulässigkeit[1]. Vielmehr ist er **am Anfang der Begründetheit zu prüfen**, so dass die Begründetheitsprüfung der Anfechtungsklage in

1 So BayVGH, BayVBl. 1988, 628 (630): Frage nach dem richtigen Beklagten als Frage der Begründetheit.

Bayern traditionell dreistufig erfolgt: (1.) Passivlegitimation, (2.) Rechtswidrigkeit des Verwaltungsaktes, (3.) Rechtsverletzung.

Außerhalb Bayerns tendiert eine Mehrheit mit guten Gründen dazu, § 78 VwGO als Regelung der **passiven Prozessführungsbefugnis** in der **Zulässigkeit** einzuordnen[2]. Auch hier stiftet die Vorschrift leicht Verwirrung. Sie steuert die **richtige Bestimmung des Beklagten**. In Klausuren wird der Beklagte häufig nicht benannt. Dann ist es Aufgabe der Bearbeiter, beim Prüfungspunkt „Beteiligungsfähigkeit" den richtigen Beklagten auszuwählen. Bei der Anfechtungs- und Verpflichtungsklage muss dazu § 78 VwGO explizit oder zumindest implizit herangezogen und richtig angewandt werden. Wird ein Beklagter genannt, ist zu überprüfen, ob der nach § 78 VwGO zutreffende Beklagte verklagt wurde. 52

In **Fall 13** ergibt sich aus § 78 I Nr. 1 VwGO, dass die Klage gegen den Bund als Rechtsträger des Bundesamts für Strahlenschutz zu richten ist. Daher wäre in der Klausur die Beteiligungsfähigkeit des Bundes festzustellen (Rn. 45). 53

IV. Beiladung

Zu den Beteiligten zählen neben Kläger und Beklagtem nach § 63 Nr. 3 VwGO auch Beigeladene. Zur Beiladung kommt es namentlich bei Verwaltungsakten mit Doppelwirkung. Fechten Nachbarn eine Baugenehmigung an, muss der Bauherr in das Verfahren einbezogen werden. Ihm muss **rechtliches Gehör** gewährt werden und die **Rechtskraft** eines stattgebenden Urteils nach § 121 VwGO muss auf ihn erstreckt werden. Das bewerkstelligt das Institut der notwendigen Beiladung nach § 65 II VwGO. 54

Die Beiladung ist streng genommen **keine Frage der Zulässigkeit**. Liegt ein Fall der notwendigen Beiladung vor, sollte dies am besten in einem eigenen Gliederungspunkt zwischen Zulässigkeit und Begründetheit kurz abgehandelt werden (s. auch noch Rn. 391 f. zur Beiladung im Verfahren des vorläufigen Rechtsschutzes). 55

§ 3 Statthaftigkeit von Anfechtungs- und Verpflichtungsklage – Der Verwaltungsakt

Mit der Anfechtungsklage kann die Aufhebung eines belastenden Verwaltungsaktes erstritten werden, mit der Verpflichtungsklage der Erlass eines Verwaltungsakts (§ 42 II VwGO). An dieser Stelle ist in der Klausur zu prüfen, ob das angegriffene oder das erstrebte behördliche Tun einen Verwaltungsakt darstellt. 56

I. Der Begriff des Verwaltungsaktes

Fall 14: Der Bundespräsident ratifiziert nach Art. 59 I 2 GG einen völkerrechtlichen Vertrag. 57

Fall 15: Auf Antrag der P-Partei gewährt ihr die Bundestagspräsidentin im Rahmen der staatlichen Parteienteilfinanzierung nach § 20 PartG eine Abschlagszahlung.

2 *Hufen*, VwProzR, § 12 Rn. 29 f.; *Schenke*, VwProzR, Rn. 589 ff.

Fall 16: I besitzt eine Sondernutzungserlaubnis für einen Imbissstand auf dem Marktplatz, die mit Auflagen zur Müllvermeidung und -beseitigung verbunden ist. Als I die Auflagen kontinuierlich missachtet, hebt die Gemeinde die Sondernutzungserlaubnis auf.

Fall 16a: Hauseigentümerin H erhält einen Brief vom Abwasserzweckverband. Darin wird unter der Überschrift „Rechnung" eine Gebührenforderung in Höhe von 798,93 E erhoben. Über der Unterschrift findet sich der Hinweis, dass die umseitigen „Hinweise und Erläuterungen" Bestandteil der Rechnung seien. Auf der Rückseite steht unter der Rubrik „Hinweise und Erläuterungen zu unserer Rechnung" unter anderem eine „Rechtsbehelfsbelehrung zu unserem Gebührenbescheid", die entsprechend § 58 I VwGO über die Möglichkeit eines Widerspruchs belehrt.

Fall 17: Ohne Rücksicht auf Proteste der Anwohner lässt die Straßenverkehrsbehörde an einer belebten Straße nach § 45 I 1 StVO das Zeichen 286: „Eingeschränktes Halteverbot", anbringen.

Fall 18: Der Bundeswirtschaftsminister weist den Präsidenten der Regulierungsbehörde für Telekommunikation und Post (jetzt: Bundesnetzagentur) im Jahr 2000 an, die Genehmigung des Briefportos der Deutschen Post AG ohne nähere Prüfung bis zum 31.12.2002 zu verlängern.

Fall 19: Eine Klassenarbeit des Schülers S wird mit mangelhaft bewertet. Am Ende des Schuljahres wird er nicht in die nächste Klasse versetzt.

58

Begriff des Verwaltungsaktes
1. öffentliches Recht 2. Behörde 3. Regelung 4. Einzelfall 5. unmittelbare Rechtswirkung nach außen

Die **fünf Begriffsmerkmale** des Verwaltungsaktes ergeben sich aus § 35 S. 1 VwVfG Bund und den entsprechenden Vorschriften der Verwaltungsverfahrensgesetze der Länder. Der Anwendungsbereich des VwVfG Bund ergibt sich aus dessen §§ 1 und 2. Die Landesgesetze enthalten entsprechende Bestimmungen. In den meisten Klausurfällen handeln Landesbehörden, deren Tätigkeit sich nach dem Landes VwVfG beurteilt. Aus Gründen der Einheitlichkeit wird in diesem Repetitorium ausschließlich das VwVfG Bund zu Grunde gelegt. Die Aussagen lassen sich regelmäßig ohne Weiteres auf das jeweilige Landesrecht übertragen.

59 Jedes der fünf Merkmale grenzt den Verwaltungsakt von anderen Handlungsformen ab:

Der Verwaltungsakt in der Abgrenzung zu anderen Handlungsformen		
1. öffentliches Recht	≠	privatrechtliches Handeln (Rn. 17 ff.)
2. Behörde	≠	verfassungsrechtliches Handeln (Rn. 13 f., 61)
3. (einseitige) Regelung	≠	Realakte; informationelles Verwaltungshandeln (Rn. 63); öffentlich-rechtlicher Vertrag (Rn. 63)
4. Einzelfall	≠	Rechtsnorm (Rn. 66)
5. unmittelbare Rechtswirkung nach außen	≠	innerdienstliche Weisung (Rn. 68)

60 Im Klausuraufbau wird der **öffentlich-rechtliche Charakter** der fraglichen Maßnahme schon beim **Verwaltungsrechtsweg** geklärt. Das Merkmal ist daher beim Verwaltungsakt in der Statthaftigkeit der Klage nicht erneut zu prüfen.

Ein Verwaltungsakt muss von einer **Behörde** i. S. v. § 1 IV VwVfG ausgehen. Damit werden Akte der rechtsprechenden Gewalt und der Legislative ausgeklammert. Auch Exekutivhandeln auf der Verfassungsebene wird nicht erfasst. So wird der Bundespräsident in **Fall 14** als Verfassungsorgan tätig, nicht als Verwaltungsbehörde. Demgegenüber nimmt die Bundestagspräsidentin in **Fall 15** bei der Ausführung von § 20 PartG ungeachtet ihrer verfassungsrechtlichen Stellung eine Aufgabe der öffentlichen Verwaltung wahr, da sie Verwaltungsrecht anwendet. Ihr Bescheid ist ein Verwaltungsakt. **61**

Das Merkmal des Behördenhandelns deckt sich weitgehend mit dem Merkmal der **nichtverfassungsrechtlichen Streitigkeit** beim Rechtsweg. Auch dieses zweite Merkmal des Verwaltungsaktes ist daher in der Statthaftigkeit der Klage nicht erneut zu prüfen. **62**

Zentrales Merkmal des Verwaltungsaktes ist der **Regelungscharakter**. Damit wird der Verwaltungsakt als öffentlich-rechtliche Willenserklärung von Realakten wie dem Einbau einer Bodenschwelle und informationellem Verwaltungshandeln wie behördlichen Empfehlungen und Warnungen abgegrenzt. Die Verwaltung regelt etwas, wenn sie mit ihrer Erklärung eine Rechtsfolge setzt; die Rechtsfolge tritt ein, weil sie von der Behörde gewollt ist. Wird eine Bodenschwelle als Realakt zu hoch ausgeführt, kann dies zwar auch zu einer Rechtsfolge in Form einer Schadensersatzpflicht führen, wenn ein Auto aufsetzt. Diese Rechtsfolge tritt aber kraft Gesetzes ein und nicht, weil sie von der Behörde gewollt wäre. **Ge- und Verbote** sind typische Regelungen. In **Fall 3** enthält das Gebot, anzuhalten und Papiere vorzuweisen, zwei Regelungen. Begründet die Verwaltung mit ihrer Erklärung einen Anspruch, wie die Bundestagspräsidentin in **Fall 15**, liegt ebenfalls eine Regelung vor. Das gilt auch für die Erlaubnis in **Fall 16**. Die Veränderung oder Beseitigung eines Rechts hat ebenfalls Regelungscharakter. So ist die Aufhebung der Sondernutzungserlaubnis in **Fall 16** ihrerseits als Regelung zu qualifizieren. Es handelt sich um einen **rechtsgestaltenden Verwaltungsakt**. Zweifelhaft kann der Regelungscharakter bei **feststellenden Verwaltungsakten** sein. Maßgebend ist, ob die Verwaltung die Rechtslage lediglich deklaratorisch wiedergibt oder ob sie die Rechtslage für die Zukunft verbindlich feststellen will. Im zweiten Fall liegt eine Regelung vor. **63**

Im Zweifel ist durch **Auslegung** zu ermitteln, ob die Behörde einen Verwaltungsakt erlassen will. Maßgebend ist wie im Zivilrecht der objektivierte Empfängerhorizont. In **Fall 16a** erweckt das Schreiben, das als Rechnung formuliert ist, den Anschein als solle es sich nicht um einen Verwaltungsakt handeln. Erst die Rechtsbehelfsbelehrung auf der Rückseite spricht dafür, dass die Behörde doch einen Verwaltungsakt erlassen wollte. Da von der Verwaltung erwartet werden kann, dass sie sich klar ausdrückt, wenn sie Individuen durch einseitige Regelung verpflichten will, muss H sich das „Kleingedruckte" hier nicht entgegenhalten lassen. Der Brief ist nicht als Verwaltungsakt zu qualifizieren.[1] **64**

Der Verwaltungsakt ist abzugrenzen vom öffentlich-rechtlichen Vertrag. Ein Verwaltungsakt liegt nur dann vor, wenn die Behörde **einseitig** eine Regelung trifft. Das schließt sog. mitwirkungsbedürftige Verwaltungsakte nicht aus. Ein Beispiel ist die Beamtenernennung. Sie wird nach § 8 II 1 BeamtStG nur wirksam, wenn die zu ernennende Person die Ernennungsurkunde entgegennimmt. **65**

Das Merkmal des **Einzelfalls** dient der Abgrenzung zur Rechtsnorm. Der Verwaltungsakt enthält gewöhnlich eine **individuell-konkrete** Regelung. Demgegenüber wirken Rechtsnormen generell-abstrakt. Individuell-abstrakte sowie generell-konkrete Regelun- **66**

1 Vorlage: VGH BW, DVBl. 2010, 196, Rn. 31 ff.

gen stellen ebenfalls Verwaltungsakte dar. § 35 S. 2 VwVfG stellt dies für **Allgemeinverfügungen** klar. In **Fall 17** ist die Straße eine öffentliche Sache. Das Verkehrszeichen regelt ihre Benutzung durch die Allgemeinheit. Es handelt sich mithin um einen Verwaltungsakt in der Form der Allgemeinverfügung nach § 35 S. 2, 4. Var. VwVfG.

67 Damit ergibt sich das folgende Abgrenzungsraster:

Abgrenzung von Einzelfallregelung und Rechtsnorm		
	individuell	**generell**
konkret	Verwaltungsakt	Verwaltungsakte (Allgemeinverfügung)
abstrakt	Verwaltungsakt	Rechtsnorm

Die Abgrenzung steht allerdings zur Disposition der Gesetzgebung. So werden Bebauungspläne gemäß § 10 I BauGB als Satzungen erlassen, obwohl sie parzellenscharf die Nutzung konkreter Grundstücke regeln.

68 Die **Außenwirkung** ist unproblematisch gegeben, wenn die Verwaltung einzelne Personen als Grundrechtsträger im Staat-Bürger-Verhältnis anspricht, wie in den **Fällen 3** und **17**. Bei verwaltungsinternen Vorgängen fehlt die Außenwirkung. In **Fall 18** berührt die **innerdienstliche Weisung** den Präsidenten der Regulierungsbehörde nur in seiner Eigenschaft als Amtswalter. Ihr kommt keine Außenwirkung zu. Auch im verwaltungsrechtlichen Organstreit (Rn. 337) geht es allein um verwaltungsinterne Vorgänge, so dass Anfechtungs- und Verpflichtungsklage ausscheiden.

69 **Fall 19** betrifft den schwierigen und umstrittenen Bereich der **schulischen Leistungsbewertungen**. Bei der Bewertung der Klassenarbeit ließe sich schon am Regelungscharakter zweifeln. Es kann sich allenfalls um einen feststellenden Verwaltungsakt handeln. Dann müsste eine verbindliche Feststellung des Leistungsniveaus beabsichtigt sein. Dagegen spricht, dass die Einzelnoten während des Schuljahres lediglich die Endnote vorbereiten sollen. Außerdem ist die Außenwirkung fraglich. Die Wirkung der Einzelnote beschränkt sich zunächst auf den schulinternen Bereich. Daher wird man die Bewertung der Klassenarbeit kaum als Verwaltungsakt begreifen können. Anders verhält es sich mit dem Zeugnis am Ende des Schuljahres. Es regelt, ob der Schüler im nächsten Schuljahr eine höhere Klasse besuchen darf. Man könnte meinen, dass auch die Versetzung noch ein Schulinternum sei. Sie entscheidet jedoch mit über die Gesamtdauer der Schulausbildung. Mittelbar wirkt sie sich auf die spätere Berufswahl aus und ist nicht zuletzt in Hinblick auf Art. 12 I GG grundrechtsrelevant. Sie betrifft den Schüler daher nicht nur im sog. Betriebsverhältnis innerhalb der Schule, sondern im sog. Grundverhältnis; sie besitzt daher Außenwirkung und ist als Verwaltungsakt zu qualifizieren.

II. Selbstständige Anfechtbarkeit von Teilregelungen, insbesondere Nebenbestimmungen

70 **Fall 20:** A erhält einen Abwasserabgabenbescheid in Höhe von 10 000 €. Seiner Ansicht nach beläuft sich die Abgabenschuld nur auf 8000 €.

Fall 21: E erhält antragsgemäß eine Baugenehmigung, der zufolge das Gebäude im Abstand von 3 m zum Nachbargrundstück der N errichtet werden darf. Nach erfolglosem Widerspruchsverfahren ficht N die Baugenehmigung an, soweit die Gebäudeaußenwand näher als 5 m an ihrem Grundstück errichtet werden darf.

Fall 22: In Fall 21 gibt die Widerspruchsbehörde dem Widerspruch der N statt und bestimmt, dass das Gebäude nur im Abstand von 5 m zu deren Grundstück errichtet werden darf.

Fall 23: E möchte unmittelbar an die Grenze bauen. Die Behörde erteilt die beantragte Baugenehmigung unter der „Auflage", dass E einen Grenzabstand von 5 m einhalten muss.

Fall 24: Die Behörde erteilt der E eine Abbruchgenehmigung nach dem einschlägigen Landes-Wohnraum-Zweckentfremdungsverbots-Gesetz unter der „Bedingung", auf dem Grundstück neuen Wohnraum in doppeltem Umfang des vernichteten Wohnraums zu schaffen.

Manchmal ist zweifelhaft, ob Teilregelungen selbstständig angefochten werden können. 71
§ 113 I 1 VwGO zeigt mit der Formulierung „soweit", dass eine **Teilaufhebung** von Verwaltungsakten durch das Gericht zulässig ist. In demselben Umfang muss auch die Teilanfechtung statthaft sein. Allerdings setzt die Teilaufhebung voraus, dass die **Regelung teilbar** ist. In **Fall 20** ist die Verpflichtung zur Abgabenzahlung ohne weiteres betragsmäßig teilbar. A könnte den Abgabenbescheid in Höhe von 2000 € anfechten. Eine Unteilbarkeit kann sich insbesondere aus tatsächlichen Gründen ergeben. Würde in **Fall 21** die Genehmigung zum Bau einer Außenwand im Abstand von 3 m zum Nachbargrundstück aufgehoben, bliebe ein Torso übrig. Gebaut werden dürfte ein Gebäude ohne Außenwand. Das ist tatsächlich unmöglich. N kann und muss daher die Baugenehmigung insgesamt anfechten.

Gegenstand der Anfechtungsklage ist nach § 79 I Nr. 1 VwGO der ursprüngliche Ver- 72
waltungsakt in der Gestalt, die er durch den **Widerspruchsbescheid** gefunden hat. Ausgangsbescheid und Widerspruchsbescheid verschmelzen zu einer einheitlichen Regelung. Nach § 79 I Nr. 2 VwGO kann der Widerspruchsbescheid jedoch selbstständig angefochten werden, soweit er eine **erstmalige Beschwer** enthält. In **Fall 22** wird sich E also auf eine Anfechtung des Widerspruchsbescheids beschränken. Anders als in **Fall 21** ist die isolierte Anfechtung hier zulässig. Hätte sie Erfolg, würde nämlich die Regelung der fraglichen Außenwand durch den ursprünglichen Verwaltungsakt wiederaufleben. E könnte im Übrigen nach § 68 I 2 Nr. 2 VwGO ohne erneutes Vorverfahren klagen. Auch im Fall der sog. ***reformatio in peius*** kann sich der Betroffene also ohne weiteres auf eine Anfechtung des belastenden Widerspruchsbescheids beschränken; zur „Verböserung" im Widerspruchsverfahren siehe im Übrigen noch Rn. 122 ff.

Ist ein begünstigender Verwaltungsakt mit einer **Nebenbestimmung** versehen, stellt sich 73
häufig die Frage, ob der Begünstigte die belastende Nebenbestimmung selbstständig anfechten kann oder ob er eine Verpflichtungsklage auf uneingeschränkte Begünstigung erheben muss. Nach einer Auffassung ist auf die **Rechtsnatur der Nebenbestimmung** abzustellen[2]. Auflagen (§ 36 II Nr. 4 VwVfG) seien selbstständig anfechtbar[3]. Hingegen seien Befristung und Bedingung (§ 36 II Nr. 1 und 2 VwVfG) ein Minus zur Vollgewährung, so dass der Betroffene die uneingeschränkte Begünstigung mit der Verpflichtungsklage verfolgen müsse. Diese Differenzierung ist im Wortlaut von § 36 II VwVfG angelegt. Danach sind Befristung und Bedingung, „mit" denen ein Verwaltungsakt „erlassen werden" kann, unselbständige Regelungen, während die Auflage, „mit" der ein Verwaltungsakt „verbunden" wird, als eigener Verwaltungsakt anzusehen ist. Ob eine Auflage oder eine Bedingung vorliegt, ist durch Auslegung zu ermitteln.

---

2 *Axer*, JURA 2001, 748 (752 f.); *Pietzcker*, NVwZ 1995, 15 ff.
3 BVerwGE 85, 24 (26).

➔ **Auslegungskriterien zur Abgrenzung von Bedingung und Auflage:**

- Von der Erfüllung oder Nichterfüllung einer Bedingung hängt die Wirksamkeit des Verwaltungsaktes ab. Hingegen kann die Bedingung nicht selbstständig durchgesetzt werden
- Anders die Auflage. In Kurzform: Die Auflage suspendiert nicht, aber sie zwingt
- Jede Bedingung wirkt entweder aufschiebend oder auflösend i. S. v. § 158 BGB. Ist bei einer Nebenbestimmung weder das eine noch das andere sinnvoll, muss es sich um eine Auflage handeln.

74 In **Fall 24** ist die **Bezeichnung** als „Bedingung" **nicht ausschlaggebend**. Würde es sich um eine aufschiebende Bedingung handeln, dürfte E das Gebäude erst abbrechen, nachdem sie an derselben Stelle ein neues Gebäude errichtet hat. Das ist unmöglich. Bei einer auflösenden Bedingung würde die Abbruchgenehmigung entfallen, wenn E nach dem Abbruch keinen neuen Wohnraum schafft. Damit ist aber niemandem gedient. Vielmehr hat die Behörde ein Interesse daran, die Nebenbestimmung nach dem Abbruch ggf. zwangsweise durchzusetzen. Daher muss es sich um eine Auflage handeln. Damit kommt nach der ersten Ansicht eine selbstständige Anfechtung in Betracht.

75 Für diese Auffassung spricht, dass sie zu relativ klaren Ergebnissen führt. Wer ihr folgt, muss allerdings aufpassen, ob es sich tatsächlich um eine Auflage handelt oder um einen Fall der **modifizierten Genehmigung**. In **Fall 23** hat die Behörde nicht das beantragte Gebäude genehmigt, sondern ein *aliud*. Man mag auch von einer **modifizierenden Auflage** sprechen, wobei dieser Ausdruck wenig hilfreich erscheint[4]. Entscheidend ist, dass gerade keine selbstständig anfechtbare Auflage vorliegt und damit keine Neben-, sondern eine Inhaltsbestimmung. E müsste ihr ursprüngliches Begehren mit der Verpflichtungsklage weiterverfolgen.

76 Seit einigen Jahren hat sich eine andere Ansicht durchgesetzt, die unabhängig von der Art der Nebenbestimmung auf deren Abteilbarkeit abstellt. Dafür spricht, dass § 113 I 1 VwGO die Teilaufhebung eines Verwaltungsaktes vorsieht, „soweit" dieser rechtswidrig ist. Von der Teilaufhebbarkeit lässt sich auf die Teilanfechtbarkeit teilbarer Verwaltungsakte schließen (Rn. 71). Eine Regelung kann aus tatsächlichen oder aus rechtlichen Gründen unteilbar sein. Relativ unproblematisch ist es, wenn eine Regelung aus tatsächlichen Gründen nicht abgeteilt werden kann wie in **Fall 23**, wo in Wirklichkeit ein *aliud* genehmigt wurde. Aus Rechtsgründen ist eine Regelung dann unteilbar, wenn der Rest rechtswidrig wäre. Damit wären bei der Statthaftigkeit allerdings Fragen zu prüfen, die an sich eher einer Begründetheitsprüfung zugewiesen sind. Daher wird die Frage der Teilbarkeit heute grundsätzlich der Begründetheit zugeordnet. So formuliert BVerwGE 81, 185 (186): „Ob eine Auflage isoliert aufgehoben werden, die Genehmigung also ohne die Auflage sinnvollerweise und rechtmäßigerweise bestehen bleiben kann, ist eine Frage der Begründetheit, sofern nicht eine isolierte Aufhebbarkeit von vornherein offenkundig ausscheidet"[5]. Nach dieser heute stark vertretenen Ansicht sind **grundsätzlich alle Nebenbestimmungen isoliert anfechtbar**, auch Bedingungen und Befristungen.[6] Allerdings muss in der Begründetheit dann nach der Rechtswidrigkeit der Nebenbestimmung und der Rechtsverletzung (§ 113 I 1 VwGO) ggf. als zusätzlicher Punkt die isolierte Aufhebbarkeit geprüft werden. Dieser Prüfungspunkt kann nur dann entfallen, wenn man die Auffassung vertritt, dass jede Nebenbestimmung isoliert aufgehoben werden kann, und es der Behörde überlässt, einen dann unter Umständen rechtswidrig werdenden Haupt-

4 *Brüning*, NVwZ 2002, 1081 (1082).
5 Ebenso BVerwGE 112, 221 (223 f.); zustimmend *Hufen*, JuS 2001, 926 f.
6 S. BVerwGE 112, 263 (265).

verwaltungsakt gemäß § 48 VwVfG aufzuheben oder sonst rechtmäßige Zustände herzustellen. Richtiger erscheint es freilich, mit dem BVerwG auf eine Teilaufhebung zu verzichten, wenn der verbleibende Rest ohne die Nebenbestimmung nicht rechtmäßig bestehen bleiben könnte,[7] und den Kläger in diesem Fall auf eine Verpflichtungsklage zu verweisen.

In **Fall 24** wird die Genehmigung je nach Ausgestaltung des Zweckentfremdungsverbotsgesetzes regelmäßig im Ermessen der Behörde liegen. Dann steht auch das Beifügen von Nebenbestimmungen nach § 36 II VwVfG im pflichtgemäßen Ermessen der Behörde. Genehmigung und Nebenbestimmung beruhen auf einer **einheitlichen Ermessensentscheidung**. Wird die Nebenbestimmung isoliert aufgehoben, bleibt eine Regelung übrig, die die Verwaltung so nicht gewollt hat. Das könnte gegen eine isolierte Aufhebung und damit auch gegen eine isolierte Anfechtung sprechen. Je nach Sachverhalt kann das Ermessen indessen soweit reduziert sein, dass der Behörde praktisch nur die Möglichkeit bleibt, die Zweckentfremdungsgenehmigung mit einer inhaltlich reduzierten Nebenbestimmung zu erlassen. In diesem Fall wäre die Teilaufhebung möglich. Da sich dies erst am Ende der Begründetheitsprüfung sinnvoll beurteilen lässt (u. Rn. 78), sollte man in diesem Fall mit dem BVerwG von der isolierten Anfechtbarkeit ausgehen, weil eine isolierte Aufhebung nicht offenkundig ausscheidet. Wer davon ausgeht, dass Auflagen stets isoliert angefochten werden können (o. Rn. 73 f.), gelangt in der Zulässigkeit zu demselben Ergebnis. **77**

In der **Begründetheitsstation** ist die **Rechtmäßigkeit der angefochtenen Nebenbestimmung** ebenso zu prüfen, wie sonst die Rechtmäßigkeit eines Verwaltungsaktes geprüft wird (Rn. 184 ff.). Die materiellen Anforderungen ergeben sich vorbehaltlich spezieller, fachgesetzlicher Regelungen aus § 36 VwVfG. Meist wird § 36 II VwVfG einschlägig sein, weil der Erlass der Hauptregelung im Ermessen der Behörde steht. Dann liegt der Schwerpunkt der Rechtmäßigkeitsprüfung bei der **Ermessenskontrolle** (Rn. 189 ff.). § 36 III VwVfG enthält dazu das **Verbot der sachwidrigen Koppelung** als besondere Ausprägung des Ermessensfehlgebrauchs. In **Fall 24** ist die Erteilung der Zweckentfremdungsgenehmigung eine Ermessensentscheidung. Damit liegt die Beifügung von Nebenbestimmungen ebenfalls im Ermessen der Behörde. Die Verwaltung muss sich dabei vom Zweck der Ermächtigung leiten lassen. Das Zweckentfremdungsverbot soll eine Verschlechterung der Wohnraumsituation verhindern[8]. Es ist daher sachgerecht, wenn die Verwaltung durch Nebenbestimmungen sichert, dass ein Verlust an angemessenem und erschwinglichem Wohnraum kompensiert wird. Das Zweckentfremdungsverbot ist aber kein Mittel zur Verbesserung der Wohnraumsituation. Es soll lediglich den Status quo bewahren. Wenn die Behörde in der Nebenbestimmung eine Verdoppelung des Wohnraumes verlangt, ist dies eine unverhältnismäßige Überkompensation. Die Nebenbestimmung ist also rechtswidrig, soweit die Behörde mehr als den Ersatz des verlorenen Wohnraums fordert. Insoweit ist E als Grundeigentümerin auch in ihrem Grundrecht aus Art. 14 I GG verletzt. Schließlich müsste die Nebenbestimmung, soweit sie rechtswidrig ist, isoliert aufhebbar sein. Wird die Überkompensation beseitigt, bleibt eine Abrissgenehmigung verbunden mit einer vollständigen Kompensation des Wohnraumverlustes erhalten. Es ist davon auszugehen, dass die Behörde genau dies gewollt hätte, wenn sie den Sachverhalt rechtlich zutreffend gewürdigt hätte. Damit bestehen keine Bedenken gegen eine isolierte Aufhebung der Nebenbestimmung, soweit der Umfang des zu schaffenden Ersatzwohnraums den abzureißenden Wohnraum übersteigt. **78**

7 Dazu auch BVerwG, NVwZ 2022, 1798, Rn. 7 ff.; zustimmend BVerwG, NVwZ 2022, 1801.
8 S. im Einzelnen BVerwGE 65, 139 (142 ff.).

79 Eine ganz andere Konstellation regelt § 44a VwGO, der selbständige Rechtsbehelfe gegen **behördliche Verfahrenshandlungen** grundsätzlich ausschließt. Solche Verfahrenshandlungen können **nur inzident** im Streit über die abschließende Sachentscheidung angegriffen werden. So wäre beispielsweise ein Rechtsstreit über die Verweigerung oder über die Ersetzung des gemeindlichen Einvernehmens nach § 36 BauGB unzulässig[9]. Rechtsschutz wird hier nur im Streit um die Erteilung der Baugenehmigung gewährt. Besonders umstritten ist die Anordnung der Fahrerlaubnisbehörde, dass der Betroffene zur Vorbereitung der Entscheidung über die Erteilung oder die Entziehung der Fahrerlaubnis ein **medizinisch-psychologisches Gutachten** beizubringen hat. An sich handelt es sich bei der Anordnung um eine Verfahrenshandlung i. S. v. § 44a VwGO, die nicht selbständig angegriffen werden kann. Der Betroffene müsste die Verweigerung bzw. die Entziehung der Fahrerlaubnis abwarten und könnte erst dann inzident geltend machen, dass die Anforderung des medizinisch-psychologischen Gutachtens unzulässig war. Allerdings greift eine medizinisch-psychologische Untersuchung erheblich in das allgemeine Persönlichkeitsrecht ein. Im Interesse des von Art. 19 IV GG geforderten effektiven Rechtsschutzes spricht daher viel dafür, abweichend von § 44a VwGO isolierten Rechtsschutz gegen die Anordnung zu gewähren[10].

III. Konkurrentenklage

80 **Fall 25:** Die Stadt sieht für ihr Volksfest zwei Süßwarenstände vor. Unter den zahlreichen Bewerbern erhält S aufgrund eines internen Bewertungsschemas der Stadt 117 Punkte, K 118 Punkte und L 123 Punkte. Daraufhin werden K und L als Bewerber zugelassen. S erhält einen ablehnenden Bescheid, doch hält sie das Bewertungsschema und seine Anwendung für fehlerhaft. Was muss sie vor Gericht beantragen, um ihr Begehren in der Hauptsache weiterzuverfolgen?

81 Bei der sog. Konkurrentenklage ist zweifelhaft, ob der Kläger sein Begehren mit der Anfechtungs- oder Verpflichtungsklage oder einer Kombination aus beiden Klagearten verfolgen kann. Dabei sind verschiedene Konstellationen zu unterscheiden. Besitzt ein Gewerbetreibender bereits eine Zulassung und möchte er nun die Zulassung eines Konkurrenten abwehren, ist alleine die Anfechtungsklage statthaft. In dieser Dreieckskonstellation ist sehr kritisch zu prüfen, ob der Kläger tatsächlich klagebefugt ist (dazu u. Rn. 98 ff., 102). Erstrebt der Kläger die eigene Zulassung, muss er eine Verpflichtungsklage erheben. Besondere Probleme stellen sich, wenn die Anzahl der zu vergebenen Plätze knapp ist oder im Extremfall mehrere Bewerber um eine einzige Stelle konkurrieren. Dazu kommt es, wenn mehrere Bewerber um eine begrenzte Anzahl von Taxikonzessionen oder um eine einzige Beamtenstelle konkurrieren oder wenn zwei Interessenten die Stadthalle an demselben Tag nutzen wollen. Auch **Fall 25** gehört in diese Kategorie. Hier liegt es nahe, dass der unterlegene Bewerber neben der Verpflichtungsklage zugleich die Zulassung des oder eines erfolgreichen Bewerbers anfechten muss, weil sein Verpflichtungsbegehren anderenfalls angesichts der erfolgten Vergabe auf eine unmögliche Leistung gerichtet wäre (sog. **verdrängende Konkurrentenklage**). Dies wird in der Recht-

9 *Schenke*, VwProzR, Rn. 614.

10 *Seiler*, Examens-Repetitorium VwR, Fall 1, Rn. 4; dahingehend auch BVerfG NVwZ 2022, 401 Rn. 19 ff. gegen BVerwGE 165, 65, Rn. 21 ff.

sprechung nach wie vor häufig angenommen.[11] Einer isolierten Verpflichtungsklage würde dann zumindest das Rechtsschutzbedürfnis fehlen.

In **Fall 25** bedeutet das, dass S neben dem Verpflichtungsantrag auf eigene Zulassung zum Volksfest eine der beiden oder beide Zulassungen anfechten muss.[12] Problematisch wird dieser Lösungsweg insbesondere dann, wenn es sich um viele Plätze handelt und die Klägerin ihre Mitbewerber nicht kennt oder nicht überblicken kann, bei welchem von ihnen die Anfechtung Erfolg verspricht. Dann kann die Anfechtung der übrigen Zulassungen quantitativ oder qualitativ unzumutbar erscheinen[13]. Die Kombination mit der Anfechtungsklage ist auch nicht zwingend. Alternativ könnte man die Behörde darauf verweisen, bei einem Erfolg der **isolierten Verpflichtungsklage** die notwendigen Konsequenzen zu ziehen. War die Auswahlentscheidung rechtswidrig, kann die Zulassung des Konkurrenten gemäß § 48 VwVfG grundsätzlich zurückgenommen werden (u. Rn. 415 ff.). Dabei wird dem erfolgreichen Bewerber vielfach kein Vertrauensschutz zukommen, solange ein Rechtsschutzverfahren anhängig ist.[14] In **Fall 25** hat die Stadt möglicherweise auch die Option, zusätzliche Kapazitäten zu schaffen, um die Klägerin im Erfolgsfall zu befriedigen. Wenn man die isolierte Verpflichtungsklage für zulässig hält, spricht allerdings viel dafür, dass die Klägerin zumindest die Wahl hat, die fremde Begünstigung zusätzlich anzufechten, wenn ihr dies einen rechtlichen oder faktischen Vorteil bringen kann.[15] Damit käme man in Fall 25 dazu, dass S zumindest die Möglichkeit hat, ihre Verpflichtungsklage mit einer Anfechtungsklage zu kombinieren, weil sie damit Zweifel ausräumt, ob die Stadt beim Erfolg ihrer Verpflichtungsklage tatsächlich einen Platz für ihren Süßwarenstand zur Verfügung stellen kann. Bei der Auslegung ihres Klagebegehrens nach § 88 VwGO mag man dann annehmen, dass sie im Interesse eines bestmöglichen Rechtsschutzes ihren Verpflichtungsantrag im Zweifel mit einem Anfechtungsantrag kombinieren will. In der Klausur wird es hier vielfach nicht die eine richtige Lösung geben. Wichtig ist, für den konkreten Fall eine stimmige Lösung zu entwickeln. 82

§ 4 Klagebefugnis

Fall 26: T möchte samstags auf einem belebten öffentlichen Platz einen Informationsstand gegen Tierversuche aufstellen. Die beantragte Sondernutzungserlaubnis wird versagt. Ist T klagebefugt? 83

Fall 27: A klagt auf Verkehrsberuhigung der Straße, in der sie wohnt. In der mündlichen Verhandlung erklärt die zuständige Behördenvertreterin zu Protokoll, man werde die zulässige Höchstgeschwindigkeit in der Straße mit Zeichen 274 StVO auf 30 km/h beschränken. Daraufhin wird der Rechtsstreit übereinstimmend für erledigt erklärt. Kurz darauf empfiehlt ein Gutachten, die fragliche Straße als Zufahrt zum städtischen Klärwerk auszubauen. Deshalb wird die Geschwindigkeitsbegrenzung nicht durchgeführt. Ist A zu einer erneuten Klage zu raten?

11 S. nur BVerwGE 138, 102, Rn. 39 f. für das Beamtenrecht, wo allerdings die Besonderheit besteht, dass der Grundsatz der Ämterstabilität grundsätzlich einer Aufhebung der Ernennung entgegensteht, so dass der unterlegene Bewerber regelmäßig darauf verwiesen ist, die Ernennung des Konkurrenten im Wege des vorläufigen Rechtsschutzes in Form einer Sicherungsanordnung nach § 123 I 1 VwGO zu verhindern.

12 So BayVGH, BayVBl. 2011, 23 (24), dem Fall 25 nachgebildet ist.

13 So nun BayVGH, NVwZ-RR 2016, 39, Rn. 24 ff.

14 S. BVerwGE 132, 64, Rn. 21.

15 BVerwGE 132, 64, Rn. 22 zum Krankenhausplanungsrecht.

Fall 28: Im Landeshaushalt sind Mittel für die Förderung Energie sparender Technologien eingestellt. Die Mittelvergabe wird durch eine Subventionsrichtlinie geregelt. Nach der Richtlinie, die zur Grundlage jedes Vergabebescheides gemacht wird, hat jeder Subventionsempfänger binnen eines Jahres nach der Auszahlung die bestimmungsgemäße Verwendung der Gelder nachzuweisen. A ist nach Ablauf des Jahres nicht in der Lage, den Verwendungsnachweis zu führen. Daraufhin hebt die Verwaltung den Vergabebescheid mit Wirkung für die Vergangenheit auf. A fragt nach Rechtsschutz.

Fall 29: In Fall 28 wird B die beantragte Förderung versagt. Zur Begründung heißt es, die B erfülle nicht die Kriterien der Subventionsrichtlinie.

Fall 30: A wird wegen einer Straftat ausgewiesen. Trotz ordnungsgemäßer Rechtsbehelfsbelehrung bleibt er sechs Wochen untätig. Nun bitten er und seine deutsche Ehefrau E um Rechtsrat.

Fall 30a: Als der Handyhersteller H kurz vor der Wahl androht, seine Produktion ins Ausland zu verlagern, erhält er von der Landesregierung eine Subvention zur Sanierung des deutschen Standorts bewilligt und ausgezahlt, ohne dass die Europäische Kommission gemäß Art. 108 III 1 AEUV eingeschaltet worden wäre. Ist der finnischen Konkurrentin K zur Klage zu raten?

84 Ein Kläger ist nach § 42 II VwGO klagebefugt, wenn er möglicherweise in einem eigenen Recht verletzt ist. Daran fehlt es nach Formulierungen des BVerwG nur, „wenn offensichtlich und eindeutig nach keiner Betrachtungsweise die vom Kläger behaupteten Rechte bestehen oder ihm zustehen können“[1]. Es darf nicht „von vornherein … ausgeschlossen“ sein, dass dem Kläger das geltend gemachte Recht zusteht[2]. Die **Klagebefugnis** ist nur ein **Vorfilter**, der Klagen ohne eigenes Recht ausfiltern soll. In der Klausur kommt hinzu, dass **Doppelprüfungen** und Wiederholungen zu **vermeiden** sind. Häufig empfiehlt es sich daher, das Bestehen eines subjektiven öffentlichen Rechts vollständig bei der Klagebefugnis zu prüfen, die Verletzung dieses Rechts hingegen vollständig in der Begründetheit.

85 Allgemein gilt, dass die Klagebefugnis immer anzusprechen ist. In klaren Fällen genügt ein kurzer Satz. Stets ist jedoch ein möglicherweise verletztes Recht zu nennen. Grundsätzlich kann die Klagebefugnis auf drei Arten begründet werden:

- aus einer **Sonderbeziehung** (z. B. Zusicherung, öffentlich-rechtlicher Vertrag oder begünstigender Verwaltungsakt),
- aus **Schutznormen** des Fachrechts (einschließlich Europarecht),
- aus **Grundrechten**.

Diese Reihenfolge trägt dem Vorrang des Spezielleren Rechnung, stellt aber keine zwingende Prüfungsfolge dar. In Eingriffsabwehrfällen wird es sich häufig anbieten, ausschließlich auf Grundrechte abzustellen.

I. Eingriffsabwehrfälle

86 In Eingriffsabwehrfällen ist die Klagebefugnis unproblematisch. Zwar taugt die sog. **Adressatentheorie**, für sich genommen, nicht als Begründung, wohl aber der hinter ihr stehende Gedanke der Grundrechtsdogmatik:

→ Ein **belastender** Verwaltungsakt betrifft den Adressaten regelmäßig zumindest in seinem Grundrecht aus Art. 2 I GG (sog. Adressatentheorie).

1 BVerwGE 44, 1 (3).
2 BVerwGE 81, 329 (330).

So lässt sich die Klagebefugnis im Fall der Polizeikontrolle (Fall 3) ohne weiteres mit Art. 2 I GG begründen. Ist offensichtlich ein spezielleres Grundrecht einschlägig, sollte dieses genannt werden. 87

Wird in eine öffentlich-rechtliche Sonderbeziehung eingegriffen, ergibt sich die Klagebefugnis aus dieser Sonderbeziehung. In Fall 28 stellt das Subventionsverhältnis eine solche Sonderbeziehung dar. Der **Subventionsbescheid** begründet ein Recht auf Auszahlung und Behaltendürfen der Subvention. In dieses subjektive Recht greift der Aufhebungsbescheid ein. Da es nicht von vornherein ausgeschlossen ist, dass der Aufhebungsbescheid rechtswidrig ist, ist A klagebefugt[3]. 88

II. Klage auf Leistung an sich selbst

Grundrechte gewähren grundsätzlich keine verwaltungsgerichtlich einklagbaren Leistungsansprüche. Daher vermögen sie bei Verpflichtungsklagen und anderen Leistungsklagen die Klagebefugnis nicht zu begründen. 89

1. Recht aus Sonderbeziehung, insbesondere Zusicherung

Manchmal ergeben sich Leistungsansprüche aus einer **Sonderbeziehung**. Beispielsweise kann ein **Leistungsbescheid** einen Anspruch auf Auszahlung und Behaltendürfen des bewilligten Geldes gewähren. So verhält es sich mit dem Vergabebescheid in **Fall 28**. 90

In **Fall 27** müsste A eine Verpflichtungsklage in der Form der Untätigkeitsklage (§ 75 VwGO, Rn. 118) auf Erlass der in Aussicht gestellten Verkehrsregelung erheben. Als Anspruchsgrundlage, die die Klagebefugnis begründet, kommt die Protokollerklärung in Betracht. Dann müsste es sich dabei um eine **Zusicherung** i. S. v. § 38 VwVfG handeln. Da die Erklärung förmlich zu Protokoll gegeben wurde und der Beendigung des Rechtsstreits diente, bestehen am Bindungswillen der Behörde keine Zweifel. Es kann somit nicht von vornherein ausgeschlossen werden, dass der geltend gemachte Anspruch besteht. A ist klagebefugt. Erst im Rahmen der Begründetheit ist zu prüfen, ob A tatsächlich einen Anspruch auf die begehrte Verkehrsregelung hat. 91

Ob es sich bei der **Zusicherung** um einen **Verwaltungsakt** handelt, ist in den meisten Fällen unerheblich, da § 38 VwVfG das anwendbare Rechtsregime im Einzelnen regelt. Da die Zusicherung einen Anspruch begründet, wird man ihr Regelungscharakter i. S. v. § 35 S. 1 VwVfG zusprechen können. Der Anspruch besteht, wenn die Zusicherung **wirksam** und verbindlich ist. Eine etwaige Rechtswidrigkeit ist im Übrigen unschädlich, solange die Verwaltung nicht mit einer Rücknahme nach § 38 II i. V. m. § 48 VwVfG reagiert. Eine Zusicherung ist unwirksam, wenn ihr Inhalt nicht **zusicherungsfähig** ist (z. B. Beamtenbesoldung nach § 2 II 1 BBesG). Verkehrszeichen sind zusicherungsfähig. Außerdem erhebt § 38 I 1 VwVfG die **Zuständigkeit** und die **Schriftform** zu Wirksamkeitsvoraussetzungen. In **Fall 27** hat die zuständige Stelle gehandelt. Die Protokollerklärung genügt auch der Schriftform entsprechend § 37 III VwVfG, obwohl die Behördenvertreterin das Protokoll nicht unterschrieben hat[4]. Gründe für eine Nichtigkeit nach § 38 92

3 Die Begründetheit der Anfechtungsklage hängt davon ab, ob die Aufhebung als Widerruf nach § 49 III 1 Nr. 2 VwVfG rechtmäßig ist. Der materielle Widerrufstatbestand ist erfüllt, während sich die Ermessensausübung mangels Sachverhaltsangaben kaum abschließend würdigen lässt; s. dazu noch unten Rn. 451.

4 BVerwGE 97, 323 (327).

II i. V. m. § 44 VwVfG sind nicht ersichtlich. Nach § 38 III VwVfG können jedoch **Änderungen der Sach- oder Rechtslage** die Bindung entfallen lassen. Hier hat sich mit dem neuen Gutachten die Planungssituation verändert. Man könnte sich fragen, ob diese Änderung relevant ist, obwohl sie von der Gemeinde selbst herbeigeführt worden ist. Das BVerwG bejaht die Frage und entscheidet damit zugunsten der kommunalen Planungsfreiheit[5]. Die Sachlage hat sich also i. S. v. § 38 III 1 VwVfG geändert. Es kann auch davon ausgegangen werden, dass die Behörde in Kenntnis der neuen Situation die Zusicherung nicht gegeben hätte. Damit ist die Bindungswirkung entfallen. Eine Klage der A wäre zwar zulässig, aber unbegründet.

2. Fachrechtliche Schutznorm

93 In anderen Fällen ist auf fachrechtliche Anspruchsgrundlagen zurückzugreifen. Die Auslegung, ob eine einfachgesetzliche Norm nach der Schutznormtheorie einen Individualanspruch gewährt, ist oft nicht einfach.

→ **Schutznormtheorie:** Eine Norm gewährt ein subjektives öffentliches Recht, wenn sie nicht nur öffentlichen Interessen, sondern gerade auch Individualinteressen zu dienen bestimmt ist.

94 In **Fall 26** soll das grundsätzliche Verbot der Sondernutzung nach § 8 I FStrG und den entsprechenden Vorschriften der Landesstraßengesetze das öffentliche Interesse an einem ungehinderten Gemeingebrauch sichern (s. § 7 I FStrG). Das Gesetz erkennt jedoch an, dass Einzelne, wie T, ein schutzwürdiges Interesse an einer Sondernutzung haben können. Das Instrument der Sondernutzungserlaubnis ermöglicht es, die widerstreitenden öffentlichen und privaten Interessen im Einzelfall zu einem angemessenen Ausgleich zu bringen. Nach diesem durch Auslegung ermittelten **„Entscheidungsprogramm"** (so eine Formulierung des BVerwG[6]) dient § 8 I FStrG mithin auch der Rücksichtnahme auf das private Interesse an der Errichtung des Informationsstandes. Die Norm gewährt T ein subjektives öffentliches Recht, das die Klagebefugnis begründet.

95 Obwohl die Begründung einer Schutznorm häufig schwierig ist, sind die Fälle, in denen der Kläger eine **eigene Begünstigung** erstrebt, regelmäßig unproblematisch. § 42 II VwGO will vor allem **Popularklagen ausfiltern**. Erstrebt der Kläger, dass ihm eine Leistung gewährt wird, handelt es sich nie um eine Popularklage. Sieht das Fachrecht die Begünstigung einzelner vor, lässt sich regelmäßig annehmen, dass den Begünstigten ein subjektiv-öffentliches Recht zustehen soll. Besonders deutlich wird dies, wo das Gesetz Begünstigungen von einem Antrag abhängig macht.

96 In **Fall 29** fehlt eine fachrechtliche Grundlage vollkommen. Der **Haushaltsplan**, der die Mittel bereitstellt, wird zwar durch Gesetz erlassen. Nach § 3 II HGrG, § 3 II BHO begründet der Haushaltsplan aber keine subjektiven Rechte. Er beschränkt sich darauf, die Exekutive zu entsprechenden Ausgaben zu ermächtigen. Es handelt sich um reines Binnenrecht des Staates. Das Haushaltsgesetz ist damit zwar **Gesetz im formellen Sinn**, nicht aber im materiellen Sinn. Die Subventionsrichtlinie ist als **allgemeine Verwaltungsvorschrift** im Ausgangspunkt ebenfalls staatliches Binnenrecht ohne Außenwirkung gegenüber B. Allerdings führt die Subventionsrichtlinie als „antizipierte Verwaltungspraxis" i. V. m. Art. 3 I GG zu einer **Selbstbindung der Verwaltung**[7]. Aus Art. 3

5 BVerwGE 97, 323 (329-331).
6 S. BVerwGE 98, 118 (120 f.).
7 S. *P. Reimer*, JURA 2014, 678 (686); *Voßkuhle/Kaufhold*, JuS 2016, 314 (315 f.).

I GG hat grundsätzlich jeder, der die Voraussetzungen der Richtlinie erfüllt, einen Anspruch auf gleiche Förderung. Zwar erfüllt B möglicherweise nicht die Voraussetzungen der Richtlinie, doch ist dies eine Frage der Begründetheit. Die Möglichkeit einer Rechtsverletzung, die die Klagebefugnis begründet, besteht.

III. Dreiecksfälle

Am problematischsten sind Dreiecksfälle. Bei ihnen muss die Klagebefugnis eingehend begründet werden. 97

1. Abwehr mittelbarer Beeinträchtigungen

Um die Abwehr mittelbarer Beeinträchtigungen geht es namentlich bei der Anfechtung von Baugenehmigungen im öffentlichen Baunachbarrecht. **Schutznormen**, die die Klagebefugnis begründen, sind **im Fachrecht** zu ermitteln. Im Baurecht gehören dazu etwa die Festsetzungen eines Bebauungsplans zur Art der baulichen Nutzung sowie – jedenfalls in Teilen – die bauordnungsrechtlichen Vorschriften über Abstandsflächen, soweit sie im Baugenehmigungsverfahren zu prüfen sind. Für Einzelheiten ist auf das Baurecht zu verweisen[8]. 98

Grundrechte schützen vor mittelbaren Beeinträchtigungen nur **in ganz engen Grenzen**. Art. 14 I GG gewährt Schutz vor einer nachhaltigen Veränderung der Grundstückssituation, die den Eigentümer schwer und unerträglich trifft[9]. Die Ausgestaltung dieses Schutzes ist jedoch vorrangig Aufgabe des Fachrechts. Beim heutigen Entwicklungsstand des fachrechtlichen Nachbarschutzes im öffentlichen Baurecht wird ein unmittelbarer Rückgriff auf Art. 14 I GG kaum in Betracht kommen[10]. Eher kann Verfassungsrecht zur **Auslegung des Fachrechts** herangezogen werden. 99

In **Fall 30** wäre A als Adressat der Ausweisungsverfügung unproblematisch klagebefugt, doch ist der Bescheid ihm gegenüber durch Fristablauf bestandskräftig geworden. Möglicherweise kann E Widerspruch und Klage erheben. Obwohl sie nicht Adressatin der Verfügung ist, kann ihre Klage- und Widerspruchsbefugnis ausnahmsweise grundrechtlich begründet werden. Art. 6 I GG schützt gerade auch die eheliche Lebensgemeinschaft. Daher berührt die Ausweisung eines Ehegatten, die die Fortführung der Lebensgemeinschaft im Inland unmöglich macht, zugleich grundrechtlich geschützte Interessen des anderen Ehegatten[11]. Die Bestandskraft der Verfügung wirkt nur gegenüber A. Mangels Bekanntgabe wurde E gegenüber die Widerspruchsfrist nach § 70 I 1 VwGO nicht in Gang gesetzt (Rn. 136 ff.), so dass sie die Verfügung noch angreifen kann. 100

2. Anspruch auf Einschreiten gegen Dritte

Ein Anspruch auf Einschreiten gegen Dritte kann sich aus Schutznormen des einfachen Rechts ergeben. Beispielsweise ist die polizei- und ordnungsbehördliche Generalklausel grundsätzlich drittschützend, soweit Individualrechte als Schutzgut der öffentlichen 101

8 S. auch *Seiler*, Examens-Repetitorium VwR, Fall 9, Rn. 300 ff.
9 BVerwGE 44, 244 (246); 50, 282 (287 f.).
10 BVerwGE 89, 69 (78); BayVGH, BayVBl. 1997, 665 f.
11 BVerwGE 102, 12 (15, 18 f.).

Sicherheit gefährdet sind[12]. Demgegenüber dienen die Vorschriften über die Kommunalaufsicht ausschließlich öffentlichen Interessen, nicht aber dem Schutz Einzelner. Für Einzelheiten ist auf das Polizei- und Ordnungsrecht sowie auf das Kommunalrecht zu verweisen.

IV. Klagebefugnis kraft Europarechts

102 Die Klagebefugnis kann sich auch aus unmittelbar anwendbaren Vorschriften des Unionsrechts ergeben. Bei der Verleihung einer individuellen Rechtsposition ist das Unionsrecht großzügiger als die klassische deutsche Schutznormformel.[13] Das zeigt sich in **Fall 30a**. Art. 108 III AEUV unterwirft Beihilfen i. S. v. Art. 107 AEUV einer präventiven Kontrolle durch die Europäische Kommission[14]. Der Mitgliedstaat muss solche Beihilfen gemäß Art. 108 III 1 AEUV der Kommission notifizieren und gemäß Art. 108 III 3 AEUV den Beschluss der Kommission abwarten. Dies wurde in Fall 30a missachtet. Vordergründig soll die Notifikations- und Stillhalteverpflichtung die Entscheidungsbefugnis der Kommission absichern. Mittelbar geht es darum, den Wettbewerb vor Verzerrungen durch unzulässige Beihilfen zu schützen. Der Schutz vor Wettbewerbsverfälschungen liegt im öffentlichen Interesse. Der Schutz individueller Konkurrenten ist im Wortlaut von Art. 107 f. AEUV nicht angelegt. Daher wären die Normen nach der traditionellen deutschen Schutznormlehre nicht drittschützend. Das Unionsrecht lebt jedoch davon, dass seine Vorschriften von Individuen vor nationalen Gerichten eingeklagt werden. Dementsprechend gewährt das Unionsrecht schon dann Individualrechtsschutz, wenn eine Norm, wie hier, objektiv dem Schutz bestimmter Marktteilnehmer dient. Da K in einem Konkurrenzverhältnis zu H steht, kann sie die Verletzung der Stillhalteverpflichtung vor deutschen Gerichten geltend machen. Sie ist klagebefugt i. S. v. § 42 II VwGO. Dieses Ergebnis lässt sich ohne weiteres mit einer unionsrechtskonformen Modifikation der Schutznormformel erreichen. Alternativ mag man von einer unionsrechtlich gebotenen Klagebefugnis neben § 42 II VwGO ausgehen.

V. Einordnung als besondere oder allgemeine Sachentscheidungsvoraussetzung

103 Der Gesetzgeber hat die **Klagebefugnis** in § 42 II VwGO als besondere Sachentscheidungsvoraussetzung für Anfechtungs- und Verpflichtungsklagen ausgestaltet. Die Rechtsprechung hat daraus *de facto* eine allgemeine Sachentscheidungsvoraussetzung entwickelt, indem sie § 42 II VwGO **bei anderen Verfahrensarten** analog anwendet. Das gilt namentlich für die allgemeine Leistungsklage und nach Auffassung des BVerwG[15] auch für die allgemeine Feststellungsklage (besonders str., Rn. 315). Bei der Fortsetzungsfeststellungsklage, die an die Zulässigkeitsvoraussetzung der vorangehenden Anfechtungs- oder Verpflichtungsklage anknüpft, ist die Klagebefugnis ebenfalls Zulässigkeitsvoraussetzung. Im Verfahren des vorläufigen Rechtsschutzes ist die **Antragsbefugnis** analog § 42 II VwGO zu prüfen. Bei der verwaltungsgerichtlichen Normenkontrolle ist die An-

12 S. als weiteres Beispiel *Seiler*, Examens-Repetitorium VwR, Fall 9, Rn. 299 ff.

13 *Maurer/Waldhoff*, AllgVwR, § 8 Rn. 16.

14 Dazu *Herrmann/Michl*, Examens-Repetitorium EuR, Rn. 121 ff.

15 BVerwGE 99, 64 (66); 111, 276 (279).

tragsbefugnis in § 47 II 1 VwGO ausdrücklich geregelt. Im Widerspruchsverfahren wird eine **Widerspruchsbefugnis** analog § 42 II VwGO gefordert. Diese ist allerdings insofern weiter als die Klagebefugnis, als dass eine mögliche Rechtsbeeinträchtigung ausreichen kann. Dies hat seinen Grund im unterschiedlichen Prüfungsmaßstab. Während mit der Anfechtungs- und Verpflichtungsklage nur eine Rechtsverletzung geltend gemacht werden kann, kann mit dem Widerspruch auch die bloße Unzweckmäßigkeit gerügt werden.

Art. 19 IV GG trifft eine Grundentscheidung für einen subjektiven Rechtsschutz, der auf 104
dem Konzept subjektiver Rechte aufbaut. Mit der **analogen Anwendung von § 42 II VwGO** hat die Rechtsprechung dieser Grundentscheidung im Verwaltungsprozessrecht weitgehende Geltung verschafft, ohne dass dies freilich verfassungsrechtlich geboten gewesen wäre. Namentlich *Erichsen* hat die Analogie kritisiert[16]. Es fehle schon an einer Regelungslücke. Fälle, in denen jemand ohne eigenes Interesse klage, ließen sich über das allgemeine Rechtsschutzbedürfnis ausfiltern. Die Rechtsprechung ist strenger, indem sie nicht nur ein Interesse des Klägers verlangt, sondern ein subjektives Recht. Der Streit ist jedoch nur selten ergebnisrelevant. In den meisten Fällen empfiehlt es sich, die Frage dahinstehen zu lassen oder ohne weiteres mit der Rechtsprechung von einer analogen Anwendung des § 42 II VwGO auszugehen.

Auch wenn die Klagebefugnis damit *de facto* eine allgemeine Sachentscheidungsvoraus- 105
setzung darstellt, sollte sie bei Anfechtungs- und Verpflichtungsklagen als besondere Sachentscheidungsvoraussetzung behandelt werden.

§ 5 Vorverfahren

Fall 31: Der Bundestagspräsident weist den Antrag der P-Partei auf Gewährung einer Ab- 106
schlagzahlung im Rahmen der staatlichen Parteienteilfinanzierung nach § 20 PartG zurück. Die P-Partei fragt nach Rechtsschutz.

Fall 32: Das Bundesamt für Strahlenschutz versagt die beantragte Castor-Transportgenehmigung. Ohne Vorverfahren erhebt das betroffene Energieversorgungsunternehmen Klage. Vor Gericht legt das Bundesamt ausführlich dar, warum die Genehmigung zu versagen war. Wird das Gericht in der Sache entscheiden?

Fall 33: Die zuständige untere Verwaltungsbehörde erlässt eine Baugenehmigung. Ohne Vorverfahren erhebt die Nachbarin Klage. Vor Gericht legt die Behörde ausführlich dar, warum die Genehmigung zu erteilen war. Wird das Gericht in der Sache entscheiden?

Fall 34: Die zuständige Behörde erteilt eine Sondernutzungserlaubnis für einen Imbisswagen, der in unmittelbarer Nähe zu einem Kaufhauseingang aufgestellt werden soll. Die Erlaubnis ist auf ein Jahr befristet. Das Kaufhausunternehmen fühlt sich behindert und erhebt nach erfolglosem Widerspruchsverfahren Klage. Noch bevor das VG entscheidet, läuft das Jahr ab und die Behörde erteilt eine inhaltsgleiche zweite Erlaubnis, die wiederum auf ein Jahr befristet ist. Das Kaufhausunternehmen bittet um Rechtsrat.

Fall 35: R erhält kurz vor ihrer Weltreise einen Kostenbescheid über das Abschleppen ihres Fahrzeugs, den sie in den Reisevorbereitungen nicht beachtet. Sechs Wochen später legt sie Widerspruch ein, den die Behörde zurückweist. In der Begründung legt die Behörde ausführlich

16 *Erichsen*, JURA 1992, 384 (386); 1994, 476 (482).

dar, warum der Kostenbescheid korrekt ist. Ist R aus prozessualen Gründen von einer Klage abzuraten?

Fall 36: E erhält eine Baugenehmigung, die auch dem Nachbarn N mit ordnungsgemäßer Rechtsbehelfsbelehrung bekannt gegeben wird. Nach zwei Monaten erhebt N erfolgreich Widerspruch. E erbittet Rechtsrat.

I. Notwendigkeit und Entbehrlichkeit des Vorverfahrens

107 Zu den besonderen Sachentscheidungsvoraussetzungen von Anfechtungs- und Verpflichtungsklage gehört gemäß § 68 VwGO die **ordnungsgemäße, erfolglose Durchführung eines Vorverfahrens**.

108 Zunächst ist zu prüfen, ob tatsächlich ein Vorverfahren durchzuführen ist oder war. Nach § 68 I 2 VwGO entfällt das Vorverfahren, wenn ein Gesetz dies bestimmt, wobei es sich auch um ein Landesgesetz handeln kann. Damit steht es den Ländern frei, das Widerspruchsverfahren für den Bereich der Landesverwaltung weitgehend abzuschaffen, wie es einige Länder getan haben.[1] In Bayern räumt beispielsweise Art. 12 I AGVwGO Rechtsschutzsuchenden in bestimmten Bereichen wie dem Kommunalabgabenrecht ein Wahlrecht zwischen Widerspruch und sofortiger Klage ein, während das Vorverfahren in allen anderen Bereichen einschließlich des gesamten Bauordnungsrechts gemäß Art. 12 II AGVwGO entfällt. Soweit in diesem Repetitorium vom Erfordernis eines Vorverfahrens ausgegangen wird, steht dies also unter dem **Vorbehalt abweichender landesrechtlicher Regelungen**.

109 Darüber hinaus regelt § 68 I 2 VwGO **zwei weitere Ausnahmen**, in denen ein Vorverfahren entfällt. Nr. 1 schließt ein Vorverfahren aus, wenn die Ausgangszuständigkeit bei einer obersten Bundes- oder Landesbehörde liegt. Damit sind die **Ministerien** gemeint. Sie dürfen nicht mit den sog. Oberbehörden verwechselt werden. Bundesämter, wie das Bundesamt für Strahlenschutz, sind Bundesoberbehörden aber keine obersten Bundesbehörden. Sie unterstehen vielmehr der Aufsicht des jeweils zuständigen Ministeriums. Versagt beispielsweise das Bundesamt für Strahlenschutz eine Castor-Transportgenehmigung, findet ein Widerspruchsverfahren statt. Widerspruchsbehörde ist allerdings nach § 73 I 2 Nr. 2 VwGO das Bundesamt selbst. § 68 I 2 Nr. 1 VwGO und § 73 I 2 Nr. 2 VwGO verfolgen dasselbe Ziel, die Ministerialebene von Vorverfahren zu entlasten.

110 In **Fall 31** wird der Bundestagspräsident als Verwaltungsbehörde tätig (dazu schon o. Rn. 61). Er ist zwar kein Ministerium, da er organisatorisch der Legislative angehört. Der Bundestag zählt aber wie die Regierung zu den obersten Bundesorganen. Nimmt der Bundestagspräsident Verwaltungsaufgaben wahr, steht er hierarchisch an höchster Stelle. Daher zählt er als Verwaltungsbehörde ebenfalls zu den obersten Bundesbehörden. Demnach kann die P-Partei nach § 68 I 2 Nr. 1 VwGO klagen, ohne zuvor ein Vorverfahren durchzuführen.

111 Nach § 68 I 2 Nr. 2 VwGO entfällt ein Widerspruchsverfahren, wenn ein Abhilfebescheid nach § 72 VwGO oder ein Widerspruchsbescheid nach § 73 VwGO **erstmalig eine Beschwer** enthält. Das gilt namentlich bei der Verböserung im Widerspruchsverfahren (Rn. 72, 123).

1 S. dazu *Steinbeiß-Winkelmann*, NVwZ 2009, 686 ff.

Über diese gesetzlich normierten Fälle hinaus verzichtet die Rechtsprechung in weiteren Fällen auf die Durchführung eines Vorverfahrens. Ob es angeht, auf ein Widerspruchsverfahren zu verzichten, hängt maßgeblich von dessen Zweck ab. Nach h. M. verfolgt das Widerspruchsverfahren drei verschiedene Zwecke, die den drei Akteuren Beschwerdeführer, Verwaltung und Gericht, zugeordnet sind[2]. **112**

Der dreifache Zweck des Vorverfahrens
• für Beschwerdeführer: zusätzliche Rechtsschutzinstanz (einschließlich voller Zweckmäßigkeitsprüfung) • für Verwaltung: Selbstkontrolle (Verwaltungseffizienz) • für Gericht: Entlastung

Die Rechtsprechung[3] geht insbesondere davon aus, dass die Verwaltung auf die Durchführung eines Vorverfahrens **verzichten** kann, indem sie sich auf eine Klage in der Sache einlässt, ohne das Fehlen des Vorverfahrens zu rügen. Stellt man die Funktion, das Gericht zu entlasten, in den Vordergrund, erscheint dies zweifelhaft. Stellt man hingegen auf die Interessen des Beschwerdeführers und der Verwaltung ab, ist die Verzichtslösung grundsätzlich sachgerecht. **113**

Allerdings darf ein **Verzicht nicht zu Lasten sonstiger Personen oder Behörden** gehen. Fallen Ausgangs- und Widerspruchsbehörde auseinander, kann die Ausgangsbehörde nicht zu Lasten der Widerspruchsbehörde verzichten. Ausgeschlossen ist auch ein Verzicht zu Lasten eines Drittbegünstigten. **114**

Folgt man der Grundentscheidung der Rechtsprechung für die Verzichtsmöglichkeit, ist ein Verzicht in **Fall 32** unproblematisch. Das Bundesamt ist nach § 73 I 2 Nr. 2 VwGO zugleich Widerspruchsbehörde. Indem es sich auf die Sache einlässt, obwohl das Energieversorgungsunternehmen kein Vorverfahren durchgeführt hat, verzichtet es darauf. Anders verhält es sich in **Fall 33**. Hier scheidet ein Verzicht schon deshalb aus, weil die Behörde nicht zu Lasten des Bauherrn über das Erfordernis des Widerspruchsverfahrens verfügen kann. Außerdem ist je nach Landesrecht zu vermuten, dass die Ausgangsbehörde mit der Widerspruchsbehörde nicht identisch ist. Vertritt die Ausgangsbehörde im Prozess, kann sie nicht zu Lasten der Widerspruchsbehörde auf das Vorverfahren verzichten. **115**

Entbehrlich ist ein Vorverfahren auch dann, wenn ein **Verwaltungsakt**, der bereits Gegenstand eines Vorverfahrens war, während des gerichtlichen Verfahrens **durch einen gleichartigen Verwaltungsakt ersetzt** wird. So verhält es sich in **Fall 34**. Die erste Sondernutzungserlaubnis ist durch Zeitablauf außer Kraft getreten. Soweit sich die Anfechtungsklage auf diese erste Erlaubnis bezieht, hat sie sich erledigt. Mit dem Wegfall des ursprünglichen Klagegegenstandes ist die ursprüngliche Klage unzulässig geworden. Um eine Klagabweisung zu vermeiden, muss das Kaufhausunternehmen tätig werden. Man könnte an eine Fortsetzungsfeststellungsklage nach § 113 I 4 VwGO denken. Dem Kaufhausunternehmen geht es aber vor allem darum, die erneut erteilte Sondernutzungserlaubnis zu beseitigen. Dem Interesse des Unternehmens entspricht es am besten, nunmehr die zweite Sondernutzungserlaubnis anzufechten. Eine dahin gehende **Klageänderung** ist grundsätzlich sachdienlich i. S. v. § 91 I VwGO. Die Zulässigkeit der geänderten **116**

2 S. nur BVerwGE 138, 1, Rn. 30; 150, 190, Rn. 13.
3 BVerwGE 64, 325 (330); a. A. *Kopp/Schenke*, VwGO, § 68 Rn. 27 f.

Klage könnte allerdings an § 68 I 1 VwGO scheitern, weil die neue Sondernutzungserlaubnis noch nicht in einem Vorverfahren überprüft wurde. Da sich die zweite Sondernutzungserlaubnis jedoch bis auf den anderen Geltungszeitraum mit der ersten deckt, wäre ein erneutes Vorverfahren eine bloße Formalität. Auf der anderen Seite steht für das Kaufhausunternehmen der **effektive Rechtsschutz** auf dem Spiel, den Art. 19 IV GG garantiert. Es wird regelmäßig unmöglich sein, ein Hauptsacheverfahren nebst Vorverfahren innerhalb eines Jahres zum Abschluss zu bringen. Wird ein Verwaltungsakt jährlich durch einen Folgeverwaltungsakt ersetzt, könnte man also nie zu einer rechtskräftigen Entscheidung gelangen, wenn man an der Wiederholung des Vorverfahrens festhalten würde. Daher ist es nicht nur sachgerecht, sondern verfassungsrechtlich sogar zwingend, in diesem Fall auf ein Vorverfahren zu verzichten.

117 Das BVerwG will auf das Vorverfahren auch in anderen Situationen verzichten, wenn der Zweck des Vorverfahrens entweder bereits erreicht wurde oder ohnehin nicht mehr erreicht werden kann[4]. So wird diskutiert, ob ein Vorverfahren entbehrlich ist, wenn die Widerspruchsbehörde zeigt, dass es ohnehin erfolglos wäre[5]. Lässt man sich auf derartige ungeschriebene Ausnahmen ein, besteht allerdings die Gefahr, das Vorverfahren auszuhöhlen[6]. Daher ist hier größte Zurückhaltung geboten.

118 Einen besonderen Fall der Entbehrlichkeit des Vorverfahrens regelt **§ 75 VwGO**. Trifft die Ausgangs- oder die Widerspruchsbehörde gar keine Entscheidung, kann der Betroffene sein Begehren mit der sog. **Untätigkeitsklage** weiterverfolgen. Nach § 75 S. 2 VwGO muss der Betroffene vor seiner Klage grundsätzlich drei Monate abwarten. Dabei handelt es sich allerdings um eine Sachentscheidungsvoraussetzung, die erst im Zeitpunkt der gerichtlichen Entscheidung erfüllt sein muss.

II. Ordnungsgemäße Durchführung des Vorverfahrens

119 Das Vorverfahren muss ordnungsgemäß durchgeführt worden sein. Da der Widerspruchsführer nicht für etwaige Fehler der Verwaltung einzustehen hat, kommt es allerdings nur darauf an, dass er das seinerseits Erforderliche getan hat. Insbesondere muss er den Widerspruch nach § 70 VwGO **form- und fristgerecht eingelegt** haben. Die Widerspruchsfrist gehorcht weitgehend denselben Regeln wie die Klagefrist. Daher werden beide Fristen im folgenden Paragrafen gemeinsam behandelt (Rn. 133 ff.).

120 Weist die Widerspruchsbehörde einen verfristeten Widerspruch als unzulässig zurück, ist das Vorverfahren nicht ordnungsgemäß durchgeführt worden, so dass eine nachfolgende Klage unzulässig wäre. **Bescheidet** hingegen die **Widerspruchsbehörde den verfristeten Widerspruch** in der Sache, fragt sich, ob die Verfristung damit geheilt ist. Hier kommt wiederum der Verzichtsgedanke zum Tragen. Soweit die Frist die Behörde davor schützt, sich nach längerer Zeit noch mit einem Vorgang befassen zu müssen, kann sie darauf verzichten. So verhält es sich in **Fall 35**. Sechs Wochen nach Erhalt des Kostenbescheides ist der Widerspruch zwar klar verfristet. Indem sich die Behörde aber dennoch auf die Sache einlässt und den Widerspruch aus materiellen Gründen zurückweist, verzichtet sie darauf, die Verfristung geltend zu machen[7]. Ausgeschlossen ist der Verzicht

4 BVerwGE 138, 1, Rn. 24, 26, 30.
5 So BVerwG, DÖV 1970, 248.
6 Ablehnend daher *Schenke*, VwProzR, Rn. 717.
7 S. BVerwGE 57, 342 (344).

hingegen, soweit die Frist auch Drittbegünstigte schützen soll. In **Fall 36** war die Baugenehmigung im Zeitpunkt des Widerspruchs durch Fristablauf bereits bestandskräftig geworden. Diese Bestandskraft schützt insbesondere auch den Bauherrn. Daher vermag die Bereitschaft der Widerspruchsbehörde, sich auf die Sache einzulassen, nichts daran zu ändern, dass der Widerspruch verfristet war. E kann den Widerspruchsbescheid, der für ihn eine erstmalige Beschwer enthält, nach § 79 I Nr. 2 VwGO isoliert anfechten. Die Klage ist auch nach § 113 I 1 VwGO begründet. Indem die Behörde den Widerspruch entgegen § 70 I VwGO in der Sache entschieden hat, hat sie rechtswidrig gehandelt. Der damit rechtswidrige Widerspruchsbescheid verletzt den E in seinem subjektiven Recht aus der ihn begünstigenden Baugenehmigung.

III. Die Verböserung im Widerspruchsverfahren (reformatio in peius)

Fall 37: Die zuständige staatliche Straßenverkehrsbehörde ordnet auf einem Autobahnteilstück eine Geschwindigkeitsbegrenzung auf 120 km/h an. A, die die Stelle täglich auf ihrem Weg zur Arbeit passiert, legt Widerspruch ein. Im Widerspruchsverfahren „verbösert" das Regierungspräsidium die Geschwindigkeitsbegrenzung auf 100 km/h. Hätte eine Klage der A Aussicht auf Erfolg? 121

Fall 38: N, der unmittelbar an der Autobahn wohnt, verlangt aus Lärmschutzgründen eine Geschwindigkeitsbegrenzung auf 100 km/h. Die Straßenverkehrsbehörde begrenzt die Geschwindigkeit auf 120 km/h. Auf Widerspruch des N ordnet das Regierungspräsidium 100 km/h an.

Fall 39: E möchte ihren Schwarzbau nachträglich legalisieren und beantragt eine Baugenehmigung, die das zuständige Landratsamt versagt. Das als Widerspruchsbehörde zuständige Regierungspräsidium weist den Widerspruch der E zurück und ordnet zugleich den Abriss des Gebäudes an.

Die *reformatio in peius* ist eine Besonderheit des Widerspruchsverfahrens. **Im gerichtlichen Verfahren** ist eine Verböserung **ausgeschlossen**. Das ergibt sich aus der Antragsbindung nach § 88 VwGO. Beantragt die Klägerin, eine Geschwindigkeitsbegrenzung auf 120 km/h aufzuheben, hat das Gericht prozessual mehrere Möglichkeiten: Es kann der Klage stattgeben und die Geschwindigkeitsbegrenzung aufheben; es kann die Klage abweisen; oder es kann der Klage teilweise stattgeben, indem es die Geschwindigkeitsbegrenzung z. B. aufhebt, soweit sie 130 km/h unterschreitet. Es kann die Geschwindigkeitsbegrenzung aber nicht zu Lasten der A verschärfen, selbst wenn dies in der Sache richtig wäre. Anders verhält es sich im **Widerspruchsverfahren**. Der Widerspruchsbehörde wird **grundsätzlich ein Recht zur Verböserung** zugesprochen[8]. Dabei ist jedoch Vieles umstritten. Die schwierige Materie verliert an Prüfungsrelevanz, soweit Länder das Widerspruchsverfahren abgeschafft haben (Rn. 108). 122

Schon der richtige **Klausuraufbau** bereitet Schwierigkeiten. In **Fall 37** gibt es für A in der Zulässigkeitsstation zwei Möglichkeiten. Beharrt sie auf der Beseitigung der gesamten Geschwindigkeitsbegrenzung, wird sie nach § 79 I Nr. 1 VwGO den ursprünglichen Verwaltungsakt in der Gestalt anfechten, die er durch den Widerspruchsbescheid gefunden hat. Findet sie sich hingegen mit der ursprünglichen Geschwindigkeitsbegrenzung ab, wird sie sich darauf beschränken, nach § 79 II VwGO den Widerspruchsbescheid anzufechten mit 123

8 A. A. allerdings *Hufen*, VwProzR, § 9 Rn. 19.

dem Ziel, die ursprüngliche, weniger belastende Regelung wieder aufleben zu lassen. Die **isolierte Anfechtung des Widerspruchsbescheids** ist erheblich einfacher zu prüfen, weil dann nur ein einziger, von einer Behörde erlassener Verwaltungsakt Gegenstand der Begründetheit ist. Die Rechtswidrigkeit dieses Widerspruchsbescheides lässt sich nach dem allgemeinen Schema für die Rechtmäßigkeit eines Verwaltungsaktes (Rn. 184) prüfen, das nur an einzelnen Stellen um besondere Prüfungspunkte zu ergänzen ist.

124 **Rechtmäßigkeit des Widerspruchsbescheids in Fall 37**

1. Rechtsgrundlage (§ 45 StVO i. V. m. Vorschriften über Widerspruchsverfahren)
2. Formelle Rechtmäßigkeit
   a) Zuständigkeit
      aa) Widerspruchszuständigkeit (§ 73 I VwGO)
      bb) Befugnis zur Verböserung
   b) Verfahren (§ 71 VwGO)
   c) Form (§ 73 III 1 VwGO)
3. Materielle Rechtmäßigkeit
   a) Rechtmäßigkeit der Geschwindigkeitsbegrenzung nach der StVO
   b) Vertrauensschutz

125 Folgt man der h. M., erscheint es sachgerecht, die Verböserung zunächst als **Zuständigkeitsproblem** zu thematisieren. Die Zuständigkeit zur Entscheidung über den Widerspruch folgt zunächst aus § 73 I VwGO bzw. aus entsprechenden Spezialregelungen im Bundes- oder Landesrecht. Damit ist allerdings noch nicht gesagt, dass sich die Zuständigkeit der Widerspruchsbehörde auch auf eine Verböserung erstreckt. Fraglich ist insoweit zuerst, ob die VwGO als Bundesgesetz die Verböserung im Widerspruchsverfahren überhaupt regeln kann. Für das Landesverwaltungsverfahren fehlt dem Bund weitgehend die Zuständigkeit. Eine umfassende **Kompetenz** hat der Bund **nach Art. 74 I Nr. 1 GG nur für das Verwaltungsprozessrecht**. Das Widerspruchsverfahren steht an der Grenze zwischen beiden Materien. Als behördliches Verfahren ist es dem Verwaltungsverfahren zuzurechnen. Soweit das Vorverfahren aber Voraussetzung für die Erhebung der verwaltungsgerichtlichen Klage ist, kann es vom Bund als Annex zum verwaltungsgerichtlichen Verfahren mitgeregelt werden. Die §§ 68 ff. VwGO sind grundsätzlich von dieser **Annexkompetenz** gedeckt. Mit der Verböserung entspricht die Widerspruchsbehörde allerdings gerade nicht dem Begehren des Rechtsschutzsuchenden. Die Verböserung geht damit über das hinaus, was zur Vorbereitung der Klage erforderlich ist. Das spricht dafür, dass die Frage der **Verböserung von der Annexkompetenz nicht gedeckt** ist. Das BVerwG hat das Problem offen gelassen. Es geht davon aus, dass die VwGO die Frage der Verböserung jedenfalls nicht geregelt hat[9]. Damit ist eine Antwort auf die Frage nach der Verböserungszuständigkeit im jeweils einschlägigen Bundes- oder Landesverwaltungsverfahrensrecht zu suchen. Das VwVfG spricht das Widerspruchsverfahren zwar in §§ 79 f. an, geht dabei aber auf die Verböserungsproblematik nicht ein. Mangels ausdrücklicher Regelung kann sich eine Antwort damit nur in **ungeschriebenen Grundsätzen des Verwaltungsverfahrensrechts** finden.

126 Die Rechtsprechung stellt dabei darauf ab, ob die Widerspruchsbehörde ein **Weisungs- oder** sogar ein **Selbsteintrittsrecht** gegenüber der Ausgangsbehörde hat[10]. In aller Regel

9 BVerwGE 51, 310 (313 ff.).

10 BVerwG, NVwZ 1987, 215 (216); *Dolde/Porsch*, in: Schoch/Schneider/Bier, VwGO, § 68 Rn. 51; enger *Kopp/Schenke*, VwGO, § 68 Rn. 10b: bloßes Weisungsrecht unzureichend.

wird die Widerspruchsbehörde zugleich **Aufsichtsbehörde** sein. Als solche hat sie regelmäßig ein Weisungsrecht und vielfach sogar ein Recht zum Selbsteintritt. Das Weisungsrecht berechtigt die Aufsichtsbehörde für sich genommen zwar nicht zu einem Handeln im Außenverhältnis gegenüber den Bürgern. Sie kann aber durch eine Weisung die Entscheidungskompetenz im Innenverhältnis zur Ausgangsbehörde an sich ziehen. Wird die Aufsichtsbehörde als Widerspruchsbehörde tätig, hat sie in diesem Zusammenhang auch eine Außenzuständigkeit. Wird die Außenzuständigkeit, die das Widerspruchsverfahren vermittelt, durch die umfassende Sachkompetenz verstärkt, die aus dem Weisungsrecht folgt, erscheint es in der Tat vertretbar, daraus auf eine Verböserungszuständigkeit zu schließen. So tut es jedenfalls die Rechtsprechung.

Bei **Verfahren und Form** sind die besonderen Vorschriften des Widerspruchsverfahrens **127**
zu beachten (§§ 71, 73 III 1 VwGO). In materieller Hinsicht ist zunächst zu prüfen, ob die Regelung, die die Widerspruchsbehörde getroffen hat, den fachrechtlichen Vorgaben genügt. In **Fall 37** kommt es also darauf an, ob die Begrenzung der Geschwindigkeit auf 100 km/h von § 45 StVO gedeckt ist.

Als zusätzlicher Punkt ist zu prüfen, ob ein schutzwürdiges Vertrauen des Widerspruchs- **128**
führers der Verböserung entgegensteht. Es wird vertreten, dass eine Verböserung im Widerspruchsverfahren nur unter den einschränkenden Voraussetzungen der §§ 48 f. VwVfG zulässig sei[11]. Diese Vorschriften sind allerdings auf die Verböserung im Rahmen eines Widerspruchsverfahrens nicht zugeschnitten[12]. Das könnte dafür sprechen, dass das VwVfG die älteren, ungeschriebenen Grundsätze über die *reformatio in peius* bestehen lässt. Gesichert erscheint, dass grundsätzlich Vertrauensschutz zu prüfen ist. Allerdings soll dem Widerspruchsführer, der den Verwaltungsakt durch seinen Widerspruch selbst in Frage stellt, **regelmäßig kein schutzwürdiges Vertrauen** zuzubilligen sein[13]. Daher wird eine Verböserung im Widerspruchsverfahren in der Praxis kaum je am Vertrauensschutz scheitern.

Greift A im **Ausgangsfall 37** nicht nur den Widerspruchsbescheid an, sondern die ur- **129**
sprüngliche Verkehrsregelung in der Form, die sie durch den Widerspruchsbescheid gefunden hat, wird der Aufbau noch komplizierter. Auszugehen ist wiederum von der Rechtsgrundlage. Die formelle Rechtmäßigkeit ist aber doppelt zu prüfen, zunächst für den Ausgangsverwaltungsakt und anschließend für den Widerspruchsbescheid. Bei der materiellen Rechtmäßigkeit sind wiederum die Voraussetzungen der StVO zu prüfen und, soweit die Regelung im Widerspruchsverfahren verbösert worden ist, zusätzlich ein etwaiger Vertrauensschutz.

Die Verböserung im Widerspruchsverfahren darf nicht mit **anderen, viel einfacheren** **130**
Konstellationen verwechselt werden. In **Fall 38** hat das Regierungspräsidium dem Widerspruch des N stattgegeben. Dadurch mögen zwar zugleich Autofahrer belastet werden, doch ist dies die typische Folge eines stattgebenden Widerspruchsbescheides bei Verwaltungsakten mit Doppelwirkung.

In **Fall 39** trifft die Widerspruchsbehörde mit der Abrissverfügung zwar eine Regelung, **131**
die die E zusätzlich belastet, ohne von jemandem beantragt zu sein. Dabei handelt es sich

11 Z. B. *Schenke*, VwProzR, Rn. 753 f.; dieser Lösungsweg klingt namentlich auch in BVerwGE 65, 313 (319) an, wo auf die „Grundsätze über die Rücknahme und den Widerruf von Verwaltungsakten“ Bezug genommen wird.

12 *Dolde/Porsch*, in: Schoch/Schneider/Bier, VwGO, § 68 Rn. 49.

13 BVerwGE 67, 129 (134 f.).

allerdings nicht um eine Verböserung des ursprünglichen Verwaltungsaktes. Vielmehr erlässt die Widerspruchsbehörde einen zweiten, zusätzlichen Verwaltungsakt, der selbstständig neben der Versagung der Baugenehmigung steht. Die Abrissverfügung ist als eigenständiger Verwaltungsakt auf ihre Rechtmäßigkeit zu überprüfen. Eine Zuständigkeit im Rahmen des Widerspruchsverfahrens besteht dafür nicht. Da die Ausgangszuständigkeit allein beim Landratsamt liegt, ist die Verfügung der Widerspruchsbehörde rechtswidrig.

§ 6 Widerspruchs- und Klagefrist

132 **Fall 40:** E erhält eine Baugenehmigung, die sie ihrem Nachbarn N zur Kenntnis schickt. N überlegt, ob er Widerspruch oder Klage einlegt. Wie lange kann er sich Zeit lassen?

Fall 41: Die Behörde versagt die von E beantragte Baugenehmigung. Der ablehnende Bescheid geht am 9. April zur Post und ist am 10. April bei E. Am 12. Mai wirft E ihren Widerspruch in den Briefkasten, der am Montag, dem 14. Mai, bei der Ausgangsbehörde eingeht. Was wird die Behörde tun?

133 Widerspruch, Anfechtungs- und Verpflichtungsklage sind nach §§ 70, 74 VwGO fristgebunden. Vielfach enthalten Klausursachverhalte keine Daten, so dass die Klagefrist nicht berechnet werden kann. Dennoch sollte die **Klagefrist stets genannt** werden. Sie beträgt einen Monat. Wer stattdessen „vier Wochen“ schreibt, begeht einen groben Fehler.

134 Sehr gute Fallbearbeitungen zeichnen sich dadurch aus, dass die **Fallfrage genau beachtet** wird. Ergibt sich aus dem Sachverhalt, dass die Klage bisher noch nicht erhoben ist, wäre es falsch zu schreiben: „Mangels Angaben im Sachverhalt ist davon auszugehen, dass die Klagefrist eingehalten wurde.“ Vielmehr muss die klagewillige Person dahin beraten werden, dass sie die Klagefrist einzuhalten hat. Richtig wäre also beispielsweise: „Die Klage müsste gemäß § 74 I 1 VwGO innerhalb eines Monats nach Zustellung des Widerspruchsbescheides erhoben werden. Unter dieser Voraussetzung ist die Klage zulässig.“

I. Fristbeginn

135 Wenn der Sachverhalt dazu Anlass gibt, sind Fristen genau zu berechnen. Am Anfang jeder Fristberechnung muss der Fristbeginn bestimmt werden. Das wird häufig übersehen und führt dann zu gravierenden Folgefehlern.

1. Bekanntgabe

136 Die Widerspruchsfrist beginnt nach § 70 I 1 VwGO mit der Bekanntgabe des Verwaltungsaktes. Dasselbe gilt nach § 74 I 2 VwGO für die Klagefrist, wenn kein Widerspruchsverfahren durchzuführen ist. Die **Bekanntgabe** ist in § 41 VwVfG geregelt. Sie hat eine doppelte Bedeutung. Zum einen ist sie **Wirksamkeitsvoraussetzung**. Nach § 43 I VwVfG wird ein Verwaltungsakt mit seiner Bekanntgabe wirksam. Zum anderen ist die Bekanntgabe Anknüpfungspunkt für den **Fristbeginn**.

137 Der Begriff der Bekanntgabe ist für den Normalfall gesetzlich nicht näher definiert. Er lässt sich in Anlehnung an das Zivilrecht bestimmen. Ein Verwaltungsakt ist eine öffent-

lich-rechtliche Willenserklärung. Privatrechtliche Willenserklärungen werden nach § 130 I BGB mit ihrem Zugang wirksam. Die **Bekanntgabe** eines Verwaltungsaktes **entspricht dem Zugang einer privatrechtlichen Willenserklärung**.

Eine Bekanntgabe setzt zunächst einen **Bekanntgabewillen** auf der Seite der Behörde voraus. In **Fall 40** geht die Mitteilung an N nicht von der Behörde aus, sondern von E. Ein behördlicher Wille, die Baugenehmigung dem N bekannt zu geben, ist nicht ersichtlich. Die Baugenehmigung ist also dem N nicht bekannt gegeben, so dass eine Widerspruchsfrist nicht zu laufen beginnt. N muss keine Fristen beachten. **138**

Die Rechtsprechung hilft der E, die ein Interesse an Rechtssicherheit hat, in derartigen Fällen allerdings mit dem Rechtsgedanken der **Verwirkung**. Verwirkung tritt ein, wenn N durch sein Verhalten einen Vertrauenstatbestand schafft, der E zu einer Vertrauensinvestition veranlasst. Im Baurecht wird dies typisiert. Erlangt ein Nachbar Kenntnis von der Baugenehmigung, und sei es auch nur dadurch, dass er die Bauarbeiten sieht, kann von ihm erwartet werden, dass er rechtliche Schritte einleitet, wenn er das Bauvorhaben nicht akzeptieren will. Allerdings wird man dem Nachbarn in der Regel wenigstens ein Jahr Zeit zubilligen müssen. Das ergibt sich aus der Wertung des § 58 II VwGO. Ist ein Verwaltungsakt fehlerfrei bekannt gegeben, doch fehlt die Rechtsbehelfsbelehrung, billigt das Gesetz dem Betroffenen eine Rechtsbehelfsfrist von einem Jahr zu. Ist der Verwaltungsakt, wie in **Fall 40**, nicht einmal bekannt gegeben worden, muss der Betroffene erst recht **ein Jahr Bedenkzeit** haben. Die Rechtsprechung nimmt § 58 II VwGO als Leitlinie und geht davon aus, dass der Nachbar sein Widerspruchs- oder Klagerecht regelmäßig mit Ablauf eines Jahres nach Kenntnisnahme verwirkt. Dem N ist also zu raten, allerspätestens ein Jahr nach der Mitteilung des E Widerspruch einzulegen. **139**

Die Bekanntgabe setzt in Anlehnung an zivilrechtliche Grundsätze darüber hinaus voraus, dass der Verwaltungsakt dergestalt in den **Machtbereich des Adressaten** gelangt, dass dieser unter normalen Umständen in zumutbarer Weise davon Kenntnis erlangen kann. **140**

Äußerst wichtig ist für die Praxis und für Klausuren die **Bekanntgabefiktion** nach § 41 II VwVfG. Schriftliche Verwaltungsakte, die mit der Post versandt werden, gelten danach mit dem **dritten Tag nach der Aufgabe zur Post** als bekannt gegeben. Häufig werden Briefe, die mit der Post befördert werden, bereits am folgenden Werktag beim Empfänger eintreffen. Nach der insoweit unwiderlegbaren Vermutung gilt der Verwaltungsakt dennoch erst mit Ablauf des dritten Tages als bekannt gegeben. Die Fiktion ist insoweit bürgerfreundlich, weil sie den Fristlauf hinausschiebt. Sollte ein Verwaltungsakt hingegen tatsächlich später eingehen, greift die Vermutung gemäß § 41 II 3 VwVfG nicht. Wichtig ist, dass § 41 II VwVfG nach der herrschenden verwaltungsgerichtlichen Rechtsprechung[1] alle Tage mitzählt. Die Fiktion kann ohne weiteres dazu führen, dass ein Brief am Sonntag als zugegangen gilt, obwohl die Post am Sonntag keine Briefe austrägt. **141**

Die 3-Tages-Fiktion gilt nach § 41 II 2 VwVfG auch für **E-Mails**. Im Rahmen der grundsätzlichen Formfreiheit nach § 37 II 1 VwVfG steht es der Verwaltung frei, einen Verwaltungsakt „elektronisch“, also namentlich per E-Mail zu erlassen, sofern der Adressat hierfür gemäß § 3a I VwVfG einen Zugang eröffnet hat. Wenden sich also Betroffene per E-Mail an die Behörde oder geben sie in einem Schreiben ihre E-Mail-Adresse an, darf die Behörde diese Adresse zum Erlass des Verwaltungsaktes verwenden. Einer elektroni- **142**

1 OVG Nds., NVwZ-RR 2007, 78; VGH München, NJW 1991, 1250 f.; **a. A.** BFH, NJW 2004, 94 ff.; *U. Stelkens*, in: Stelkens/Bonk/Sachs, VwVfG, § 41 Rn. 133.

schen Signatur oder eines besonders geschützten Versandverfahrens bedarf es gemäß § 3a II VwVfG nur, wenn ausnahmsweise ein Schriftformerfordernis ersetzt werden soll.

143 Besonderheiten gibt es bei der **Bekanntgabe von Verkehrszeichen**, die auch in Klausuren vor allem in Abschleppfällen relevant werden. Ein Beispielsfall mag dies veranschaulichen.

Fall 42: M parkt ihr Auto am Straßenrand und fliegt für sechs Wochen nach Thailand. Am nächsten Tag werden wegen Bauarbeiten Schilder: „absolutes Halteverbot“, aufgestellt. Wann wird das Halteverbot M gegenüber wirksam?

144 Als Allgemeinverfügung wird das Halteverbot nach § 43 I 1 VwVfG mit seiner Bekanntgabe wirksam. Geht man von **allgemeinen Grundsätzen** aus, könnte man in **Fall 42** meinen, dass das Verkehrszeichen der M gegenüber erst bekannt gegeben wird, wenn sie es nach ihrer Rückkehr sieht. Allerdings wird auch im Zivilrecht nicht allein auf die tatsächliche Kenntnisnahme abgestellt. Vielmehr genügt es, wenn der Betroffene unter normalen Umständen in zumutbarer Weise Kenntnis nehmen kann. Solange M ihr Auto auf öffentlichem Straßenrand geparkt hat, ist sie Verkehrsteilnehmerin, und zwar Teilnehmerin am ruhenden Verkehr. Von Verkehrsteilnehmern kann erwartet werden, dass sie in regelmäßigen Abständen nach ihrem Fahrzeug schauen, wenigstens alle drei Tage. Damit bestand spätestens nach Ablauf von drei Tagen die zumutbare Möglichkeit der Kenntnisnahme. M war zwar während der gesamten Zeit im Ausland. Dies ist aber ein außergewöhnlicher Umstand, der allein in der Sphäre der M liegt und die Bekanntgabe nicht hindert. Rein praktisch hätte M etwa die Möglichkeit gehabt, jemand anderen mit der Beaufsichtigung ihres Autos zu beauftragen. Damit lässt sich hier schon mit allgemeinen Grundsätzen ein brauchbares Ergebnis erzielen[2].

145 Die Rechtsprechung geht allerdings einen anderen Weg[3]. Neben der individuellen Bekanntgabe gegenüber dem Betroffenen kennt § 41 III VwVfG die **öffentliche Bekanntgabe**, die insbesondere bei Allgemeinverfügungen zulässig ist. Das BVerwG sieht im Aufstellen eines Verkehrsschildes eine besondere Form der öffentlichen Bekanntgabe[4]. Dabei lässt es offen, ob diese öffentliche Bekanntgabe ihre Grundlage in § 41 III VwVfG findet oder ob die StVO insoweit eine abschließende Spezialregelung enthält, die das VwVfG verdrängt. Nach dieser Lösung ist ein Verkehrszeichen, das ein durchschnittlicher, hinreichend sorgfältiger Verkehrsteilnehmer „mit einem raschen und beiläufigen Blick“ wahrnehmen kann,[5] mit seiner Aufstellung allen Verkehrsteilnehmern gegenüber bekannt gegeben, auch wenn sie es tatsächlich nicht sehen. Da M trotz ihres Urlaubs Teilnehmerin am ruhenden Verkehr ist, wird das Verkehrszeichen ihr gegenüber nach BVerwGE 102, 316 (318 f.) mit dem Aufstellen wirksam. Von diesem Sonderfall der Teilnahme am ruhenden Verkehr abgesehen, bleibt es allerdings nach BVerwGE 138, 21, Rn. 16, dabei, dass die Anfechtungsfrist für einen Verkehrsteilnehmer erst dann zu laufen beginnt, wenn er sich das erste Mal dem Verkehrszeichen gegenüber sieht. Anderenfalls würde Personen, die dem Verkehrszeichen erst nach langer Zeit erstmals begegnen, der durch Art. 19 IV GG gebotene effektive Rechtsschutz verwehrt. Falsch wäre es, den Bekanntgabezeitpunkt nach § 41 IV VwVfG bestimmen zu wollen. Dort ist die öffentliche

2 Dazu im Einzelnen *Bitter/Konow*, NJW 2001, 1386 ff., insbesondere 1391 f.
3 BVerwGE 102, 316; 138, 21.
4 BVerwGE 102, 316 (318).
5 Dazu BVerwGE 154, 366, Rn. 16 ff.

Bekanntgabe schriftlicher Allgemeinverfügungen geregelt. Die Verkehrsregelung wird aber **nicht schriftlich** erlassen, sondern gemäß § 37 II 1 VwVfG „in anderer Weise", nämlich durch Zeichen.

Gemäß § 42a I 2 VwVfG kann auch eine Genehmigung, deren Erteilung durch Zeitablauf fingiert wird, von Drittbetroffenen angefochten werden. Allerdings fehlt es bei der **Genehmigungsfiktion**, wie sie im Bundesrecht vor allem in § 6a GewO vorgesehen ist,[6] an einer Bekanntgabe i. S. v. § 41 VwVfG, so dass keine Klagefrist in Gang gesetzt wird. Im Interesse des Begünstigten wird man allenfalls eine Verwirkung annehmen können, wie sie von der Baunachbarklage bekannt ist (o. Rn. 139). Anders verhält es sich, wenn Landesbauordnungen vorsehen, dass über eine fingierte Baugenehmigung eine Bescheinigung mit Rechtsbehelfsbelehrung zu erteilen ist. **146**

2. Zustellung

Teilweise ist vorgeschrieben, dass Verwaltungsakte zuzustellen sind. Insbesondere bedarf der Widerspruchsbescheid nach § 73 III 1 VwGO der Zustellung. Zuzustellen ist beispielsweise auch die Zwangsmittelandrohung nach § 13 VII VwVG (Rn. 535). **147**

Die Zustellung ist ausweislich § 41 V VwVfG eine **besondere Form der Bekanntgabe**. Sie unterliegt besonders strengen förmlichen Anforderungen. Geregelt ist sie im VwZG Bund sowie in den Verwaltungszustellungsgesetzen der Länder. Wichtig ist die Zustellung durch die Post mit Zustellungsurkunde nach § 3 VwZG, die sich im Einzelnen nach den Vorschriften der ZPO bestimmt. Zugestellt werden kann jedoch auch gemäß § 4 VwZG durch Übergabeeinschreiben oder Einschreiben mit Rückschein, wobei im ersteren Fall eine Dreitagesfiktion gilt, die § 41 II VwVfG (Rn. 141) entspricht. Zu beachten ist zudem, dass Zustellungsmängel nach § 8 VwZG geheilt werden, wenn der Betroffene das Schriftstück tatsächlich erhält. **148**

3. Rechtsbehelfsbelehrung

Fall 43: A erhält einen Bescheid, der nach Art. 12 II BayAGVwGO nur mit der Klage angegriffen werden kann. Am Ende des Bescheides heißt es: „Gegen diesen Bescheid kann innerhalb von vier Wochen Klage bei dem Bayerischen Verwaltungsgericht Regensburg in Regensburg erhoben werden." A wartet drei Monate. Kann sie noch Klage erheben? **149**

Die Klagefrist beginnt nach § 58 I VwGO nur zur laufen, wenn der Kläger schriftlich oder elektronisch über die Rechtsschutzmöglichkeit belehrt worden ist. Für die Widerspruchsfrist gilt nach § 70 II VwGO dasselbe. § 58 I VwGO nennt den **Mindestinhalt der Rechtsbehelfsbelehrung**: Art des Rechtsbehelfs (Widerspruch oder Klage), die zuständige Behörde bzw. das zuständige Gericht, deren Sitz und die Länge der Frist. In **Fall 43** ist dem Bescheid eine schriftliche Rechtsbehelfsbelehrung beigefügt worden. Die Belehrung nennt den richtigen Rechtsbehelf, nämlich die Klage. Sie nennt auch das zuständige Gericht. Seine Anschrift fehlt. § 58 I VwGO verlangt aber nicht die Anschrift, sondern nur die Angabe des Sitzes, also des Ortes. Der Ort Regensburg ist in der Rechtsbehelfsbelehrung genannt. Unzutreffend ist allerdings die Frist. Sie beträgt einen Monat und nicht vier Wochen. Damit ist die Rechtsbehelfsbelehrung fehlerhaft. Die Klagefrist beginnt nicht zu laufen. **150**

6 Allg. zur Genehmigungsfiktion *Ernst/Pinkl*, JURA 2013, 685 ff.; *Kluth*, JuS 2011, 1078 ff.

151 Es steht der Behörde frei, die Rechtsbehelfsbelehrung über die Mindestangaben hinaus durch **weitere Angaben** zu ergänzen. Beispielsweise handelt die Behörde bürgerfreundlich, wenn sie die Anschrift des Gerichtes angibt. Rechtlich sind zusätzliche Angaben unschädlich, solange sie richtig sind. Ist eine zusätzliche Angabe hingegen fehlerhaft, macht sie die gesamte Rechtsbehelfsbelehrung fehlerhaft. Dahinter steht der Gedanke, dass der Rechtsschutz den Betroffenen nicht durch falsche Angaben erschwert werden darf. § 58 I VwGO wird mit großer formaler Strenge angewandt. Das ist angemessen, weil sich diese Strenge ausschließlich zu Gunsten der Rechtsschutzsuchenden auswirkt.

152 Fehlt die **Rechtsbehelfsbelehrung** oder ist sie **fehlerhaft**, läuft keine Widerspruchs- oder Klagefrist. An ihre Stelle tritt nach § 58 II VwGO eine **Jahresfrist**, die nach denselben Regeln berechnet wird, wie die Monatsfrist. Dabei spielt es keine Rolle, ob die Behörde verpflichtet war, eine Rechtsbehelfsbelehrung beizufügen. Beispielsweise kann ein Verkehrszeichen selbstverständlich ohne Rechtsbehelfsbelehrung aufgestellt werden. Das ändert aber nichts daran, dass mangels Rechtsbehelfsbelehrung nur die Jahresfrist gemäß § 58 II VwGO in Gang gesetzt wird.

II. Fristende

153 Für die **Berechnung des Fristverlaufs** verweist § 57 II VwGO auf Bestimmungen der ZPO. Besonders wichtig ist § 222 ZPO, der in Abs. I auf §§ 187 ff. BGB verweist und in den folgenden Absätzen Zusatzregelungen trifft. § 57 II VwGO gilt unmittelbar für die Klagefrist. Streitig ist, ob sich die Vorschrift auch auf die Widerspruchsfrist bezieht[7]. Dagegen spricht § 70 II VwGO, der zwar auf §§ 58, 60 VwGO verweist, nicht aber auf § 57 VwGO. Wer § 57 II VwGO nicht für einschlägig hält, muss auf § 31 VwVfG zurückgreifen. Die Vorschrift verweist in ihrem Abs. I wiederum auf §§ 187 ff. BGB und trifft in den folgenden Absätzen Sonderregelungen. Beide Verweisungsketten führen praktisch ausnahmslos zu demselben Ergebnis, so dass der Streit dahinstehen kann. Die Fristberechnung setzt in jedem Fall in § 187 BGB an. Widerspruchs- und Klagefrist sind Fristen i. S. v. § 187 I BGB. Sie knüpfen nämlich an die Bekanntgabe oder Zustellung an, die in den Lauf eines Tages fällt. Weiter berechnet sich die Monatsfrist nach § 188 II, 1. Alt. BGB. Maßgebend ist der zuvor bestimmte Tag der Bekanntgabe. Die Frist endet mit dem Ablauf desjenigen Tages des nächsten Monats, der durch seine Zahl dem Tag der Bekanntgabe entspricht.

154 In **Fall 41** ist zunächst der Tag der Bekanntgabe zu bestimmen. Tatsächlich nimmt E am 10. April Kenntnis. Vorrangig ist aber die Fiktion des § 41 II VwVfG zu beachten. Da der Bescheid am 9. April zur Post gegangen ist, gilt er erst drei Tage später, am 12. April, als zugegangen. Nach § 188 II, 1. Alt. BGB bedeutet das, dass die Monatsfrist mit Ende des 12. Mai abläuft. E sendet ihren Widerspruch zwar am 12. Mai ab, die Widerspruchsfrist ist aber nur gewahrt, wenn der Widerspruch am letzten Tag der Frist bei der zuständigen Behörde eingeht. Allerdings ist zusätzlich zu berücksichtigen, dass nach § 222 II ZPO und § 31 III 1 VwVfG an Sonnabenden, Sonn- und Feiertagen keine Fristen ablaufen. Laut Sachverhalt ist der 14. Mai ein Montag, der 12. Mai mithin ein Sonnabend. Das bedeutet, dass die Monatsfrist, die nach § 188 I BGB am 12. Mai enden würde, tatsächlich bis zum Ablauf des 14. Mai läuft. Zu klären bleibt damit nur noch, ob die Ausgangsbehörde, bei der der Widerspruch am 14. Mai eingeht, auch die richtige Behörde ist. Das

7 Dafür *Kopp/Schenke*, VwGO, § 70 Rn. 8; dagegen *Hufen*, VwProzR, § 6 Rn. 28.

ergibt sich aus § 70 I 1 VwGO. Danach ist der Widerspruch grundsätzlich bei der Ausgangsbehörde zu erheben. E hat ihren Widerspruch also zulässig und insbesondere fristgerecht eingelegt. Die Ausgangsbehörde wird sich in der Sache mit ihm befassen, nach § 72 VwGO über die Abhilfe entscheiden und ihn ggf. der Widerspruchsbehörde nach § 73 I VwGO vorlegen.

III. Wiedereinsetzung in den vorigen Stand

Fall 44: Die Berlinerin B möchte ein Wochenendhaus in der Nähe von Naumburg errichten, doch wird ihr die Baugenehmigung versagt. Ein Widerspruch bleibt ohne Erfolg. 155

a) B adressiert die Klageschrift an das VG Halle, versieht sie mit einer qualifizierten elektronischen Signatur und sendet sie am letzten Abend der Klagefrist per E-Mail ab. Aus Versehen wählt sie die E-Mailadresse der Poststelle des VG Berlin. Am nächsten Tag leitet das VG Berlin die Klageschrift an das VG Halle weiter.

b) B hat ihre Rechtsanwältin R mit der Klage beauftragt. Diese übermittelt das von ihr elektronisch signierte Dokument an die falsche E-Mailadresse.

c) Nicht R selbst, sondern ihr zuverlässiger Bürovorsteher begeht den Fehler beim Versand.

d) B adressiert die Klageschrift an das VG Berlin und sendet sie per E-Mail dorthin. Einige Wochen später verweist das VG die Sache gemäß §§ 83 VwGO, 17a II GVG nach Halle.

Wird das VG Halle jeweils in der Sache entscheiden?

Fall 45: S stellt einen BAföG-Antrag, dessen Bearbeitung gewöhnlich mehrere Wochen in Anspruch nimmt, und fährt für fünf Wochen in den Urlaub. Zwei Tage später geht ihr völlig unerwartet der ablehnende Bescheid zu. Als sie aus dem Urlaub zurückkehrt, ist die Widerspruchsfrist verstrichen. S holt den Widerspruch umgehend nach und beantragt Wiedereinsetzung in den vorigen Stand. Die Widerspruchsbehörde lehnt die Wiedereinsetzung ab und weist den Widerspruch als verfristet zurück. Wie sollte S nun vorgehen?

Ist die Klagefrist versäumt, kann u. U. gemäß § 60 VwGO Wiedereinsetzung in den vorigen Stand gewährt werden. Nach § 70 II VwGO gilt das auch bei Versäumen der Widerspruchsfrist. **In Klausuren** spielt die Wiedereinsetzung nur **selten** eine Rolle. Es ist ein häufiger Fehler, vorschnell eine Verfristung anzunehmen und dann die Wiedereinsetzung zu prüfen. Die Klausurprobleme liegen eher bei der Fristberechnung. Für die Praxis ist die Wiedereinsetzung allerdings wichtig. 156

Wiedereinsetzung wird gemäß § 60 I VwGO nur gewährt, wenn die **Frist unverschuldet versäumt** wurde. In **Fall 44** würde die E-Mail angesichts der elektronischen Signatur gemäß § 55 III 1 VwGO zur Klageerhebung ausreichen (zur Form s. noch Rn. 181). Die E-Mail muss allerdings fristgerecht bei dem Gericht eingehen. Hier wird sie an das falsche Gericht gesandt und geht erst nach Fristablauf bei dem richtigen Gericht ein. Damit ist die Frist in **Fall 44 a) bis c)** versäumt[8]. B hat zunächst für **eigenes Verschulden** einzustehen. Es gehört zu der im Verkehr erforderlichen Sorgfalt, beim Absenden einer Klageschrift per E-Mail die Richtigkeit der E-Mailadresse zu überprüfen. Das Versehen begründet in der **Fallvariante a)** ein Verschulden der B, so dass eine Wiedereinsetzung nicht in Betracht kommt. 157

Nach § 85 II ZPO muss sich der Kläger auch das **Verschulden seines Prozessbevollmächtigten** zurechnen lassen. Über § 173 S. 1 VwGO gilt diese Vorschrift auch im Ver- 158

8 S. auch BVerwG, NJW 2002, 768 (769).

waltungsprozess[9]. In der **Fallvariante b)** muss B sich also das Verschulden ihrer Rechtsanwältin zurechnen lassen, so dass eine Wiedereinsetzung wiederum ausscheidet. Anders verhält es sich in **Fallvariante c)**. Das Verschulden von Gehilfen wie dem Bürovorsteher wird nicht zugerechnet. Schädlich wäre hier nur ein Auswahl-, Organisations- oder Aufsichtsverschulden der R. Da der Bürovorsteher an sich zuverlässig ist, ist davon auszugehen, dass R kein Verschulden trifft[10]. Damit ist die Fristversäumnis in **Fallvariante c)** unverschuldet. B kann deshalb nach Maßgabe von § 60 II VwGO Wiedereinsetzung beantragen.

159 **Fallvariante d)** betrifft hingegen gar keinen Fall der Wiedereinsetzung. B hat hier **beim falschen Gericht** geklagt, dort aber **innerhalb der Klagefrist**. Für den Streit über die Baugenehmigung ist nach § 52 Nr. 1 VwGO das VG Halle örtlich ausschließlich zuständig. Daher hat das örtlich unzuständige VG Berlin die Sache gemäß §§ 83 VwGO, 17a II GVG verwiesen. Das VG Halle muss nun die Sachentscheidungsvoraussetzungen einschließlich der Klagefrist prüfen. Dabei hat es § 17b I 2 GVG zu beachten, wonach die Wirkungen der Rechtshängigkeit bestehen bleiben[11]. Für die Klagefrist kommt es also nicht auf den Eingang beim VG Halle an, sondern auf die ursprüngliche Klageerhebung vor dem VG Berlin. Diese war fristgerecht. Das wirkt fort.

160 Wird die Widerspruchsfrist unverschuldet versäumt, gelten § 60 I–IV VwGO gemäß § 70 II VwGO entsprechend. In **Fall 45** hätte die Widerspruchsbehörde daher Wiedereinsetzung gewähren müssen. Man könnte daran denken, dass S nun eine Verpflichtungsklage, gerichtet auf Wiedereinsetzung in den vorigen Stand, erheben muss. Allerdings ist die Wiedereinsetzung eine bloße Verfahrenshandlung i. S. v. § 44a VwGO[12]. Daher kann und muss S unmittelbar eine Verpflichtungsklage auf die von ihr begehrte Ausbildungsförderung nach dem BAföG erheben. Bei der Zulässigkeit dieser Klage wird das Gericht unter der besonderen Sachentscheidungsvoraussetzung des ordnungsgemäßen, erfolglosen Vorverfahrens inzident überprüfen, ob der S Wiedereinsetzung zu gewähren war.

§ 7 Sonstige allgemeine Sachentscheidungsvoraussetzungen

I. Deutsche Gerichtsbarkeit

161 **Fall 46:** Eine britische Veterinärbehörde beanstandet eine Fleischlieferung der S-Schlachthof GmbH als verdorben. Daraufhin untersagt sie die Einfuhr von Rindfleisch der S. S wendet sich an die EU-Kommission, doch lehnt diese ein Einschreiten ab. Ist S zu einer Klage vor deutschen Gerichten zu raten?

162 Die deutsche Gerichtsbarkeit muss an sich noch vor dem Rechtsweg festgestellt werden. Sie ist aber in aller Regel so selbstverständlich gegeben, dass dies keiner Erwähnung bedarf. Grundsätzlich sind deutsche Gerichte für alle **Klagen gegen deutsche Hoheitsträ-**

9 BVerwG, NJW 2002, 768 (769).
10 S. BVerwG, NJW 1998, 398.
11 S. auch BVerwGE 167, 245 und dazu *Hufen*, JuS 2021, 95 f.
12 *Kopp/Schenke*, VwGO, § 44a Rn. 5.

ger zuständig. Die deutsche Gerichtsbarkeit fehlt daher nur, wenn gegen ausländische oder supranationale Hoheitsträger geklagt wird.

In **Fall 46** ist zunächst an eine Klage gegen die britische Veterinärbehörde bzw. deren Rechtsträger zu denken. Aus den völkergewohnheitsrechtlichen Regelungen der **Staatenimmunität** ergibt sich allerdings, dass fremde Hoheitsträger für hoheitliche Maßnahmen vor deutschen Gerichten nicht zur Verantwortung gezogen werden dürfen. Diese völkerrechtlichen Regeln gelten in Deutschland nach Art. 25 GG mit Vorrang vor dem deutschen Prozessrecht[1]. Für eine Klage gegen das britische Einfuhrverbot fehlt daher die deutsche Gerichtsbarkeit. Eine entsprechende Klage wäre als unzulässig abzuweisen. Auch für eine Klage gegen die EU-Kommission fehlt die deutsche Gerichtsbarkeit. Dies ergibt sich aus dem **AEUV**, der kraft Art. 23 GG mit Vorrang vor dem deutschen Prozessrecht gilt. Art. 263, 265 AEUV weisen den Rechtsschutz gegen Maßnahmen oder Unterlassungen der Europäischen Kommission dem EuGH zu[2]. Diese Zuweisung ist abschließend. Sie schließt einen Rechtsschutz durch nationale Gerichte aus. 163

II. Sachliche und örtliche Zuständigkeit

Fall 47: Die P-Partei mit Sitz in Berlin fühlt sich bei der Vergabe von Wahlwerbezeiten durch das ZDF benachteiligt. Gegen den ablehnenden Zuteilungsbescheid erhebt sie nach erfolglosem Widerspruchsverfahren Klage vor dem OVG Rh.-Pf. Wie wird das OVG entscheiden? 164

Die sachliche und örtliche Zuständigkeit ist regelmäßig unproblematisch. 165

In den meisten Klausuren ist die **sachliche Regelzuständigkeit des VG** nach § 45 VwGO gegeben. Erörterungsbedürftig ist die sachliche Zuständigkeit nur in wenigen Ausnahmefällen. Klausurrelevant ist vor allem die erstinstanzliche Zuständigkeit des OVG im Normenkontrollverfahren nach § 47 I VwGO (Rn. 348). Im Übrigen ergeben sich erstinstanzliche Zuständigkeiten des OVG aus § 48 VwGO und des BVerwG aus § 50 VwGO. § 48 I VwGO betrifft vor allem Anlagengenehmigungen für Großprojekte. Nach § 50 I VwGO sind namentlich verwaltungsrechtliche Bund-Länder-Streitigkeiten sowie Vereinsverbote durch den Bundesminister des Innern erstinstanzlich dem BVerwG zugewiesen. 166

Die **örtliche Zuständigkeit** bemisst sich nach § 52 VwGO. Die meisten Klausursachverhalte weisen diesbezüglich keine Probleme auf. Häufig enthalten sie nicht einmal genügend Angaben, um das örtlich zuständige Gericht zu bestimmen. Wirft der Sachverhalt ausnahmsweise Probleme auf, reicht es, diese ausgehend von einer sorgfältigen Lektüre des Normtextes zu lösen. § 52 VwGO ist allerdings unübersichtlich. Es ist ratsam, sich schon vor dem Ernstfall der Klausur mit der Systematik und der Rangfolge der Gerichtsstände vertraut zu machen. 167

1 Dazu *Kunig/Uerpmann-Wittzack*, Übungen im Völkerrecht, 2. Aufl. 2006, S. 249 ff.
2 Dazu *Herrmann/Michl*, Examens-Repetitorium EuR, Rn. 206 ff.

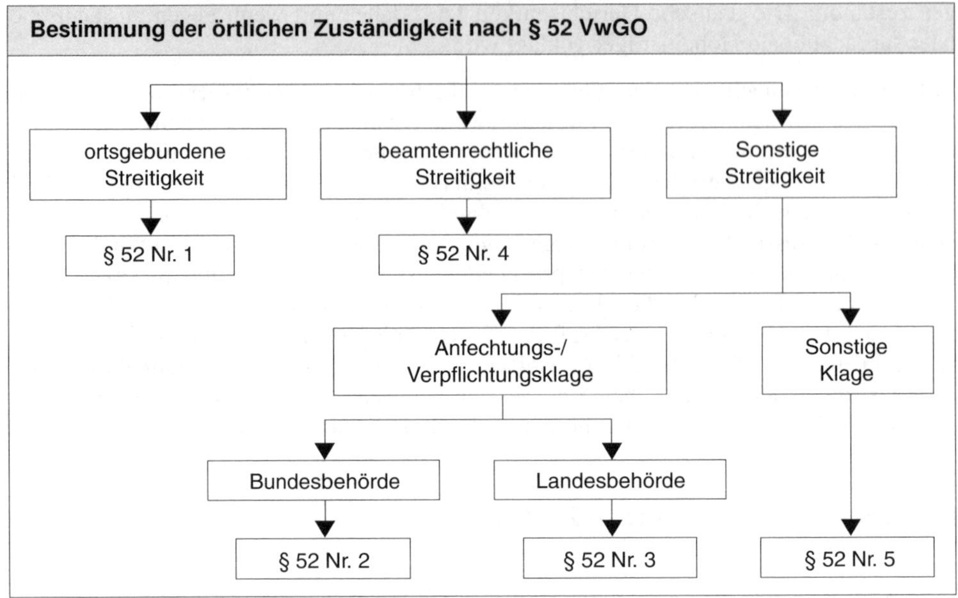

168 § 52 Nr. 1 VwGO gilt für alle ortsgebundenen Streitigkeiten, namentlich auch für Baugenehmigungen (**Fall 44d** mit Rn. 159). § 52 Nr. 4 VwGO gilt für alle beamtenrechtlichen Streitigkeiten. Diese beiden Vorschriften verdrängen alle anderen Zuständigkeitsvorschriften. Bei Verwaltungsakten von Bundesbehörden gilt im Übrigen § 52 Nr. 2 VwGO, bei Verwaltungsakten von Landesbehörden § 52 Nr. 3 VwGO. Dabei beziehen sich die Regelungen für Anfechtungsklagen jeweils auch auf Verpflichtungsklagen. Bei sonstigen Klagen greift die Auffangzuständigkeit nach § 52 Nr. 5 VwGO.

169 In **Fall 47** ist eine sachliche Zuständigkeit des OVG nach §§ 47, 48 VwGO nicht begründet. Vielmehr ist gemäß § 45 VwGO das VG das sachlich zuständige Gericht. Die örtliche Zuständigkeit bestimmt sich nach § 52 VwGO. Die speziellen Gerichtsstände der belegenen Sache (Nr. 1) und für beamtenrechtliche Streitigkeiten (Nr. 4) sind nicht einschlägig. § 52 Nr. 2 VwGO scheidet aus, weil das ZDF als Anstalt des öffentlichen Rechts nicht bundesunmittelbar ist. Es wird vielmehr von den Ländern getragen, so dass § 52 Nr. 3 VwGO einschlägig ist. Für die Verpflichtungsklage der P-Partei begründet S. 2 i. V. m. S. 5 die Zuständigkeit des Gerichtes, in dessen Bezirk die P-Partei ihren Sitz hat. Örtlich zuständig ist damit das VG Berlin.

170 Das sachlich und örtlich unzuständige OVG Rh.-Pf. wird die Klage jedoch nicht als unzulässig abweisen. Vielmehr verweist § 83 VwGO auf § 17a GVG. Insoweit gilt das oben Rn. 37 ff. zur Rechtswegverweisung Gesagte entsprechend. Das OVG wird den Rechtsstreit nach § 17a II 1 GVG **von Amts wegen an das zuständige Gericht verweisen**, hier also an das sachlich und örtlich zuständige VG Berlin.

III. Allgemeines Rechtsschutzbedürfnis

Fall 48: Die Frösche im Gartenteich der E rauben dem Nachbarn N durch ihr Quaken den Schlaf. Da E nichts gegen die Frösche unternehmen will, klagt N vor den ordentlichen Gerichten auf Beseitigung und beantragt zugleich die erforderliche naturschutzrechtliche Ausnahme nach § 45 VII 1 Nr. 4 BNatSchG. Als die naturschutzrechtliche Ausnahme versagt wird, erhebt er nach erfolglosem Vorverfahren Klage vor dem VG. Vor der Entscheidung des VG über die Ausnahme wird die Klage des N vor den ordentlichen Gerichten rechtskräftig abgewiesen. In der Urteilsbegründung heißt es, ein zivilrechtlicher Beseitigungsanspruch sei nicht gegeben; unabhängig von möglichen öffentlich-rechtlichen Hindernissen habe N das Quaken als ortsübliche Beeinträchtigung hinzunehmen. Wie wird nun das VG entscheiden? 171

Das **allgemeine Rechtsschutzbedürfnis** wird durch das Vorliegen der übrigen Sachentscheidungsvoraussetzungen und namentlich der Klagebefugnis **indiziert**. In der Klausur sollte es nur angesprochen werden, wenn ausnahmsweise Zweifel am Rechtsschutzbedürfnis bestehen. Das Rechtsschutzbedürfnis entfällt, wenn der Betroffene sein Rechtsschutzziel auf einem anderen, einfacheren oder effektiveren Weg erreichen kann. Es fehlt auch dann, wenn ein stattgebendes Urteil dem Betroffenen ausnahmsweise keinerlei Nutzen brächte. 172

In **Fall 48** ist das Rechtsschutzbedürfnis ausnahmsweise zu problematisieren. An sich sind die Sachentscheidungsvoraussetzungen einer Verpflichtungsklage gegeben. Insbesondere kann die naturschutzrechtliche Ausnahme nicht nur vom Grundstückseigentümer eingeholt werden. Vielmehr dient das Institut der naturschutzrechtlichen Ausnahme auch dem Schutz des gestörten Nachbarn, so dass dieser ein eigenes subjektives Recht geltend machen kann, das seine Klagebefugnis begründet[3]. Einer Beseitigung der Frösche steht hier aber nicht nur das Naturschutzrecht entgegen, sondern auch der Unwillen der Grundstückseigentümerin E. Der Unwillen der E ließe sich nur mit Hilfe eines zivilrechtlichen Beseitigungsanspruchs überwinden. Nach den Entscheidungen der ordentlichen Gerichte steht jedoch rechtskräftig fest, dass ein solcher Anspruch nicht besteht. Daher wird N sein Ziel, die Lärmquelle zu beseitigen, auf keinen Fall erreichen können. Unter diesen Umständen würde ihm selbst ein stattgebendes Urteil des VG nichts nützen. Daher fehlt ihm für die verwaltungsgerichtliche Klage das allgemeine Rechtsschutzbedürfnis. Das VG wird sie als unzulässig abweisen. 173

IV. Rechtskraft und anderweitige Rechtshängigkeit

Fall 48a: Investor I plant ein Hotel und stellt noch vor dem Grundstückserwerb einen Bauantrag, den die zuständige Behörde ablehnt, weil ein Hotel nicht genehmigungsfähig sei. I klagt ohne Erfolg vor dem VG und verzichtet auf Rechtsmittel. Stattdessen nimmt I vom Erwerb Abstand. Nun erwirbt K das Grundstück von der Eigentümerin E. K möchte ebenfalls ein Hotel errichten und stellt einen nahezu identischen Bauantrag, den die Behörde aus denselben Gründen ablehnt. Eine Klage der K weist das VG unter Hinweis auf die Rechtskraft des ersten Urteils als unzulässig ab, ohne die Berufung zuzulassen. Wie kann K dagegen vorgehen? 174

Fall 49: A streitet sich mit dem Gewerbeaufsichtsamt über die regelmäßige Durchführung eines Gebrauchtwagenmarktes für nichtgewerbliche Anbieter an Sonn- und Feiertagen. Schließlich

3 Im Einzelnen *Uerpmann*, NuR 1994, 386 (387 f.).

bekommt A vor dem OVG abschließend Recht. Ein Jahr später entscheidet das BVerwG in einem Parallelfall anders. Daraufhin untersagt das Gewerbeaufsichtsamt dem A erneut die Durchführung seines Automarktes. Beraten Sie den A!

175 Urteile erwachsen mit Unanfechtbarkeit in Rechtskraft. Unter **formeller Rechtskraft** ist allein der Umstand zu verstehen, dass ein Urteil nicht mehr mit Rechtsmitteln angegriffen werden kann. Soweit das Gericht eine Sachentscheidung getroffen hat, kommt nach § 121 VwGO die **materielle Rechtskraft** hinzu. Sie bedeutet, dass das Urteil die Beteiligten und ihre Rechtsnachfolger inhaltlich bindet. Die Bindung bezieht sich auf den Streitgegenstand. Dieser bestimmt sich im Grundsatz ebenso wie im Zivilrecht nach dem Klageantrag und dem zur Begründung vorgetragenen Lebenssachverhalt (sog. prozessual-zweigliedriger Streitgegenstandsbegriff). Eine Klage mit identischem Streitgegenstand wäre unzulässig. So würde der Versuch, eine gerichtlich rechtskräftig abgelehnte Subvention mit einer zweiten, inhaltsgleichen Klage zu erreichen, bereits in der Zulässigkeitsstation scheitern. Anders wäre es, wenn sich entscheidungserhebliche Umstände geändert haben. So könnte ein Subventionsantrag im Rahmen der Mittelstandsförderung, der an der Betriebsgröße gescheitert ist, gegebenenfalls mit der Begründung wiederholt werden, dass die Betriebsgröße nunmehr unter den relevanten Grenzwert gesunken ist. Auch Änderungen der Rechtslage können das Hindernis der Rechtskraft entfallen lassen.

176 In **Fall 48a** ist gegen das erstinstanzliche Urteil des VG gemäß § 124a IV i. V. m. § 124 I VwGO der Antrag auf Zulassung der Berufung statthaft. Der Antrag ist gemäß § 124a V 2 i. V. m. § 124 II Nr. 1 VwGO begründet, wenn hinreichende Zweifel an der Richtigkeit des Urteils bestehen, wenn also aus der Sicht des gemäß § 124a V 1 VwGO zuständigen OVG ein tragender Rechtssatz mit schlüssigen Argumenten in Frage gestellt wird.[4] Da die Verpflichtungsklage der Eigentümerin und Bauherrin K im Übrigen zulässig gewesen sein dürfte, ist die Abweisung als unzulässig nur dann richtig, wenn sich die Rechtskraft des gegen I ergangenen Urteils tatsächlich auf K erstreckt. Gemäß § 121 Nr. 1 VwGO bindet das frühere Urteil die Beteiligten und ihre **Rechtsnachfolger**. Zu den Beteiligten gehörte gemäß § 63 Nr. 1 VwGO I als Kläger, aber nicht K. K ist zwar Rechtsnachfolgerin der früheren Eigentümerin E. Da I nie Eigentümer war, ist er aber nicht Rechtsvorgänger der K. Damit wird K auch nicht als Rechtsnachfolgerin gebunden.[5] In diesem Punkt hat das VG falsch entschieden. Damit spricht alles dafür, dass die Klage der K zulässig war, so dass sie nicht durch Prozessurteil als unzulässig hätte abgewiesen werden dürfen. Vielmehr hätte das VG in der Sache entscheiden müssen. Daher wird das OVG die Berufung zulassen.

177 In **Fall 49** hat die Behörde einen neuen Verwaltungsakt erlassen. Damit liegt ein neuer Streitgegenstand vor, so dass ein neues Rechtsschutzverfahren nicht an der rechtskräftigen Entscheidung des vorangegangenen Rechtsstreits scheitert. Die Rechtskraft der OVG-Entscheidung kann sich aber in der Begründetheit zugunsten des A auswirken. An sich spricht nach der Entscheidung des BVerwG viel dafür, dass der Gebrauchtwarenmarkt des A rechtswidrig und die Entscheidung des OVG falsch ist. Eine inhaltliche Unrichtigkeit beeinträchtigt die Rechtskraft der OVG-Entscheidung jedoch nicht. Vielmehr steht durch diese Entscheidung für die Beteiligten nach § 121 VwGO bindend fest, dass der Gebrauchtwagenmarkt rechtmäßig ist. Die Bindungswirkung würde nur bei einer Än-

4 BVerfGE 110, 77 (83), BVerfG (Kammer), NVwZ 2011, 546, Rn. 17.

5 Dies für eine ähnliche Konstellation klarstellend BVerwG, NVwZ 2010, 779 f.

derung der Sach- oder Rechtslage entfallen. Eine bloße Änderung der Rechtsprechung, wie sie hier eingetreten ist, kann mit einer Rechtsänderung jedoch nicht gleichgesetzt werden[6]. Daher wäre ein Rechtsbehelf des A nicht nur zulässig, sondern auch in der Sache erfolgreich[7].

Ist eine Klage bei einem Gericht **rechtshängig**, wäre eine zweite Klage mit demselben Streitgegenstand bei einem anderen Gericht unzulässig. Im Verwaltungsrecht ist diese Konstellation noch seltener als im Zivilrecht, weil es für verwaltungsgerichtliche Klagen grundsätzlich keine konkurrierenden Gerichtsstände vor unterschiedlichen Gerichten gibt. **178**

V. Ordnungsgemäße Klageerhebung

Fall 50: Rechtsanwältin A beauftragt ihren Bürovorsteher V, eine Klage mit ihrer eingescannten Unterschrift am letzten Tag der Klagefrist als pdf-Dokument von ihrem besonderen elektronischen Anwaltspostfach an die Poststelle des VG zu übermitteln. Nach den einschlägigen Vorschriften durfte A dem V Zugriff auf ihr Postfach gewähren; sie hätte ihn aber nicht ermächtigen dürfen, eine Klageschrift ohne qualifizierte elektronische Signatur auf einem sicheren Übertragungsweg an das Gericht zu übermitteln; gleichwohl ist die Übertragung technisch möglich. Da A sich nicht selbst in ihrem Anwaltspostfach angemeldet hatte, fehlt dem bei Gericht eingehenden Dokument jedoch der „vertrauenswürdige Herkunftsnachweis" (vHN). Wurde wirksam Klage erhoben? **179**

Eine Klage muss den Formvorschriften der §§ 81 f. VwGO genügen, die in Hinblick auf den elektronischen Rechtsverkehr durch §§ 55a, 55d VwGO ergänzt werden. Ein Gericht wird dies regelmäßig als erstes prüfen. **Im ersten Staatsexamen** ist der Prüfungspunkt jedoch **meistens nebensächlich**. Sind die Erfolgsaussichten einer noch nicht erhobenen Klage zu prüfen, lässt sich nur sagen, dass die Formvorschriften zu beachten sind. Ist bereits Klage erhoben, schweigt sich der Klausursachverhalt über die Form regelmäßig aus, so dass die ordnungsgemäße Klageerhebung nur unterstellt werden kann. In beiden Fällen wäre es falsch, dazu mehr als einen Satz zu verlieren. **180**

Seit 2022 müssen Anwälte und Behörden Klagen gemäß § 55d S. 1 VwGO als **elektronisches Dokument** nach den Vorgaben des § 55a VwGO an die elektronische Poststelle des Gerichts übermitteln. Meint man, dass §§ 55a, 55d VwGO die Klageschrift vom Wortlaut her nicht erfassen, folgt dies zumindest aus § 173 S. 1 VwGO i.V.m. § 253 IV ZPO, wonach die Vorschriften über vorbereitende Schriftsätze für die Klage entsprechend gelten. Damit wird die elektronische Klageerhebung zur Regel. Wird das elektronische Dokument nicht mit einer qualifizierten elektronischen Signatur versehen, muss es gemäß § 55a III VwGO auf einem sicheren Übertragungsweg i.S.v. § 55a IV VwGO übermittelt werden. In **Fall 50** ist die Klageschrift nur mit einer eingescannten Unterschrift signiert, so dass es auf den **sicheren Übertragungsweg** ankommt. Der Übertragungsweg vom besonderen elektronischen Anwaltspostfach der A an die elektronische Poststelle des Gerichts ist an sich gemäß § 55a IV Nr. 2 VwGO sicher. Allerdings ergibt eine teleologische Auslegung, dass § 55 III VwGO sicherstellen soll, dass die Klage- **181**

6 So auch BVerwGE 135, 137, Rn. 13 f. zur Rechtmäßigkeit einer Ausweisungsverfügung; zur Parallele beim Wiederaufgreifen des Verfahrens Rn. 463.

7 S. BVerwGE 91, 256 ff.

schrift tatsächlich von der Anwältin stammt. Die eingescannte Unterschrift, die ein Dritter wie der V hinzugefügt haben kann, reicht dafür nicht aus. Dafür bedarf es entweder einer qualifizierten elektronischen Signatur oder aber die Anwältin muss sich persönlich in ihrem Postfach angemeldet und das Dokument selbst versandt haben.[8] Da V das Dokument für sie versandt hat, sind die Anforderungen an einen sicheren Übertragungsweg nicht gewahrt. Die Klage wurde nicht wirksam erhoben.

182 Für Privatleute ist die elektronische Klageerhebung nach § 55a VwGO fakultativ. Alternativ können sie die **Schriftform** des § 81 I 1 VwGO durch Übermittlung eines Papierdokuments wahren oder die Klage beim VG gemäß § 81 I 2 VwGO zu Protokoll der Geschäftsstelle erheben. Dabei wird die Schriftform von der Rechtsprechung so weit verstanden, dass eine Klageerhebung per Fax oder sogar **Computerfax** mit eingescannter Unterschrift[9] ausreicht. Die elektronische Klageerhebung gemäß § 55a VwGO ist nach Ansicht des BVerwG ein speziell geregelter Unterfall der Schriftform.[10] Die inhaltlichen Anforderungen an die Klageschrift ergeben sich aus § 82 VwGO.

8 S. BVerwG, NVwZ 2022, 649, Rn. 4 ff.
9 GemS-OGB, NJW 2000, 2340 f.
10 BVerwGE 171, 194, Rn. 31 ff.

Teil 2

Begründetheit der Anfechtungs- und Verpflichtungsklage

§ 8 Der Verwaltungsakt zwischen gerichtlicher Kontrolle und behördlicher Entscheidungsfreiheit

183

Rechtmäßigkeit eines Verwaltungsakts – Variante 1	Rechtmäßigkeit eines Verwaltungsakts – Variante 2	Rechtmäßigkeit eines Verwaltungsakts – Variante 3
1. Rechtsgrundlage **2. Tatbestand** a) Formelle Voraussetzungen aa) Zuständigkeit bb) Verfahren (insbes. § 28 VwVfG) cc) Form b) Materielle Voraussetzungen **3. Rechtsfolge** – gebundene Rechtsfolge oder Ermessen?	**1. Rechtsgrundlage** **2. Formelle Voraussetzungen** a) Zuständigkeit b) Verfahren (insbes. § 28 VwVfG) c) Form **3. Materielle Voraussetzungen** **4. Rechtsfolge** – gebundene Rechtsfolge oder Ermessen?	**1. Rechtsgrundlage** **2. Formelle Rechtmäßigkeit** a) Zuständigkeit b) Verfahren (insbes. § 28 VwVfG) c) Form **3. Materielle Rechtmäßigkeit** a) Tatbestand b) Rechtsfolge – gebundene Rechtsfolge oder Ermessen?

I. Rechtmäßigkeit eines Verwaltungsakts

Bei Anfechtungsklagen steht die **Rechtmäßigkeit von Verwaltungsakten** im Mittelpunkt der Begründetheitsprüfung. Auch bei der Verpflichtungsklage geht es letztlich um die Rechtmäßigkeit von Verwaltungsakten. Für die Klausurbearbeitung empfiehlt sich die vorstehend skizzierte, weit verbreitete Prüfungsstruktur. Die Gliederung kann im Einzelnen ohne weiteres modifiziert werden, wie die drei parallelen Varianten verdeutlichen. 184

Das **gerichtliche Entscheidungsprogramm** entspricht grundsätzlich dem der Behörde. Das Gericht stellt den Sachverhalt fest, sucht die einschlägigen Normen, legt sie aus und wendet sie eigenständig an. Ist es anderer Meinung als die Behörde, setzt es seine eigene Einschätzung ohne weiteres an die Stelle der behördlichen Würdigung. Es heißt, diese umfassende Kontrolle sei durch Art. 19 IV GG geboten. 185

Allerdings kennt auch das deutsche Verwaltungsrecht in engen Grenzen behördliche Entscheidungsspielräume, die nur eingeschränkter gerichtlicher Nachprüfung unterliegen: **Ermessen und Beurteilungsspielraum**. Dabei werden Tatbestands- und Rechtsfolgenebene strikt getrennt. Wenn die Gesetzgebung auf der Rechtsfolgenseite Ermessen einräumt, ist dies verfassungsrechtlich relativ unproblematisch. Hingegen sollen Beurteilungsspielräume auf der Tatbestandsseite eine eng begrenzte Ausnahme bleiben. 186

187 Die **kategorische Trennung von Tatbestands- und Rechtsfolgenebene** begegnet erheblichen Zweifeln. Wichtigen anderen europäischen Rechtsordnungen ist sie ebenso unbekannt wie dem Europarecht. Klausur und Staatsexamen sind allerdings nicht der richtige Ort, um überkommene und immer wieder bestätigte Grundstrukturen des deutschen Verwaltungsrechts in Frage zu stellen.

II. Ermessen

188 **Fall 51:** Die Österreicherin Ö möchte einen Imbissstand auf öffentlichem Straßenland errichten und beantragt eine Sondernutzungserlaubnis. Die Behörde lehnt den Antrag mit der knappen Begründung ab, besondere Gründe, die für die Sondernutzung sprächen, seien nicht ersichtlich. Hat eine Klage nach erfolglosem Widerspruchsverfahren Aussicht auf Erfolg?

Fall 52: In **Fall 51** erteilt die Behörde die beantragte Sondernutzungserlaubnis für den Imbissstand, der eine Fläche von 6 m² in Anspruch nimmt. Nach den einschlägigen Vorschriften kann dafür eine Sondernutzungsgebühr in Höhe von bis zu 400 € je m² jährlich festgesetzt werden. Die Behörde setzt eine jährliche Gebühr in Höhe von 3000 € fest. Begründet wird dies mit der besonderen Finanznot der öffentlichen Hand, mit dem besonderen wirtschaftlichen Interesse der Ö und damit, dass von einem Ausländer, der in Deutschland tätig werden wolle, ein erhöhter Beitrag zur Deckung des öffentlichen Finanzbedarfs erwartet werden könne. Ist der Ö nach erfolglosem Widerspruchsverfahren zur Klage zu raten?

1. Erscheinungsformen

189 Es ist Sache der Gesetzgebung, ob sie eine gebundene Rechtsfolge normiert oder Ermessen vorsieht. Typischerweise wird Ermessen durch das Verb „kann" deutlich gemacht (z. B. § 48 I 1 VwVfG). Andere Formulierungen sind weniger deutlich und erfordern eine genauere **Auslegung**. Teilweise beschränkt sich das Gesetz darauf, negative Tatbestandsmerkmale zu normieren. Exemplarisch heißt es in § 4 I GastG: „Die Erlaubnis ist zu versagen, wenn ...". Liegt ein Versagungsgrund vor, ist die Rechtsfolge gebunden: Die Erlaubnis muss versagt werden. Für den umgekehrten Fall bleibt aber offen, ob die Erlaubnis zu erteilen ist, wenn kein benannter Versagungsgrund vorliegt, oder ob die Erteilung dann im Ermessen der Behörde steht. Der offene Wortlaut könnte eher auf Ermessen hindeuten. Andererseits ist zu berücksichtigen, dass eine Gewerbeerlaubnis, wie die Gaststättenerlaubnis, in die verfassungsrechtlich geschützte Berufsfreiheit eingreift. Daher geht man regelmäßig davon aus, dass bei derartigen präventiven Verboten mit Erlaubnisvorbehalt das Erteilen der Erlaubnis nicht im Ermessen der Behörde steht. Dass es sich um eine gebundene Entscheidung handelt, wird noch deutlicher, wenn es im Gesetz heißt: „Die Genehmigung ... darf nur versagt werden, wenn ..." (so z. B. § 4 II EnWG).

190 Bisweilen unterwirft das Gesetz Tätigkeiten einer Erlaubnispflicht, ohne irgendwelche materiellen Tatbestandsvoraussetzungen zu normieren (z. B. § 8 I 2 FStrG für Sondernutzungen an Bundesfernstraßen). Sagt das Gesetz nicht, unter welchen Voraussetzungen die Erlaubnis zu erteilen oder zu versagen ist, muss die Entscheidung in das Ermessen der Behörde gestellt sein.

191 Teilweise räumt die Gesetzgebung der Verwaltung ein **eingeschränktes Ermessen** ein. Dies kommt zum Ausdruck in Formulierungen wie **„soll"** (z. B. § 71 VwGO) oder **„in der Regel"** (z. B. § 48 II 4 VwVfG). Hat beispielsweise ein Student durch unvollständige Angaben zu seinen Vermögensverhältnissen BAföG-Leistungen in einer Höhe erhalten, die ihm eigentlich nicht zusteht, führt § 48 II 4 i. V. m. II 3 Nr. 3 VwVfG dazu, dass das

zuständige Studentenwerk nicht mehr alle Gesichtspunkte, die für und gegen eine Rücknahme des BAföG-Bescheides sprechen, umfassend gegeneinander abzuwägen hat. Vielmehr hat die Behörde nur noch zu prüfen, ob ausnahmsweise besondere Umstände gegen eine Rücknahme sprechen (s. auch noch **Fall 87** Rn. 413 mit Rn. 427).

Auch dort, wo das Ermessen vom Wortlaut her nicht eingeschränkt ist, neigt die Recht- **192**
sprechung bisweilen dazu, im Wege der Auslegung herauszuarbeiten, dass das Ermessen regelmäßig in eine bestimmte Richtung auszuüben sei **(sog. intendiertes Ermessen)**. In der Klausur sollte von dieser Rechtsfigur jedenfalls nur sehr zurückhaltend Gebrauch gemacht werden. Ein Anwendungsfall findet sich bei der Rückabwicklung fehlgeschlagener Subventionsverhältnisse nach § 49 III VwVfG (Rn. 450).

Eine klausurrelevante Besonderheit ist **§ 35 II BauGB**. Dem Wortlaut nach steht die Zu- **193**
lassung nicht privilegierter Vorhaben im Außenbereich im Ermessen der Behörde. In der Auslegung durch das Bundesverwaltungsgericht handelt es sich jedoch um eine gebundene Entscheidung[1]. Dieses Ergebnis lässt sich am besten mit einer Tatbestandsanalyse begründen. Nach § 35 II BauGB sind nicht privilegierte Vorhaben unzulässig, sobald sie öffentliche Belange beeinträchtigen oder ihre Erschließung nicht gesichert ist. Der Begriff der öffentlichen Belange ist so weit, dass er alle bauplanungsrechtlich relevanten Gesichtspunkte in sich aufnehmen kann. Beeinträchtigt ein Vorhaben keine öffentlichen Belange, sind keine Gründe denkbar, die eine Versagung der Genehmigung rechtfertigen könnten. Damit bleibt für eine Ermessensausübung kein Raum.

2. Ermessensausfall und -unterschreitung

Behördliches Ermessen ist niemals vollkommen frei. Dementsprechend enthält § 40 **194**
VwVfG allgemeine Vorgaben für die Ermessensausübung. Spiegelbildlich dazu ordnet § 114 S. 1 VwGO an, dass die Gerichte Ermessensentscheidungen auf Ermessensfehler zu überprüfen haben.

Die Behörde trifft zunächst die Pflicht, ein ihr eingeräumtes Ermessen überhaupt auszu- **195**
üben. Verkennt sie, dass sie Ermessen hat, und stellt sie keine Ermessenserwägungen an, leidet ihre Entscheidung unter **Ermessensausfall**.

Fehlerhaft ist die Verwaltungsentscheidung auch, wenn die Behörde die Breite ihres Er- **196**
messensspielraums nicht ausschöpft (sog. **Ermessensunterschreitung**). In **Fall 51** müsste die Behörde das Für und das Wider einer Erlaubniserteilung umfassend abwägen. Dabei hätte sie auch festzustellen, wieweit der geplante Imbissstand den Verkehr oder andere straßenrechtliche Belange beeinträchtigt. Es ist eine unzulässige Verkürzung, wenn die Behörde die Erlaubnis pauschal von besonderen Gründen abhängig macht. Dabei verkennt die Behörde insbesondere, dass auch ein allgemeines Interesse die Erteilung durchaus rechtfertigen könnte. Bei einem Deutschen wäre die Berufsfreiheit als schutzwürdiges Interesse zu berücksichtigen. Ö kommt in den Genuss der Niederlassungsfreiheit nach Art. 49 AEUV[2]. Weder Art. 12 GG noch Art. 49 AEUV gebieten die Erteilung einer Sondernutzungserlaubnis. Es erscheint jedoch als Ermessensunterschreitung, wenn die Behörde lediglich auf das Fehlen besonderer Gründe abstellt. Eine Verpflichtungsklage hätte daher Aussicht auf Erfolg. Allerdings ist es nach dem Sachverhalt durchaus mög-

1 Grundlegend BVerwGE 18, 247 (249-251).
2 Dazu *Herrmann/Michl*, Examens-Repetitorium EuR, Rn. 183 ff.

lich, dass die Behörde die beantragte Erlaubnis mit besserer Begründung fehlerfrei versagen kann. Daher wird lediglich ein Bescheidungsurteil nach § 113 V 2 VwGO ergehen.

197 Die Regelung der Ermessensfehler in §§ 40 VwVfG, 114 S. 1 VwGO ist nicht besonders glücklich formuliert. Ermessensausfall und Ermessensunterschreitung sind der Regelung nicht deutlich zu entnehmen. Man mag diese Fehlerkategorie in § 40 VwVfG am Wort „hat" festmachen: Die Behörde „hat" ein ihr eingeräumtes Ermessen in vollem Umfang auszuschöpfen. Anderenfalls unterschreitet sie ihr Ermessen.

3. Ermessensüberschreitung im engeren Sinn

198 Eine Ermessensüberschreitung liegt vor, wenn die Behörde eine **Rechtsfolge** anordnet, **die im Gesetz nicht vorgesehen ist**. In **Fall 52** ergibt sich aus den gesetzlichen Vorschriften bei einer in Anspruch genommenen Fläche von 6 m^2 eine maximale jährliche Gebühr von 6 m^2 × 400 €/m^2 = 2400 €. Soweit die Behörde mehr als 2400 € festgesetzt hat, liegt eine Ermessensüberschreitung vor.

4. Ermessensfehlgebrauch

199 Ein Ermessensfehlgebrauch liegt vor, wenn die Behörde Gesichtspunkte in ihre Erwägungen einstellt, die sie nach dem gesetzlichen Entscheidungsprogramm nicht berücksichtigen darf. Alle Ermessenserwägungen müssen dem **Zweck der Ermächtigung** entsprechen. Dies stellen §§ 40 VwVfG, 114 S. 1 VwGO klar. Darüber hinaus kann sich die Unzulässigkeit einzelner Ermessenserwägungen auch aus Grundrechten oder anderen Rechtsnormen ergeben.

200 In der Klausur ist ggf. jede einzelne Ermessenserwägung auf ihre Sachgerechtigkeit zu überprüfen. In **Fall 52** nennt die Behörde drei Gesichtspunkte: die Finanznot der Stadt, das wirtschaftliche Interesse sowie die Ausländereigenschaft der Ö. Um die Sachgerechtigkeit der Argumente zu bestimmen, ist zunächst zu klären, warum Ermessen eingeräumt wurde. Der Normgeber hätte die Sondernutzungsgebühr pro m^2 in einer bestimmten Höhe festsetzen können. Wenn er sich stattdessen auf eine Obergrenze beschränkt und die genaue Festsetzung der Behörde im Einzelfall überlässt, dient dies der Einzelfallgerechtigkeit. Die Behörde soll individuelle Umstände, wie die Lage des Standes und das wirtschaftliche Interesse der Ö, berücksichtigen können. Die Finanznot der Stadt ist jedoch unabhängig von der Einzelfallentscheidung. Finanznot mag allenfalls ein Grund sein, Sondernutzungsgebühren generell zu erhöhen. Sie rechtfertigt aber nicht die Festsetzung einer besonders hohen Gebühr im Einzelfall. Soweit die Behörde hingegen auf ein besonderes wirtschaftliches Interesse der Ö abstellt, ist dies eine einwandfreie Ermessenserwägung. Das Abstellen auf die Staatsangehörigkeit stellt dagegen eine unzulässige Diskriminierung der Unionsbürgerin dar, die deren Niederlassungsfreiheit aus Art. 49 AEUV verletzt. Damit liegt hinsichtlich der ersten und der dritten Ermessenserwägung ein Ermessensfehlgebrauch vor. Fehlerfrei ist nur die zweite Ermessenserwägung.

5. Unverhältnismäßigkeit

201 Man mag sich streiten, ob Unverhältnismäßigkeit ein Fall der Ermessensüberschreitung ist. Dies ist in einer Klausur jedenfalls nicht zu diskutieren. Wichtig ist allein, dass Ermessensentscheidungen unstreitig am Maßstab der Verhältnismäßigkeit zu prüfen sind.

Verhältnismäßigkeit
1. Eignung 2. Erforderlichkeit (kein milderes, gleich geeignetes Mittel) 3. Verhältnismäßigkeit i.e.S.

Da es bei der Verhältnismäßigkeit im engeren Sinn um eine Abwägung aller relevanten Gesichtspunkte geht, kann die Verhältnismäßigkeit erst am Ende geprüft werden. Vorher muss festgestellt werden, ob die Behörde alle relevanten Gesichtspunkte berücksichtigt hat (sonst: Ermessensunterschreitung) und dass sie sich nicht auf sachfremde Gesichtspunkte stützt (Ermessensfehlgebrauch). **202**

In **Fall 52** hat die Behörde eine unzulässige Rechtsfolge gewählt und zwei sachfremde Erwägungen angestellt. Damit fehlt es schon an der Grundlage für eine verhältnismäßige Entscheidung. **203**

6. Prüfungsfolge und Zusammentreffen unterschiedlicher Ermessenserwägungen

Die Ermessensfehler werden klassischerweise in der **Fehlertrias**: Ermessensausfall/-unterschreitung, Ermessensüberschreitung, Ermessensfehlgebrauch, geordnet. Es ist unumstritten, dass Ermessensentscheidungen auch an Grundrechten und insbesondere am Maßstab der Verhältnismäßigkeit zu messen sind. Ob es sich dabei um **zusätzliche Ermessensfehler** handelt oder ob sie in den Fehlerkategorien der Überschreitung und des Fehlgebrauchs aufgehen, spielt für die Klausurbearbeitung keine Rolle. Wichtig ist die **Prüfungsreihenfolge**. Es empfiehlt sich, mit Ermessensausfall und -unterschreitung sowie mit Ermessensüberschreitung im engeren Sinn zu beginnen, dann die einzelnen Ermessenserwägungen auf ihre Sachgerechtigkeit zu überprüfen und mit der Verhältnismäßigkeit zu enden. Es ist sinnvoll, in den Vorüberlegungen alle Fehlerkategorien Revue passieren zu lassen. In der Reinschrift sollten nur noch die Kategorien angesprochen werden, bei denen der Fall Anhaltspunkte für Fehler liefert: **204**

Ermessensfehler
1. Ermessensausfall-/unterschreitung 2. Ermessensüberschreitung i. e. S. 3. Ermessensfehlgebrauch (u. a. auch Art. 3 GG) 4. Unverhältnismäßigkeit (mit Grundrechtsfragen)

205

Stellt die Behörde verschiedene Ermessenserwägungen an, von denen nur einzelne fehlerhaft sind, fragt sich, ob damit bereits die gesamte Entscheidung fehlerhaft ist. Im Regelfall werden **Ermessenserwägungen eine Einheit** bilden. Die Behörde wägt alle Ermessensgesichtspunkte gegeneinander ab. Ist nur eine der Erwägungen fehlerhaft, infiziert dies die gesamte Entscheidung. **206**

In **Fall 52** ist die Entscheidung ohnehin wegen Ermessensüberschreitung fehlerhaft, soweit der Gebührenbescheid 2400 € übersteigt. Daher ist der Verwaltungsakt zumindest teilweise aufzuheben. Es fragt sich, ob der Bescheid in Höhe von 2400 € Bestand hat. Das wäre nur dann der Fall, wenn die Behörde ihr Ermessen fehlerfrei dahin ausgeübt hätte, jedenfalls die Höchstsumme zu verlangen. Von den drei angestellten Ermessenserwägungen sind jedoch zwei fehlerhaft. Es ist nicht gesagt, dass allein der zulässige Ge- **207** sichtspunkt des besonderen wirtschaftlichen Interesses die Behörde dazu geführt hätte, die Höchstsumme festzusetzen. Daher ist die Ermessensentscheidung insgesamt fehlerhaft. Eine Anfechtungsklage hätte in vollem Umfang Erfolg. Der Behörde bliebe es unbenommen, mit nunmehr fehlerfreier Begründung einen neuen Gebührenbescheid zu erlassen, der sich freilich höchstens auf 2400 € jährlich belaufen dürfte.

208 Ausnahmsweise führt eine einzelne fehlerhafte Ermessenserwägung nicht zur Fehlerhaftigkeit des gesamten Verwaltungsaktes, wenn die Behörde ihre Entscheidung von vornherein auf zwei **voneinander unabhängige Ermessensbegründungen** stützt. Dies kann etwa in Form einer Haupt- und einer Hilfsbegründung geschehen. Ist eine dieser beiden Begründungen fehlerfrei, trägt sie den Verwaltungsakt, auch wenn die andere Begründung unter Ermessensfehlern leidet.

7. Ermessensreduzierung auf null

209 **Fall 53:** Im Haushaltsplan werden Mittel zur Förderung von Wärmedämmmaßnahmen an Wohnhäusern bereitgestellt. Die Einzelheiten der Mittelvergabe hat das zuständige Ministerium in einer Förderrichtlinie geregelt, die es bisher stets eingehalten hat. Obwohl E alle Anforderungen der Richtlinie erfüllt, lehnt das Ministerium in ihrem Fall eine Förderung ab. Zur Begründung heißt es, dass E aus der Richtlinie keine Ansprüche ableiten könne. Hätte eine Klage der E Aussicht auf Erfolg?

210 Von einer **Ermessensreduzierung auf null** spricht man, wenn sich das Ermessen im Einzelfall so stark reduziert, dass es fehlerfrei nur in eine Richtung ausgeübt werden kann. Eine Ermessensreduzierung auf null kann nur im Einzelfall festgestellt werden. § 35 II BauGB ist dagegen kein Fall der Ermessensreduzierung auf null, weil hier nach der Auslegung durch das BVerwG in keinem Fall behördliches Ermessen besteht (Rn. 193).

211 In **Fall 53** könnte E eine Verpflichtungsklage, gerichtet auf Erlass eines Subventionsbescheides, erheben. Die besondere Problematik des Falles scheint zum ersten Mal bei der Klagebefugnis auf. Wie schon in **Fall 29** begründet Art. 3 I GG i. V. m. der Förderrichtlinie das subjektive Recht i. S. v. § 42 II VwGO (Rn. 96). Eines Vorverfahrens bedarf es nach § 68 I 2 Nr. 1, II VwGO nicht. Bei Wahrung der Klagefrist nach § 74 I 2, II VwGO ist die Klage zulässig.

212 Die Klage ist nach § 113 V 1 VwGO begründet, wenn E einen Anspruch auf die Subvention hat. Als Anspruchsgrundlage kommt Art. 3 I GG i. V. m. der Förderrichtlinie in Betracht. Die Förderrichtlinie hat zwar, wie gesehen, keine unmittelbare Außenwirkung (Rn. 96). Sie ist aber Ausdruck einer entsprechenden Verwaltungspraxis. Diese Verwaltungspraxis führt i. V. m. Art. 3 I GG zu einer Selbstbindung der Verwaltung. Dabei kann die Förderrichtlinie sogar als sog. **antizipierte Verwaltungspraxis** betrachtet werden und auf diese Weise **ermessensbindend** wirken. Damit wird das Ermessen, das die Behörde bei der Vergabe von Subventionen besitzt, durch die Subventionsrichtlinie eingeengt. Erfüllt E alle Voraussetzungen der Förderrichtlinie und hat die Behörde ihre Richtlinie bisher beachtet, reduziert sich das behördliche Ermessen im konkreten Fall auf null. E hat einen Anspruch auf Erlass des Bewilligungsbescheides. Ihre Klage wird Erfolg haben.

III. Unbestimmter Rechtsbegriff und Beurteilungsspielraum

Fall 54: Denkmäler sind nach § 1 LandesDSchG „von Menschen geschaffene Sachen ... aus vergangener Zeit, deren Erhaltung wegen ihrer geschichtlichen, künstlerischen, städtebaulichen, wissenschaftlichen oder volkskundlichen Bedeutung im Interesse der Allgemeinheit liegt". Gemäß § 4 II 1 LandesDSchG kann der Eigentümer eines Denkmals verpflichtet werden, Erhaltungsmaßnahmen durchzuführen. Im Altstadthaus der E ist das Dach undicht, so dass Stuckdekken feucht werden. Daher ordnet die Denkmalschutzbehörde eine Dachreparatur an. Vor Gericht meint E, ihr Haus sei gar kein Denkmal. Was wird das Gericht tun? **213**

Fall 55: S behandelt in Bayern § 78 VwGO in einer Klausur im juristischen Staatsexamen unter der Überschrift „passive Prozessführungsbefugnis" als Frage der Zulässigkeit. Ein Prüfer bewertet dies als „aberwitzig" und stuft es in der abschließenden Würdigung als gravierenden Mangel der Arbeit ein. Außerdem bemängelt er, dass eine Seite fehle, obwohl diese Seite tatsächlich vorhanden und an der richtigen Stelle eingeheftet ist. Ist S zu raten, sich gegen die Bewertung zu wehren?

Auf der Tatbestandsseite haben die Gerichte die einzelnen Tatbestandsmerkmale selbstständig auszulegen und anzuwenden. Tatbestandsmerkmale unterscheiden sich in ihrer Bestimmtheit. Der in **Fall 54** zitierte § 1 LandesDSchG zeigt dies exemplarisch. Der Begriff des Menschen ist weitgehend bestimmt und nur in Randbereichen unscharf. Demgegenüber ist das Merkmal des Interesses der Allgemeinheit in hohem Maße unbestimmt (sog. **unbestimmter Rechtsbegriff**). Die gerichtliche Kontrolldichte hängt davon jedoch grundsätzlich nicht ab. Auch die Anwendung unbestimmter Rechtsbegriffe unterliegt regelmäßig **vollständiger gerichtlicher Nachprüfung**. **214**

Nur in seltenen Fällen räumt das Gesetz der Verwaltung bei der Subsumtion unter einen unbestimmten Rechtsbegriff einen sog. **Beurteilungsspielraum** ein, dessen Ausübung nur eingeschränkter gerichtlicher Kontrolle unterliegt. Als Ausnahme von dem in Art. 19 IV GG verankerten Gebot vollständiger gerichtlicher Kontrolle unterliegt die Annahme eines Beurteilungsspielraumes strengen verfassungsrechtlichen Anforderungen. In formaler Hinsicht handelt es sich um eine wesentliche Entscheidung, die der Gesetzgeber selbst treffen muss (sog. **normative Ermächtigungslehre**)[3]. In materieller Hinsicht bedarf die Ausnahme vom Grundsatz voller rechtlicher Nachprüfung einer besonderen **sachlichen Rechtfertigung**. Die Anwendung der normativen Ermächtigungslehre wird dadurch erschwert, dass der Gesetzgeber kaum je ausdrückliche Beurteilungsermächtigungen normiert. Die anerkannten Beurteilungsermächtigungen sind vielmehr durch die Rechtsprechung im Wege der Auslegung ermittelt worden. Dabei haben sich vor allem drei **Fallgruppen** herausgebildet, die im Examen bekannt sein sollten: **215**

216

Fallgruppe	**sachliche Rechtfertigung**
Prüfungsentscheidungen (Schule, Universität, Staatsexamen)	Einmaligkeit der Prüfungssituation; Vergleich innerhalb der Kandidatengruppe
Beamtenrechtliche Beurteilungen	Gesamtschau über einen längeren Zeitraum
Besonders sachverständiges, pluralistisch besetztes, weisungsfreies Gremium trifft Entscheidung wertender Art	Gericht kann die erforderlichen Wertungen auch mit Hilfe von Sachverständigen nicht besser treffen als das besonders qualifizierte Gremium

3 BVerfGE 129, 1 (21-23); BVerwGE 94, 307 (309 f.).

217 Alle drei Fallgruppen beruhen auf der Grundüberlegung, dass die Behörde einen **Erkenntnisvorsprung** hat, den das Gericht auch mit Hilfe von Sachverständigen nicht aufholen kann. Bei Prüfungen steht die Einmaligkeit der Prüfungssituation im Vordergrund, die sich später nicht mehr reproduzieren lässt[4]. Außerdem haben Korrektoren einen Überblick über eine Vielzahl von Arbeiten, der dem Gericht, das über eine einzige angefochtene Arbeit entscheidet, fehlt[5]. Das BVerfG spricht davon, dass die Rechtsprechung bei solchen Prüfungsentscheidungen an ihre **Funktionsgrenzen** stoße[6]. Beamtenrechtliche Beurteilungen beruhen auf dem Eindruck, den die Vorgesetzten im Laufe der Zeit gewinnen[7]. In sie geht das Verhalten ein, dass der zu beurteilende Beamte kontinuierlich während seines Dienstes zeigt. Das Gericht, das sich aus einer externen Perspektive rückschauend mit der Sache befasst, kann sich diesen Eindruck nicht selbst verschaffen. Die dritte Fallgruppe ist zweifelhaft geworden, seitdem die Rechtsprechung der Bundesprüfstelle nach §§ 17 ff. JuSchG keinen Beurteilungsspielraum mehr zubilligt,[8] obwohl sie als weisungsfreies, pluralistisch besetztes Gremium anhand eines höchst unbestimmten Tatbestandes darüber zu entscheiden hat, welche Medien als jugendgefährdend einzustufen sind. Dafür billigt das BVerwG mittlerweile bei der weinsensorischen Prüfung von Prädikatsweinen einen Beurteilungsspielraum zu. Abgesehen davon, dass dem Geschmackstest zwingend ein subjektives Moment innewohnt, ist der Umstand zu berücksichtigen, dass sich Wein im Laufe der Zeit verändert, so dass die Situation der ursprünglichen Prüfung nicht reproduzierbar ist. Die Kriterien der Einmaligkeit der Prüfungssituation und der Funktionsgrenzen der Rechtsprechung greifen also auch hier[9]. In allen Fällen bezieht sich der Beurteilungsspielraum nicht auf die abstrakte Auslegung einer Norm, sondern auf die Subsumtion des konkreten Sachverhalts unter die unbestimmten Rechtsbegriffe.

218 Liegt keine der drei Fallgruppen vor, ist in der Klausur **im Zweifel** davon auszugehen, dass der Behörde **kein Beurteilungsspielraum** zukommt. So geht die Rechtsprechung bei **Fall 54** davon aus, dass die Denkmaldefinition mit dem Merkmal des Interesses der Allgemeinheit vollständiger gerichtlicher Kontrolle unterliegt[10]. Zwar wird dem Gericht regelmäßig die notwendige Sachkunde fehlen. Dem kann es aber abhelfen, indem es nach § 96 I 2 VwGO Sachverständigenbeweis erhebt. Tatsächlich stützen sich Gerichte in derartigen Fällen häufig auf sachverständige Äußerungen der Denkmalschutzbehörde[11]. Dies nähert sich der Einräumung eines Beurteilungsspielraums an, auch wenn formal am Grundsatz vollständiger gerichtlicher Nachprüfung festgehalten wird. Ganz ähnlich sieht die Rechtsprechung nun Feststellungen der Bundesprüfstelle, der früher ein Beurteilungsspielraum zugebilligt wurde, als „sachverständige Aussagen“ an[12]. Die Beispiele zeigen, wie fragwürdig die restriktive Lehre vom Beurteilungsspielraum ist, doch ist eine Examensklausur nicht der richtige Ort für eine Reform der verwaltungsrechtlichen Dogmatik.

219 Ist ausnahmsweise ein Beurteilungsspielraum gegeben, bedeutet das nicht, dass die Behörde von jeder Kontrolle freigestellt wäre. Vielmehr hat das Gericht die Beurteilung auf

4 BVerwG, NVwZ 1991, 568 (569); BVerwG, DVBl. 1996, 811 (812).
5 BVerfGE 84, 34 (52) – juristische Staatsprüfung.
6 BVerfGE 129, 1 (23, 31).
7 BVerwGE 60, 245 (248 f.).
8 VG Köln, MMR 2016, 851, Rn. 56.
9 BVerwGE 129, 27, Rn. 27 ff., 36.
10 VGH BW, VBlBW 1991, 257 (258).
11 VGH BW, DVBl. 1988, 1219 (1220); OVG Berlin, LKV 1998, 152 (153 f.).
12 BVerwG, NJW 1997, 602; VG Köln, MMR 2016, 851, Rn. 58; s. auch BVerwG, NVwZ-RR 2017, 946, zur Kommission für Jugendmedienschutz der Landesmedienanstalten (KJM).

Beurteilungsfehler zu überprüfen. Zunächst ist zu prüfen, ob das **richtige Verfahren** beachtet worden ist. Die Einhaltung der Verfahrensvorschriften ist an sich bei jedem Verwaltungsakt zu prüfen. Dort, wo die Entscheidung inhaltlich nur eingeschränkt überprüft werden kann, kommt den formellen Voraussetzungen jedoch besondere Bedeutung zu. Sodann ist zu prüfen, ob die Behörde ihrer Entscheidung einen **zutreffenden Sachverhalt** zu Grunde gelegt hat. In **Fall 55** hat der Prüfer, aus welchen Gründen auch immer, eine Seite der Lösung nicht beachtet. Damit war seine Beurteilungsgrundlage unvollständig, so dass seine Bewertung an einem Beurteilungsfehler leidet. Darüber hinaus machen **sachfremde Erwägungen** die Entscheidung fehlerhaft. Insoweit gilt das zum Ermessen Gesagte entsprechend. In einer mündlichen Prüfung wäre es z. B. fehlerhaft, eines der in Art. 3 III GG genannten Kriterien, wie das Geschlecht, in die Bewertung einfließen zu lassen. Schließlich dürfen keine **„allgemein anerkannten Bewertungsmaßstäbe"** verkannt worden sein. Beispielsweise darf eine Meinung, die vertreten wird, grundsätzlich nicht als unvertretbar bewertet werden. Das BVerfG kommt zu diesem Ergebnis, indem es Kandidaten einen **„Antwortspielraum"** als Gegenstück zum Beurteilungsspielraum der Prüfer zubilligt[13]. In **Fall 55** hat S bei der Einordnung von § 78 VwGO eine Lösung gewählt, die in Bayern traditionell abgelehnt wird. Außerhalb der bayerischen Ausbildungs- und Gerichtspraxis wird diese Lösung allerdings stark vertreten (Rn. 52). Unter diesen Umständen ist die Lösung vom Antwortspielraum des S gedeckt. Die Bewertung ist auch insoweit fehlerhaft, so dass S zu einer Prüfungsanfechtung zu raten ist.

IV. Bedeutung für die Spruchreife bei der Verpflichtungsklage

Bei der Verpflichtungsklage hängt der Entscheidungsausspruch nach § 113 V VwGO in **220**
besonderer Weise davon ab, ob Ermessen oder ein Beurteilungsspielraum besteht. Ein sog. **Vornahmeurteil** kann nach § 113 V I VwGO nur ergehen, wenn die Sache „spruchreif" ist. Anderenfalls ergeht nach § 113 V 2 VwGO ein sog. **Bescheidungsurteil**. Das Kriterium der Spruchreife ist insofern missverständlich, als es grundsätzlich Aufgabe des Gerichts ist, durch seine Sachverhaltsaufklärung nach § 86 VwGO die Sache spruchreif zu machen. Ein Vornahmeurteil ist daher nur dann ausgeschlossen, wenn das Gericht die Sache nicht spruchreif machen kann, weil der Behörde **Entscheidungsspielräume** zustehen, die eine abschließende gerichtliche Entscheidung ausschließen. Zu einem Bescheidungsurteil kommt es daher nur, wenn die Behörde einen ihr zustehenden Ermessens- oder Beurteilungsspielraum noch nicht ordnungsgemäß ausgeübt hat.

V. Der maßgebliche Zeitpunkt für die Beurteilung der Sach- und Rechtslage

Fall 56: B erhält eine Baugenehmigung für ein Kaufhaus. N erhebt dagegen nach erfolglosem **221**
Widerspruchsverfahren Klage. Nun stellt die Stadt einen Bebauungsplan auf, der kurz vor der mündlichen Verhandlung des VG in Kraft tritt. Danach ist das geplante Kaufhaus eindeutig unzulässig. Wird das Gericht die neue Rechtslage berücksichtigen?

13 BVerfGE 84, 34 (55) – juristische Staatsprüfung.

Fall 57: Nach § 45 I 1 StVO kann „die Benutzung bestimmter Straßen … aus Gründen der Sicherheit oder Ordnung des Verkehrs" beschränkt werden. Die Straßenverkehrsbehörde ordnet in der stark befahrenen Hohenzollernallee, einer Ausfallstraße, beidseitig ein absolutes Halteverbot an, damit der Verkehr ungehindert vierspurig fließen kann. Nach erfolglosem Widerspruchsverfahren klagt die Anwohnerin A. Kurz vor der mündlichen Verhandlung wird ein neuer Autobahnabschnitt eröffnet, der die Hohenzollernallee stark entlastet. Wie wird das Gericht entscheiden?

Fall 58: Der Autohändler A wird wegen seiner Alkoholabhängigkeit als unzuverlässig angesehen. Daher wird ihm die Ausübung seines Gewerbes nach § 35 I 1 GewO untersagt. Während des Anfechtungsprozesses schließt A erfolgreich eine Entziehungskur ab. Wird das VG diesen Umstand bei seiner Entscheidung berücksichtigen?

Fall 59: Der B wird die beantragte Baugenehmigung für ein Kaufhaus versagt. Nach erfolglosem Widerspruchsverfahren erhebt B Klage. Kurz vor der mündlichen Verhandlung des VG tritt ein Bebauungsplan in Kraft. Danach ist das geplante Kaufhaus eindeutig unzulässig. Wie wird das Gericht entscheiden?

222 Wird ein belastender oder ein ablehnender Bescheid angegriffen, kann es sein, dass sich die Sach- oder Rechtslage zwischen der behördlichen und der gerichtlichen Entscheidung verändert. Dann stellt sich die sog. Frage nach dem **maßgeblichen Zeitpunkt** für die Beurteilung der Sach- und Rechtslage bei der Anfechtungs- oder Verpflichtungsklage[14].

223 Das **Prozessrecht** gibt den letzten möglichen Zeitpunkt vor. Aus prozessualen Gründen können neue Tatsachen nur bis zum Ende der mündlichen Verhandlung in das Verfahren eingebracht werden. Außerdem ist die Revisionsinstanz eine reine Rechtsinstanz, in der keine neuen Tatsachen mehr geltend gemacht werden können (§ 137 I, II VwGO). Damit ergibt sich als letzter möglicher Zeitpunkt das Ende der mündlichen Verhandlung in der letzten Tatsacheninstanz, also in der ersten oder der Berufungsinstanz. Innerhalb des Zeitraums, der damit eröffnet ist, ist es Sache des materiellen Rechts, den maßgeblichen Zeitpunkt zu bestimmen.

224 Im **materiellen Recht** fehlen regelmäßig ausdrückliche Regelungen des maßgeblichen Zeitpunkts. Es haben sich aber gewisse **Leitlinien** herausgebildet. Unterschieden wird zunächst zwischen Anfechtungs- und Verpflichtungsklagen. Bei der **Anfechtungsklage** steht ein Verwaltungsakt, der in der Vergangenheit erlassen wurde, im Vordergrund. Daher ist regelmäßig auf den Zeitpunkt abzustellen, in dem die Behörde gehandelt hat. Soweit die Ausgangsentscheidung in einem Widerspruchsverfahren überprüft worden ist, ist auf die Widerspruchsentscheidung abzustellen[15]. Maßgebend ist also der **Zeitpunkt der letzten behördlichen Entscheidung**. In **Fall 56** hat B die begehrte Baugenehmigung erhalten. Damit hat er eine grundsätzlich schutzwürdige Position erlangt. Die spätere Änderung der Rechtslage durch den neuen Bebauungsplan muss B sich nicht mehr entgegenhalten lassen. Das Gericht wird die neue Rechtslage daher nicht berücksichtigen. Mit anderen Worten: Die einmal rechtmäßig erlassene Baugenehmigung bleibt rechtmäßig, auch wenn sich die Sachlage nachträglich verändert. Die ursprünglich unbegründete Anfechtungsklage bleibt damit unbegründet.

225 Eine Ausnahme wird bei sog. **Verwaltungsakten mit Dauerwirkung** gemacht. Solche Verwaltungsakte sind in besonderer Weise gegenwarts- und zukunftsbezogen. Ein typi-

14 Grundlegend *U. Mager*, Der maßgebliche Zeitpunkt für die Beurteilung der Rechtswidrigkeit von Verwaltungsakten, 1994 und im Überblick *Gärditz/Orth*, JURA 2013, 1100 ff.

15 BVerwG, NVwZ 2011, 613, Rn. 34.

sches Beispiel sind **Verkehrszeichen**. Sie stehen häufig über einen längeren Zeitraum. Aus der Sicht eines aktuell Betroffenen interessiert jedoch kaum, ob ein Verkehrszeichen früher einmal gerechtfertigt war, sondern allein ob es aktuell noch gerechtfertigt ist. Daher stellt das BVerwG bei solchen Verwaltungsakten mit Dauerwirkung nicht auf den Zeitpunkt der letzten Behördenentscheidung ab, sondern auf den **Zeitpunkt der mündlichen Verhandlung** in der letzten Tatsacheninstanz[16]. In **Fall 57** kommt es also nicht darauf an, dass das Halteverbot bei seinem Erlass im Interesse des fließenden Verkehrs gerechtfertigt war. Maßgebend ist vielmehr, dass das Verbot im Zeitpunkt der gerichtlichen Entscheidung nicht mehr gerechtfertigt ist. Mit anderen Worten: Die Änderung der Sachlage führt dazu, dass der ursprünglich rechtmäßige Verwaltungsakt nachträglich rechtswidrig wird. Die ursprünglich unbegründete Klage wird damit begründet.

Manchmal entnimmt die Rechtsprechung dem Gesetzestext im Wege der **Auslegung** **226**
Hinweise auf den maßgeblichen Zeitpunkt. Berühmtes Beispiel ist § 35 GewO. § 35 I GewO regelt die Gewerbeuntersagung wegen Unzuverlässigkeit. § 35 VI GewO sieht ein besonderes Wiedergestattungsverfahren für den Fall vor, dass der Betroffene später wieder zuverlässig wird. Wird einem Gewerbetreibenden die Ausübung seines Gewerbes untersagt, ließe sich erwägen, ob es sich um einen Verwaltungsakt mit Dauerwirkung handelt. Die Rechtsprechung lehnt dies unter Hinweis auf § 35 VI GewO ab. Sieht das Gesetz ein gesondertes Verfahren für die Wiedergestattung des Gewerbes vor, heißt das, dass Umstände, die nach der Gewerbeuntersagung eintreten, in einem neuen Verfahren nach § 35 VI GewO geprüft werden sollen[17]. In **Fall 58** wird das VG für sein Urteil daher auf den Zeitpunkt der letzten Behördenentscheidung abstellen und den A im Übrigen auf einen Antrag bei der Behörde nach § 35 VI GewO verweisen.

Die **Verpflichtungsklage** ist hingegen stets zukunftsgerichtet. Auch wenn die Verwal- **227**
tung bereits einen ablehnenden Bescheid erlassen hat, steht nicht die Ablehnung im Vordergrund, sondern der noch nicht erfüllte Anspruch auf Begünstigung. Daher ist bei der Verpflichtungsklage regelmäßig auf den **Zeitpunkt der mündlichen Verhandlung** abzustellen. In **Fall 59** hat B die begehrte Baugenehmigung noch nicht erlangt. Für den Erfolg ihrer Klage ist es nicht ausreichend, wenn sie in der Vergangenheit einen Anspruch auf die Baugenehmigung hatte. Ihre Klage wird vielmehr nur Erfolg haben, wenn sie im Zeitpunkt der letzten mündlichen Verhandlung einen Anspruch hat. Nach der Änderung des Bebauungsplans ist das nicht der Fall. Das Gericht wird die Klage daher abweisen. B täte gut daran, die Klage nach Inkrafttreten des Bebauungsplans für erledigt zu erklären (Rn. 443) oder ggf. auf eine Fortsetzungsfeststellungsklage umzustellen (Rn. 327 ff.).

Die Frage nach dem maßgeblichen Zeitpunkt findet eine **Parallele** bei **Rücknahme und** **228**
Widerruf. Ein Beispielsfall soll dies veranschaulichen:

> **Fall 60:** G ist stark gehbehindert. Daher weist die zuständige Straßenverkehrsbehörde vor seiner Haustür mit entsprechenden Verkehrszeichen einen Behindertenparkplatz aus. Zwei Jahre später schafft G eine Parkmöglichkeit auf seinem Grundstück. Unter diesen geänderten Umständen hält die Behörde den Behindertenparkplatz vor der Haustür nicht mehr für notwendig i. S. v. § 45 Ib 1 Nr. 2 StVO und beabsichtigt, die entsprechende Verkehrsregelung aufzuheben. G wendet ein, dass der Behindertenparkplatz erhalten bleiben müsse, weil der Parkplatz auf dem Grundstück ausschließlich für seine Tochter geschaffen worden sei, die angesichts der großen

16 BVerwGE 138, 21, Rn. 21-23 – LKW-Überholverbot.
17 BVerwGE 65, 1 (2-4); 152, 39, Rn. 15.

Parkraumnot ihren Pkw sonst nicht abstellen könne. Nach welcher Vorschrift richtet sich eine Aufhebung des Behindertenparkplatzes?

229 Die Verkehrsregelung kann nach Maßgabe von § 48 VwVfG zurückgenommen werden, wenn sie rechtswidrig ist. Anderenfalls kommt nur ein Widerruf unter den engeren Voraussetzungen des § 49 II 1 Nr. 3 VwVfG in Betracht[18]. Die Rechtmäßigkeit der Verkehrsregelung hängt nach § 45 Ib 1 Nr. 2 StVO davon ab, ob es notwendig war, für G wegen seiner starken Gehbehinderung eine spezielle Parkmöglichkeit vor der Haustür zu schaffen. Als der Parkplatz geschaffen wurde, war er notwendig, weil kein alternativer Parkraum zur Verfügung stand. Damit war die Verkehrsregelung ursprünglich rechtmäßig. Mit der Schaffung des Parkplatzes auf dem Grundstück steht jedoch alternativer Parkraum für G zur Verfügung. Die Belange seiner Tochter sind insoweit unerheblich, da sie derselben Parkraumnot ausgesetzt ist, wie alle anderen Anwohner auch. Die Belange der Tochter rechtfertigen nicht die besondere Inanspruchnahme öffentlicher Verkehrsflächen für einen Behindertenparkplatz. Damit ist die Verkehrsregelung nun nicht mehr notwendig, so dass sich die Frage nach dem maßgeblichen Zeitpunkt stellt.

230 Grundsätzlich wird man wiederum davon ausgehen können, dass sich die Rechtmäßigkeit eines Verwaltungsaktes nach den Umständen im Zeitpunkt seines Erlasses bestimmt. Beispielsweise bleibt eine Baugenehmigung rechtmäßig, auch wenn sich das Baurecht später ändert. So könnte die Baugenehmigung des B in **Fall 56** allenfalls nach § 49 II 1 Nr. 4 VwVfG widerrufen, nicht aber zurückgenommen werden. Anders verhält es sich auch hier bei **Verwaltungsakten mit Dauerwirkung**. Sie **werden rechtswidrig**, **wenn** die **Erlassvoraussetzungen** nachträglich **entfallen**[19]. Die Ausweisung des Behindertenparkplatzes in **Fall 60** ist wie die Ausweisung des Halteverbots in **Fall 57** ein solcher Verwaltungsakt mit Dauerwirkung. Mit der Schaffung des Parkplatzes auf dem Grundstück entfällt die Notwendigkeit für den Behindertenparkplatz. Damit wird die Ausweisung des Parkplatzes rechtswidrig, so dass sie nach Maßgabe von § 48 VwVfG zurückgenommen werden kann.

§ 9 Fehlerfolgenlehre

I. Nichtigkeit als verschärfte Fehlerfolge (§ 44 VwVfG)

231 In der Fehlerfolgenlehre unterscheidet sich der Verwaltungsakt von Rechtsnormen. Rechtswidrige **Rechtsnormen** sind grundsätzlich **nichtig**. Das gilt für verfassungswidrige Gesetze ebenso wie für rechtswidrige Verordnungen oder Satzungen. Einschränkungen der Nichtigkeitsfolge, wie sie sich in §§ 214 ff. BauGB für Bebauungspläne finden, sind die Ausnahme. Prozessual bedeutet das, dass man bei rechtswidrigen Normen nicht auf ihre Aufhebung klagen muss, sondern dass eine Feststellung der Nichtigkeit ausreicht.

232 Demgegenüber sind **rechtswidrige Verwaltungsakte** nach § 43 I, II VwVfG grundsätzlich trotz ihrer Rechtswidrigkeit **wirksam**, bis sie wegen ihrer Rechtswidrigkeit oder aus

18 Zur Abgrenzung von Rücknahme und Widerruf s. noch allg. u. Rn. 415.

19 VGH BW, BauR 2002, 933 (934) und dazu *Schoch*, JK 9/02, VwVfG § 48/23.

anderen Gründen aufgehoben werden. Sie müssen daher ggf. angefochten werden, damit sie das Gericht nach § 113 I 1 VwGO aufhebt.

Nur **ausnahmsweise** wiegt die Rechtswidrigkeit eines Verwaltungsaktes so schwer, dass er nach § 44 VwVfG **nichtig** und damit nach § 43 III VwVfG automatisch unwirksam ist. **233**

Die Nichtigkeit spielt keine Rolle, wenn und soweit ein Verwaltungsakt angefochten ist. Die Begründetheit der Anfechtungsklage hängt allein von der Rechtswidrigkeit des Verwaltungsaktes ab. Ob er darüber hinaus sogar nichtig ist, ist unerheblich. Zwar ließe sich bei rein formaler Betrachtung vertreten, dass ein Verwaltungsakt, der bereits unwirksam ist, nicht mehr aufgehoben werden kann. Dem stehen jedoch die Gebote eines effektiven Rechtsschutzes und der Prozessökonomie entgegen. Die Nichtigkeit soll dem Betroffenen einen zusätzlichen Schutz gewähren, nicht aber den Rechtsschutz komplizierter machen. Ist ein Verwaltungsakt nicht nur rechtswidrig, sondern wegen seiner besonders schweren Rechtswidrigkeit sogar nichtig, kann er erst recht aufgehoben werden. **234**

In zwei Konstellationen ist die Nichtigkeit prozessual relevant. Zum einen kann die Nichtigkeit auch nach Ablauf von Widerspruchs- und Klagefrist mit der **Nichtigkeitsfeststellungsklage** nach § 43 VwGO geltend gemacht werden. Zum anderen kann die Nichtigkeit eines Verwaltungsaktes als **Vorfrage** zu prüfen sein. Dies kommt beispielsweise im **Vollstreckungsrecht** vor. Nach § 6 I VwVG kann ein Verwaltungsakt vollstreckt werden. Die Rechtmäßigkeit des Verwaltungsaktes wird nicht vorausgesetzt. Es genügt, dass der Verwaltungsakt wirksam ist. Leidet er jedoch an einem so schweren Fehler, dass er nichtig ist, kann dies inzident geltend gemacht werden. **235**

Eine **Prüfung** der Nichtigkeit sollte **zweistufig** erfolgen. Zunächst wird festgestellt, ob der Verwaltungsakt **rechtswidrig** ist. Anschließend wird geklärt, ob die Rechtswidrigkeit nach § 44 VwVfG zur **Nichtigkeit** führt. Innerhalb von § 44 VwVfG sollte zunächst dessen Abs. II geprüft werden. Er nennt Fehler, die stets zur Nichtigkeit führen. Unübersichtlich ist allein § 44 II Nr. 3 VwVfG wegen der Verweisung auf § 3 I Nr. 1 VwVfG. Danach führen Verletzungen der örtlichen Zuständigkeit bei ortsgebundenen Streitigkeiten zur Nichtigkeit. Würde beispielsweise eine hessische Behörde eine Baugenehmigung für ein Grundstück in Rheinland-Pfalz erteilen, wäre diese Baugenehmigung nach § 44 II Nr. 3 VwVfG nichtig. Liegt kein Fall nach § 44 II VwVfG vor, ist § 44 III VwVfG zu prüfen. Dieser Absatz nennt Fehler, die nicht ausreichen, um die Nichtigkeit zu begründen. Dazu gehören namentlich nach § 44 III Nr. 1 VwVfG alle sonstigen Fehler in der örtlichen Zuständigkeit, die nicht von § 44 II Nr. 3 VwVfG erfasst sind. **236**

Ist das Ergebnis nach der Prüfung von § 44 II, III VwVfG offen, ist auf die **Generalklausel** des § 44 I VwVfG zurückzugreifen. Danach begründet ein **Fehler** die Nichtigkeit unter der doppelten Voraussetzung, dass er besonders **schwer** und **offensichtlich** ist. Dabei ist auf die Sicht eines verständigen Beobachters abzustellen, der die Umstände des Falles kennt. Nichtig ist ein Verwaltungsakt, wenn sich die schwere Fehlerhaftigkeit bei verständiger Würdigung geradezu aufdrängt, wenn also der Verwaltungsakt den Makel der Rechtswidrigkeit gleichsam „auf der Stirn trägt". **237**

II. Unbeachtlichkeit von formellen Fehlern (§ 46 VwVfG)

Fall 61: Wirt W ist wegen erwiesener Alkoholabhängigkeit unzuverlässig geworden. Als die zuständige Behörde dies erfährt, widerruft sie, gestützt auf § 15 II i. V. m. § 4 I Nr. 1 GastG, ohne Anhörung und ohne weitere Begründung seine Gaststättenerlaubnis. Hätte eine Klage nach erfolglosem Widerspruchsverfahren Aussicht auf Erfolg? **238**

239 Während manche Fehler so gravierend sind, dass sie zur Nichtigkeit führen, werden andere Fehler als so geringfügig eingestuft, dass sie unbeachtlich sind. Dies regelt § 46 VwVfG. Nach dem ausdrücklichen Wortlaut von § 46 VwVfG ist die Nichtigkeit vorrangig zu prüfen und schließt eine Anwendung von § 46 VwVfG ggf. aus. Hingegen ist die Reihenfolge von §§ 45 f. VwVfG nicht eindeutig. Der Umstand, dass ein Fehler, der bereits unbeachtlich ist, nicht mehr geheilt werden muss, spricht dafür, grundsätzlich mit § 46 VwVfG zu beginnen. Ist ein Fehler freilich geheilt worden, kommt es auf die Probleme des § 46 VwVfG nicht mehr an. Das spricht dafür, in solchen Fällen gleich § 45 VwVfG zu prüfen.

240 § 46 VwVfG bezieht sich nur auf formelle Fehler, nicht auf eine materielle Rechtswidrigkeit. Verfahrens- und Formfehler werden ausnahmslos erfasst. Bei der Zuständigkeit ist zu differenzieren. Fehler in der sachlichen Zuständigkeit sind nie unbeachtlich. Fehler in der örtlichen Zuständigkeit führen bei ortsgebundenen Angelegenheiten nach § 44 II Nr. 3 VwVfG zur Nichtigkeit. Anderenfalls können sie nach § 46 VwVfG unbeachtlich sein. Hinzukommen muss allerdings, dass der Fehler die Entscheidung in der Sache offensichtlich nicht beeinflusst hat. Bei gebundenen Entscheidungen lässt sich dies ohne weiteres feststellen. Ist der materielle Tatbestand erfüllt und hat die Behörde kein Ermessen, muss der Verwaltungsakt erlassen werden. Die formellen Fehler sind damit unbeachtlich. Anders ist es bei Ermessensentscheidungen. Hier wird sich häufig nur schwer beurteilen lassen, ob die Behörde bei ordnungsgemäßem Verfahren zu demselben Ergebnis gelangt wäre. § 46 VwVfG verlangt Offensichtlichkeit. Bestehen Zweifel, spricht das dafür, dass der Fehler beachtlich ist.

241 Ist § 46 VwVfG einschlägig, ergeben sich leicht **Aufbauprobleme**. Wird ein formeller Fehler festgestellt, empfiehlt es sich, sofort im Anschluss eine etwaige Unbeachtlichkeit zu prüfen. § 46 VwVfG verweist aber auf Fragen der materiellen Rechtmäßigkeit. In aller Regel wird die formelle Rechtmäßigkeit und damit auch § 46 VwVfG vor der materiellen Rechtmäßigkeit geprüft. So empfiehlt es auch dieses Buch (Rn. 183). Dann ist es aber u. U. nicht möglich, sofort zu einem abschließenden Ergebnis über die Unbeachtlichkeit eines festgestellten Verfahrensfehlers zu kommen. In diesem Fall muss die Frage offengelassen und am Ende der Prüfung des Verwaltungsaktes wieder aufgegriffen werden, es sei denn, dass der Fehler unabhängig von einer etwaigen Unbeachtlichkeit jedenfalls geheilt ist (Rn. 245 ff.).

242 § 46 VwVfG wirft darüber hinaus ein **dogmatisches Konstruktionsproblem** auf, das für die Klausurlösung allerdings weitgehend unerheblich ist. § 113 I 1 VwGO stellt für den Erfolg der Anfechtungsklage auf die Rechtswidrigkeit des Verwaltungsaktes ab. Leidet ein Verwaltungsakt an einem Fehler, ist er rechtswidrig, auch wenn § 46 VwVfG die Rechtswidrigkeit für unbeachtlich erklärt. Stellt man allein auf den Wortlaut von § 113 I 1 VwGO ab, müsste die Anfechtungsklage also auch in Fällen des § 46 VwVfG Erfolg haben. Konstruktiv lösbar ist das Problem nur, wenn man davon ausgeht, dass der Erfolg der Anfechtungsklage über das in § 113 I 1 VwGO Geregelte hinaus von der Existenz eines materiellen Aufhebungsanspruchs abhängt. **§ 46 VwVfG** ändert zwar nichts an der Rechtswidrigkeit des Verwaltungsakts, **lässt** aber den **materiellen Aufhebungsanspruch entfallen**.

243 In **Fall 61** hat die Behörde sowohl § 28 VwVfG als auch § 39 VwVfG missachtet. Der Verfahrens- und der Formfehler könnten aber nach § 46 VwVfG unbeachtlich sein. Sie führen nach § 44 VwVfG nicht zur Nichtigkeit. Ob sie die Entscheidung in der Sache beeinflusst haben können, hängt von der materiellen Rechtslage ab. § 15 II i. V. m. § 4 I Nr. 1 GastG schreiben den Widerruf der Gaststättenerlaubnis bei Unzuverlässigkeit zwingend vor. Nach dem Sachverhalt ist W unzuverlässig. Damit konnte in der Sache keine andere Entscheidung ergehen. Die beiden formellen Fehler sind also unbeachtlich.

III. Heilung von formellen Fehlern (§ 45 VwVfG)

Fall 62: E errichtet ohne Genehmigung ein nicht genehmigungsfähiges Wochenendhaus im Außenbereich. Das zuständige Landratsamt verfügt umgehend den Abriss. Nach erfolglosem Widerspruchsverfahren erhebt E Klage und rügt vor allem, dass er vom Landratsamt vor Erlass der Abrissverfügung nicht angehört worden sei. Wird das VG die Abrissverfügung wegen der unterbliebenen Anhörung aufheben? **244**

Fall 62a: Wie wird das VG entscheiden, wenn nach landesrechtlichen Vorschriften wie Art. 12 BayAGVwGO kein Vorverfahren stattfindet?

Fall 63: In Fall 30 (Rn. 83) erfährt die Europäische Kommission nachträglich von der Subvention, prüft sie und stellt kurz vor der Entscheidung des Verwaltungsgerichts fest, dass die Subvention mit Art. 107 AEUV vereinbar ist. Wie wird das VG nun entscheiden?

Formelle Fehler, die nicht schon nach § 46 VwVfG unbeachtlich sind, können nach Maßgabe von § 45 VwVfG geheilt werden mit der Folge, dass sie dann ebenfalls unbeachtlich werden. Die Heilung ist dabei nach § 45 II VwVfG sogar noch während des gerichtlichen Verfahrens möglich. Sind die Erfolgsaussichten einer Klage zu prüfen, ist also in seltenen Fällen keine abschließende Entscheidung möglich, weil festgestellte Fehler u. U. noch nach § 45 VwVfG geheilt werden können. **245**

Der wichtigste Fall der Heilung betrifft die **Anhörung**. § 28 VwVfG gehört in Klausuren sehr häufig zum Prüfungsprogramm. Zum Teil finden sich in Klausuren Angaben zur Anhörung. In anderen Fällen schweigt der Sachverhalt. Manchmal beruht dies schlicht darauf, dass der Aufgabensteller an die Anhörung nicht gedacht hat. Man mag in solchen Fällen unterstellen, dass der Betroffene ordnungsgemäß angehört wurde. Eleganter ist es, wenn man in der gebotenen Kürze darlegt, dass ein etwaiger Anhörungsfehler jedenfalls geheilt wäre. Eine **Heilung** tritt regelmäßig **im Widerspruchsverfahren** ein. Anhörung bedeutet, dass die Behörde dem Betroffenen Gelegenheit gibt, sich zu der Sache zu äußern, und dass die Behörde eine etwaige Äußerung des Betroffenen in ihre Überlegungen einbezieht. Erhebt der Betroffene Widerspruch, hat er in diesem Zusammenhang Gelegenheit, sich umfassend zu der Sache zu äußern. Ist Widerspruch eingelegt, hat zunächst die Ausgangsbehörde nach § 72 VwGO zu entscheiden, ob sie ihm abhilft. In diesem Rahmen hat sie zu prüfen, ob sie das Vorbringen des Betroffenen für erheblich hält. Tut sie dies, ist die Anhörung nachgeholt. Im Widerspruchsverfahren werden also Anhörungsfehler des Ausgangsverfahrens ohne Weiteres geheilt. **246**

So verhält es sich auch in **Fall 62**. In der Begründetheit der verwaltungsgerichtlichen Klage ist die Abrissverfügung auf ihre Rechtmäßigkeit zu überprüfen. Unter den formellen Voraussetzungen ist § 28 VwVfG als Verfahrensvorschrift anzusprechen. Da E vor Erlass der Abrissverfügung nicht angehört wurde, ist die Norm verletzt. Der Fehler ist nicht nach § 46 VwVfG unbeachtlich, weil die Abrissverfügung im Ermessen der Behörde steht, so dass eine Anhörung des E die Behörde zu einer anderen Sachentscheidung veranlassen könnte. Dieser Fehler wurde aber nach § 45 I Nr. 3, II VwVfG dadurch geheilt, dass E im Widerspruchsverfahren ausreichend Gelegenheit hatte, der Behörde seine Auffassung über die Sach- und Rechtslage vor der Entscheidung über den Widerspruch vorzutragen. Die zunächst unterbliebene Anhörung wird daher nicht zur Aufhebung der Abrissverfügung führen. **247**

Findet kein Vorverfahren statt, stellt sich in Klausuren vielfach die Frage einer **Heilung im gerichtlichen Verfahren**. § 45 II VwVfG lässt die Heilung grundsätzlich bis zum **248**

Ende der mündlichen Verhandlung in der Berufungsinstanz zu. Allerdings ersetzt das rechtliche Gehör durch das Gericht nach Art. 103 I GG nicht die notwendige Anhörung durch die Behörde. Eine Heilung kann daher nur eintreten, wenn die Behörde die Argumente des Betroffenen im Rahmen des gerichtlichen Verfahrens zur Kenntnis nimmt und ihre Entscheidung auf dieser Grundlage noch einmal erkennbar einer neuen, unvoreingenommenen Prüfung unterzieht.[1] Klausursachverhalte werden darüber meistens keine Auskunft geben. Dementsprechend lässt sich in **Fall 62a** nur feststellen, dass die Klage derzeit wegen eines Anhörungsfehlers begründet ist, dieser Fehler aber noch geheilt werden kann. Wer dagegen von vornherein unterstellt, dass die Behörde heilbare Fehler noch heilen wird, missachtet die rechtsstaatliche Bedeutung eines korrekten Verwaltungsverfahrens.

249 In **Fall 30/63** war der Subventionsbescheid zunächst wegen Verletzung der Stillhalteverpflichtung gemäß Art. 108 III 3 AEUV rechtswidrig. Der Fehler könnte aber gemäß § 45 I Nr. 5, II VwVfG dadurch geheilt worden sein, dass die Kommission während des laufenden verwaltungsgerichtlichen Verfahrens nachträglich die Vereinbarkeit der Subvention mit Art. 107 AEUV festgestellt hat. Wenn Art. 108 III AEUV bestimmt, dass die Kommission vor dem Erlass eines Subventionsbescheides eingeschaltet werden muss, lässt sich die Kommission insoweit als Behörde i. S. v. § 1 IV VwVfG verstehen, die in dem Verwaltungsverfahren zur Mitwirkung berufen ist. Das spricht dafür, dass § 45 I Nr. 5 VwVfG hier anwendbar ist. Anders wäre zu entscheiden, wenn das vorrangig zu beachtende Europarecht eine Heilung ausschlösse. Nach Ansicht des EuGH ist eine Heilung für die Zukunft jedoch durchaus vorstellbar, solange nur Zinsvorteile, die der Investor durch die vorzeitige Auszahlung der Subvention erlangt hat, abgeschöpft werden,[2] was hier über eine Analogie zu § 49a IV VwVfG möglich ist[3].

IV. Nachschieben von Gründen

250 **Fall 64:** Eine bayerische Stadt schreibt eine Beamtenstelle aus. Es bewerben sich die Volljuristinnen B und C. Die Berlinerin B verfügt über besondere EDV-Kenntnisse. C hat ihre Staatsexamina in Bayern abgelegt, in Toulouse den Grad der maîtrise en droit und in Cambridge einen LL.M. erworben. Die Stadt benötigt an sich besonderen Sachverstand im EDV-Bereich, möchte aber dennoch das Landeskind bevorzugen. B erhält einen abschlägigen Bescheid, in dem es zur Begründung heißt, man habe einer anderen Bewerberin wegen ihrer hervorragenden Auslands- und Sprachkenntnisse den Vorzug gegeben. Einen Widerspruch weist die Stadt als zuständige Widerspruchsbehörde zurück. Daher klagt B vor dem VG. In der mündlichen Verhandlung wird die Diskrepanz zwischen Begründung und Motiv aufgedeckt. Daraufhin erklärt die zuständige Vertreterin der Stadt zu Protokoll, man ziehe die C auch unabhängig von sonstigen Gründen im Interesse des bayerischen Arbeitsmarktes vor. Wie wird das Gericht entscheiden?

251 Die Notwendigkeit, Verwaltungsakte zu begründen, hat eine formelle und eine materielle Komponente. Bei der Prüfung der Rechtmäßigkeit eines Verwaltungsaktes tritt das Begründungserfordernis zunächst als **formelle Voraussetzung** auf. Schriftliche Verwaltungsakte sind nach § 39 VwVfG schriftlich zu begründen. Fehler können nach § 46 VwVfG unbeachtlich sein oder nach § 45 VwVfG geheilt werden (Rn. 240 ff.).

1 S. *Sachs*, in: Stelkens/Bonk/Sachs, VwVfG, § 45 Rn. 74 ff., 85.
2 EuGH, Slg. 2008, I-486, Rn. 45 ff. – CELF.
3 Zum Ganzen *Fink/Gurlit*, JURA 2011, 87 (92); *Uerpmann-Wittzack*, in: H. Roth (Hrsg.), Europäisierung des Rechts, 2010, 277 (283-286).

In **Fall 64** hat die Stadt den ablehnenden Bescheid gegenüber B mit einer **Begründung** versehen. Es fragt sich, ob § 39 VwVfG damit Genüge getan ist. Bei der **formellen Rechtmäßigkeit** ist noch nicht zu prüfen, ob die gegebene Begründung materiell-rechtlich tragfähig ist. Dies ist eine Frage der materiellen Rechtmäßigkeit. Andererseits kann es nicht ausreichen, dass die Verwaltung irgendwelche Gründe nennt. Eine Begründung dient dem **Rechtsfrieden** und dem **Rechtsschutz**. Der Betroffene soll Erfolgsaussichten eines Rechtsbehelfs abschätzen können. Auch das Gericht kann einen Verwaltungsakt nur dann umfassend würdigen, wenn es die Motive der Verwaltung kennt. Diese Informationsfunktion kann eine Begründung nur übernehmen, wenn sie mit den tatsächlichen Motiven der Verwaltung übereinstimmt. Dies ergibt sich auch aus dem Wortlaut von § 39 I 1, 2 VwVfG. Danach sind genau die Gründe mitzuteilen, die die Behörde bewogen haben. Außerdem sind die Gesichtspunkte anzugeben, von denen die Behörde ausgegangen ist. Motive und Begründung müssen sich also jedenfalls in den Grundzügen decken. Die Begründung muss nicht inhaltlich richtig, aber wahrhaftig sein. In **Fall 64** nennt die Stadt demgegenüber lediglich einen Vorwand, während sie die eigentlichen Motive verschweigt. Damit ist dem formellen Begründungserfordernis nicht genügt. Unbeachtlich ist dieser Fehler nach § 46 VwVfG nur, wenn er ohne Einfluss auf die Sachentscheidung ist. Bei der beamtenrechtlichen Auswahlentscheidung kommt der Behörde anerkanntermaßen ein Beurteilungsspielraum zu (Rn. 217). In **Fall 64** zweifelt die Stadt offenbar an der rechtlichen Haltbarkeit ihrer wahren Motive. Daher erscheint es zumindest möglich, dass sie anders entscheiden würde, wenn sie ihrer Pflicht zur Offenlegung der Motive nachkäme. Damit scheidet § 46 VwVfG aus. Der Begründungsfehler kann jedoch nach § 45 I Nr. 3 VwVfG durch **Nachholen der Begründung** geheilt werden. Hier ist zwar bis zum Abschluss des Widerspruchsverfahrens noch keine Heilung eingetreten. Nach § 45 II VwVfG ist eine Heilung jedoch auch noch während des Verfahrens vor dem VG zulässig. In der mündlichen Verhandlung wird der gesamte Sachverhalt offengelegt und förmlich eine neue Begründung gegeben. Die Begründung muss zwar nach § 39 I 1 VwVfG schriftlich erfolgen. Das bedeutet aber gemäß § 37 III 1 VwVfG nicht, dass die Vertreterin der Stadt persönlich unterschreiben müsste. Vielmehr reicht eine Erklärung zu Protokoll aus (Rn. 91 f.). Der ablehnende Bescheid leidet damit nicht an formellen Fehlern, die der Klage zum Erfolg verhelfen würden. 252

Bei der **materiellen Rechtmäßigkeit** ist das Gericht grundsätzlich nicht an die Rechtsauffassung der Behörde gebunden. Es legt die einschlägigen Vorschriften vielmehr eigenständig aus und wendet sie selbstständig an. Insoweit ist die Begründung, die die Behörde gegeben hat, unerheblich. Anderes gilt dort, wo das Gericht in seiner Nachprüfung beschränkt ist, also bei Beurteilungsspielräumen und bei Ermessensentscheidungen. Hier beschränkt sich die gerichtliche Kontrolle auf **Beurteilungs- bzw. Ermessensfehler**. In diesem Rahmen sind die Gründe, die die Behörde zu ihrer Entscheidung bewogen haben, relevant. 253

In **Fall 64** hat sich die Stadt bei ihrer Auswahlentscheidung von den Kriterien leiten zu lassen, die Art. 33 II GG nennt: Eignung, Befähigung und fachliche Leistung. Dazu muss sie ein Anforderungsprofil aufstellen, das der zu besetzenden Stelle entspricht. In dieser Hinsicht wären EDV-Kenntnisse ein sachgerechtes Auswahlkriterium. Auf dieses Kriterium hat die Behörde ihre Entscheidung jedoch gerade nicht gestützt. Die Auslands- und Sprachkenntnisse können bei einem entsprechenden Anforderungsprofil ebenfalls ein sachliches Kriterium darstellen. Für die konkret zu besetzende Stelle kommt es auf diese Fähigkeiten jedoch offenbar nicht an. Es fragt sich, ob das Gericht auch das Arbeitsmarktargument berücksichtigen darf, obwohl es erst in der mündlichen Verhandlung ein- 254 geführt worden ist. Damit ist die Problematik des **sog. Nachschiebens von Gründen** angesprochen.

255 Seit 1996 wird das Nachschieben von Gründen in **§ 114 S. 2 VwGO** erwähnt. Die Bedeutung der Vorschrift war zunächst stark umstritten[4]. Inzwischen hat das BVerwG der Norm eine so enge Auslegung gegeben, dass sie nahezu bedeutungslos ist[5]. Ähnlich wie bei der *reformatio in peius* (Rn. 125) stellt sich die Frage, ob der Bundesgesetzgeber das Nachschieben von Gründen überhaupt in der VwGO regeln durfte. Wann ein Verwaltungsakt rechtmäßig ist, richtet sich nicht nach dem Verwaltungsprozessrecht, sondern nach dem Allgemeinen und ggf. dem Besonderen Verwaltungsrecht. Insoweit liegt die Gesetzgebungskompetenz allerdings in erheblichen Teilen bei den Ländern. Daher ist es dem Bundesgesetzgeber verwehrt, in der VwGO umfassend zu regeln, ob nachgeschobene Gründe einen Verwaltungsakt rechtmäßig machen können. § 114 S. 2 VwGO kann daher keine materiell-rechtliche Bedeutung haben. Das BVerwG liest § 114 S. 2 VwGO dementsprechend als **rein prozessuale Regelung**. Die Vorschrift stelle klar, dass Prozessrecht einer Einführung der nachgeschobenen Gründe in den laufenden Prozess nicht entgegenstehe. Dies ist allerdings eine Selbstverständlichkeit, die der Gesetzgeber nicht eigens hätte regeln müssen. Wie oben bei der Frage nach dem maßgeblichen Zeitpunkt für die Beurteilung der Sach- und Rechtslage gesehen, kann neuer Tatsachenvortrag grundsätzlich bis zum Ende der mündlichen Verhandlung in der letzten Tatsacheninstanz eingebracht werden (Rn. 223). Die Frage nach der materiell-rechtlichen Zulässigkeit des Nachschiebens von Gründen ist damit noch nicht beantwortet.

256

Anforderungen an das Nachschieben von Gründen
• Zuständigkeit der Behörde • keine Rechtsschutzbeeinträchtigung • keine Wesensänderung

Da die Verwaltungsverfahrensgesetze des Bundes und der Länder das Nachschieben von Gründen nicht regeln, greift die Rechtsprechung auf **ungeschriebene Grundsätze** zurück[6].

257 **Zuständigkeitsprobleme** ergeben sich, wenn verschiedene Behörden tätig werden. Regelmäßig vertritt die Ausgangsbehörde im Prozess. Der Widerspruchsbescheid wird hingegen häufig von einer anderen Behörde erlassen worden sein. Dann hat es die Ausgangsbehörde im Prozess nicht in der Hand, die Begründung der Widerspruchsbehörde zu verändern. In **Fall 64** ist die Stadtverwaltung, die im Prozess vertritt, jedoch nicht nur Ausgangs-, sondern auch Widerspruchsbehörde[7]. Zuständigkeitsprobleme bestehen damit nicht. Freilich kann eine Ermessensentscheidung, die der Gemeinderat getroffen hat, nur durch den Gemeinderat nachgebessert werden und nicht durch den Bürgermeister, der die Gemeinde nach außen vertritt. **Rechtsschutzbeeinträchtigungen** wird dadurch vorgebeugt, dass der Kläger im Prozess umfassend rechtliches Gehör erhält. Allerdings ist effektiver Rechtsschutz nur dann möglich, wenn klar ist, gegen welche Ermessensentscheidung der Kläger angehen muss. Daraus ergeben sich formelle Anforderungen an das Nachschieben von Gründen, die das BVerwG herausgearbeitet hat.[8] Insbesondere muss

4 S. *Berkemann*, DVBl. 1998, 446 (448 f.); *Schenke*, NJW 1997, 81 (88 ff.).
5 BVerwGE 106, 351 (363 ff.); bestätigend BVerwGE 141, 253, Rn. 11; BVerwGE 147, 81, Rn. 31.
6 BVerwGE 106, 351 (363).
7 S. § 54 III 1 BeamtStG, der Art. 119 Nr. 1 BayGO verdrängt.
8 BVerwGE 141, 253, Rn. 18.

der Kläger nachgeschobene Ermessenserwägungen, die den Verwaltungsakt nachbessern sollen, klar von den Ausführungen unterscheiden können, die der Beklagte als Prozessbeteiligter zur Verteidigung seines Verwaltungsakts macht. Das bedeutet, dass ein Nachschieben von Gründen **ausdrücklich und** grundsätzlich **schriftlich** oder zu Protokoll erfolgen muss. Auch muss klar sein, welche der alten Ermessenserwägungen die Behörde aufrechterhalten und welche sie fallen lassen will. In **Fall 64** erscheint die Erklärung der Vertreterin der Stadt hinreichend eindeutig.

Eine **Wesensänderung** liegt jedenfalls dann vor, wenn die Behörde den Tenor des Verwaltungsaktes verändert, also etwas anderes anordnet als zuvor. Es liegt auf der Hand, dass sie dann nicht mehr den ursprünglichen Verwaltungsakt nachbessert, sondern einen **neuen Verwaltungsakt** erlässt. Von diesen Fällen abgesehen, ist eine Wesensänderung bei gebundenen Entscheidungen nicht vorstellbar. Wie gesehen, spielt die Begründung für die materielle Rechtmäßigkeit bei gebundenen Entscheidungen ohnehin keine Rolle (Rn. 253). Anders ist es bei Ermessensentscheidungen. Hier wird die Entscheidung nicht nur durch den Entscheidungsausspruch geprägt, sondern auch durch die Erwägungen, die die Verwaltung ihrer Entscheidung zu Grunde legt. Ergänzt die Verwaltung Ermessenserwägungen im Detail, berührt dies das Wesen ihrer Entscheidung nicht. Tauscht sie aber eine Ermessensbegründung vollkommen aus, erlässt sie in der Sache einen neuen Verwaltungsakt. Dasselbe gilt beim Beurteilungsspielraum. Zulässig ist insoweit also nur eine Ergänzung der Begründung, nicht aber eine **vollkommen neue Begründung**. Diese Unterscheidung deutet im Übrigen auch § 114 S. 2 VwGO an, der sich nur auf die Ergänzung der Begründung bezieht, nicht aber auf deren Austausch[9]. **258**

In **Fall 64** beschränkt sich die Stadt nicht darauf, ihre Begründung im Einzelnen zu verbessern und zu ergänzen. Sie schiebt vielmehr eine vollkommen neue Begründung nach. Damit ersetzt sie ihre ursprüngliche Entscheidung durch eine neue. Dies stellt kein zulässiges Nachschieben von Gründen mehr dar. Es bleibt also bei der Rechtswidrigkeit der ursprünglichen Auswahlentscheidung. **259**

Das bedeutet allerdings in **Fall 64** noch nicht, dass B mit ihrer Klage Erfolg hätte. Zwar war die ursprüngliche Auswahlentscheidung fehlerhaft. Während des Prozesses hat die Stadt aber eine neue Auswahlentscheidung getroffen. Sofern diese fehlerfrei ist, ist der Anspruch der B auf eine beurteilungsfehlerfreie Auswahlentscheidung erfüllt. Es erscheint daher nicht zuletzt aus Gründen der Prozessökonomie sinnvoll, die neue Ablehnung in den laufenden Prozess einzubeziehen. Insbesondere erscheint ein erneutes Vorverfahren, das den Rechtsschutz der B unangemessen verzögern würde, überflüssig. Generell wird man einen nachträglichen Austausch der Ermessenserwägungen dann für zulässig halten müssen, wenn es der Behörde freisteht, den alten Verwaltungsakt durch einen neuen zu ersetzen[10]. Damit hängt der Klageerfolg davon ab, ob die Ablehnung der B aus arbeitsmarktpolitischen Gründen zulässig ist. Die Arbeitsmarktpolitik gehört nicht zu den in Art. 33 II GG genannten Gründen. Da die Entscheidung vorrangig nach diesen Kriterien getroffen werden muss, ist die Begründung der Behörde schon deshalb unzureichend. Es kommt hinzu, dass Art. 33 II ebenso wie Art. 33 I GG gerade auch die Bevorzugung von Landeskindern verbietet[11]. Auch deshalb ist die gegebene Begründung fehlerhaft. Damit ist der Anspruch der B auf eine fehlerfreie Auswahlentscheidung noch **260**

9 S. BVerwG, NVwZ 2007, 470 (471).

10 So BVerwGE 147, 81, Rn. 33, für Dauerverwaltungsakte.

11 S. auch BVerfGE 134, 1, Rn. 54 ff. zur Landeskinderklausel bei Studiengebühren, wo allerdings Art. 12 I i. V. m. 3 I GG herangezogen wird.

nicht erfüllt. Die Verpflichtungsklage ist nach § 113 V VwGO begründet. Allerdings ist sie noch nicht spruchreif, weil der Stadt die Möglichkeit bleibt, einen nach Art. 33 II GG besser Qualifizierten zu finden oder die Stelle gar nicht zu besetzen. Deshalb wird lediglich ein Bescheidungsurteil ergehen.

V. Umdeutung eines Verwaltungsaktes (§ 47 VwVfG)

261 **Fall 65:** Drei Jahre nach Erteilung der Gaststättenerlaubnis ist Wirt W wegen erwiesener Alkoholabhängigkeit unzuverlässig geworden. Als die zuständige Behörde dies erfährt, hört sie den W an und erlässt dann einen begründeten Bescheid in dem es heißt, dass ihm die Ausübung seines Gaststättengewerbes nach § 35 I 1 GewO untersagt werde. Hätte eine Klage nach erfolglosem Widerspruchsverfahren Aussicht auf Erfolg?

262 Leidet ein Verwaltungsakt unter einem beachtlichen Fehler, ist schließlich eine Umdeutung nach § 47 VwVfG zu erwägen. Die Vorschrift ist in ihrer Anwendung nicht einfach, wird aber nur selten klausurrelevant. Die Voraussetzungen der Umdeutung lassen sich am besten am Fall veranschaulichen.

263 In **Fall 65** scheitert die Gewerbeuntersagung an § 35 VIII GewO. Solange W im Besitz seiner Gaststättenerlaubnis ist, ist seine Gewerbeausübung formell legal, so dass eine Untersagung nach § 35 GewO ausscheidet. Deutlich wird aber das Ziel der Behörde, einen Weiterbetrieb der Gaststätte durch W zu verhindern. Der richtige Weg, dieses Ziel zu erreichen, ist der Widerruf der Gaststättenerlaubnis nach § 15 II i. V. m. § 4 I Nr. 1 GastG. Daher ist zu klären, ob die Gewerbeuntersagung in einen Widerruf der Gaststättenerlaubnis umgedeutet werden kann.

264 Mangels näherer Informationen ist davon auszugehen, dass die Zuständigkeit bei derselben Behörde liegt, wie es § 47 I VwVfG verlangt. Besondere Verfahrens- und Formvorschriften, die von denen der Gewerbeuntersagung abweichen, sind nicht ersichtlich. Mit der Unzuverlässigkeit des W sind auch die materiellen Voraussetzungen für einen Widerruf gegeben. Untersagung und Widerruf müssten auf das gleiche Ziel gerichtet sein. Diese Voraussetzung wird durch § 47 II 1 VwVfG näher ausgedeutet. Man könnte an der **Gleichartigkeit** zweifeln, weil der Widerruf einen begünstigenden Verwaltungsakt voraussetzt, während die Untersagung nicht in eine vorher eingeräumte Rechtsposition eingreift. Wesentlich erscheint aber, dass die Untersagung wie der Widerruf darauf abzielt, dem W die Gewerbeausübung rechtlich unmöglich zu machen. Insofern sind die Rechtsfolgen des Widerrufs nicht ungünstiger als die der Untersagung. Daher erscheint es sachgerecht, eine Umdeutung grundsätzlich zuzulassen[12]. Als weitere Voraussetzung stellt § 47 III VwVfG klar, dass eine gebundene Entscheidung nicht in eine **Ermessensentscheidung** umgedeutet werden kann. Dahinter steht der Gedanke, dass der umgedeutete Verwaltungsakt in solch einem Fall zwingend wegen Ermessensausfalls fehlerhaft wäre. In **Fall 65** steht dies einer Umdeutung nicht entgegen, weil der Widerruf nach § 15 II GastG anders als der nach § 49 VwVfG als gebundene Entscheidung ausgestaltet ist. Eine Umdeutung ist damit möglich.

265 Indem § 47 IV VwVfG auf die Vorschrift über die behördliche Anhörung verweist, macht das Gesetz deutlich, dass die Umdeutung zunächst **Aufgabe der Behörde** ist. Es

12 So auch BayVGH, BayVBl. 1984, 304 (305).

handelt sich um einen Akt der Rechtsgestaltung, nicht der Rechtserkenntnis. Dennoch geht die h. M. davon aus, dass eine Umdeutung nicht nur von der Behörde vorgenommen werden kann, sondern **auch vom Gericht**[13]. In **Fall 65** wird das VG die fehlerhafte Gewerbeuntersagung also in einen Widerruf der Gaststättenerlaubnis umdeuten. Da dieser Widerruf rechtmäßig ist, wird es die Klage sodann als unbegründet abweisen.

§ 10 Ausrichtung auf das subjektive Recht

I. Anfechtungsklage

In den beiden vorangehenden Paragraphen wurden Rechtmäßigkeit und Rechtswidrigkeit **266** von Verwaltungsakten behandelt. Der Erfolg einer Anfechtungsklage hängt gemäß § 113 I 1 VwGO darüber hinaus von einer **Rechtsverletzung beim Kläger** ab[1]. Soweit die sog. **Adressatentheorie** (Rn. 86) reicht, ist diese zusätzliche Voraussetzung unproblematisch. Der Adressat eines belastenden Verwaltungsaktes wird zumindest in seinem Grundrecht aus Art. 2 I GG betroffen. Ist der Verwaltungsakt objektiv rechtswidrig, so ist er nicht Ausdruck der verfassungsmäßigen Ordnung. Damit ist er von den Grundrechtsschranken nicht gedeckt und verletzt den Adressaten in seinem Grundrecht. Dies rechtfertigt in der Klausur kaum einen eigenen Prüfungspunkt. Eine kurze Feststellung vor oder nach der Prüfung der Rechtmäßigkeit des Verwaltungsaktes genügt.

Bedeutung erhält die zusätzliche Voraussetzung in **Dreiecksverhältnissen**. Drittbetroffe- **267** ne können die Aufhebung eines rechtswidrigen Verwaltungsaktes nur verlangen, soweit ihre subjektiven Rechte reichen. Wann eine Norm drittschützende Wirkung entfaltet, wurde bereits bei der Klagebefugnis erörtert (Rn. 93 ff.). Es ist zweifelhaft, welche Folgerungen daraus etwa bei baurechtlichen Nachbarklagen für den **Klausuraufbau** zu ziehen sind. Betont man die subjektiv-rechtliche Ausrichtung des Rechtsschutzes, liegt es nahe, die Rechtmäßigkeit der Baugenehmigung nicht umfassend zu prüfen, sondern sich auf die Verletzung subjektiver Rechte des Klägers zu beschränken. Das ist insoweit richtig, als es verfehlt wäre, in einer baurechtlichen Klausur ausführlich die Vereinbarkeit der Baugenehmigung mit solchen Vorschriften zu erörtern, deren Verletzung der Nachbar eindeutig nicht rügen kann. Macht ein Nachbar beispielsweise geltend, dass ein Hotel nach der Art der baulichen Nutzung unzulässig sei, darf nicht geprüft werden, ob das Hotel ausreichend feuersichere Rettungswege für die Hotelgäste besitzt. Regelmäßig wird ein Klausursachverhalt dazu allerdings ohnehin keine Angaben enthalten. Auf der anderen Seite darf die Konzentration auf den subjektiven Rechtsschutz nicht dazu führen, dass die Prüfungsstruktur unübersichtlich und womöglich wichtige Aspekte übersehen werden. Daher empfiehlt es sich, auch bei Klagen Drittbetroffener der **Prüfungsstruktur** zu folgen, **die § 113 I 1 VwGO vorgibt**. Zunächst wird die Rechtmäßigkeit des Verwaltungsaktes erörtert. Soweit Rechtsfehler festgestellt werden, wird unmittelbar im Anschluss geklärt, ob der Betroffene dadurch in seinen Rechten verletzt ist. Dabei sollte die **Rechtmäßigkeitsprüfung** von vornherein **im Lichte möglicher subjektiver Rechte** erfolgen. Normkomplexe, die keine subjektiven Rechte vermitteln, sollten bei der Recht-

13 BVerwGE 110, 111 (114).

1 In Bayern ist es zudem üblich, zunächst die Passivlegitimation festzustellen; s. o. Rn. 51.

mäßigkeitsprüfung allenfalls gestreift werden. Werden die einschlägigen subjektiven Rechte bereits in der Zulässigkeit bei der Klagebefugnis herausgearbeitet, sollte dies keine Schwierigkeiten bereiten.

II. Verpflichtungsklage

268 Für die Begründetheit der Verpflichtungsklage stehen grundsätzlich **zwei Aufbauvarianten** zur Verfügung. Entweder hält man sich an die Prüfungsstruktur, die § 113 V 1 VwGO vorgibt und prüft wie bei der Anfechtungsklage Rechtswidrigkeit und Rechtsverletzung oder man wählt den Anspruchsaufbau. Beide Aufbauvarianten sind grundsätzlich gleichwertig.

269

Anspruchsaufbau bei der Verpflichtungsklage
1. **Anspruchsgrundlage** – insbes. Antrag bei der zuständigen Behörde 2. **Formelle Rechtmäßigkeit** 3. **Materielle Rechtmäßigkeit** a) Tatbestand b) Rechtsfolge

Liegt der Erlass des begehrten Verwaltungsaktes nicht im Ermessen der Behörde, empfiehlt sich der **Anspruchsaufbau**. Die Prüfungsfolge ähnelt dann der Prüfungsstruktur der Rechtmäßigkeit eines Verwaltungsaktes (Rn. 183 ff.).

270 Die Rechtsgrundlage für den Erlass des begehrten Verwaltungsaktes tritt im Anspruchsaufbau als Anspruchsgrundlage in Erscheinung. Bei der formellen Rechtmäßigkeit ist regelmäßig zu prüfen, ob der Betroffene einen Antrag bei der zuständigen Behörde gestellt hat. Die weiteren Verfahrens- und Formvorschriften gehören hingegen nicht zu den Anspruchsvoraussetzungen. Setzt beispielsweise der Erlass einer Baugenehmigung eine Anhörung des Nachbarn voraus, ist die Bauaufsichtsbehörde verpflichtet, diese Anhörung durchzuführen. Die Behörde kann eine Versagung der Baugenehmigung aber nicht damit rechtfertigen, dass sie eine rechtlich gebotene Anhörung unterlassen hat. Bei der materiellen Rechtmäßigkeit ergeben sich keine Besonderheiten gegenüber der Prüfung der Rechtmäßigkeit eines Verwaltungsaktes.

271 Steht ein **Ermessen** oder ein Beurteilungsspielraum der Behörde im Raum, empfiehlt es sich regelmäßig, dem Wortlaut von § 113 V VwGO zu folgen. Die **Prüfung** erfolgt dann **in drei Stufen**: (1.) Rechtmäßigkeit der Ablehnung, (2.) Rechtsverletzung, (3.) Spruchreife. Bei der Rechtmäßigkeit der Ablehnung ist dann bereits zu prüfen, ob die Behörde ihr Ermessen fehlerfrei ausgeübt hat. Liegen keine Ermessensfehler vor und ist die Ablehnung auch sonst rechtmäßig, ist die Verpflichtungsklage unbegründet. Leidet die Ablehnung hingegen unter Ermessensfehlern, ist bei der Spruchreife zu prüfen, ob das Ermessen ausnahmsweise auf null reduziert ist. Nur dann kann ein Vornahmeurteil nach § 113 V 1 VwGO ergehen. Anderenfalls bleibt der Behörde ein Ermessensspielraum, den sie noch nicht ordnungsgemäß ausgeübt hat, so dass nur ein Bescheidungsurteil gemäß § 113 V 2 VwGO ergehen kann.

272 Theoretisch ist der Anspruchsaufbau auch dort anwendbar, wo die Behörde Ermessen hat, doch wird der korrekte Obersatz dann sehr kompliziert. Beispielsweise wäre bei einer Sondernutzungserlaubnis, deren Erlass im Ermessen der Behörde steht, der Ober-

satz: „Die Klage ist begründet, wenn der Kläger einen Anspruch auf Erlass der Sondernutzungserlaubnis hat“, unvollständig, weil die Klage auch dann begründet ist, wenn der Kläger lediglich einen Anspruch auf ermessensfehlerfreie Entscheidung hat, den die Behörde noch nicht ordnungsgemäß erfüllt hat. Der Obersatz müsste also richtig lauten: „Die Klage ist begründet, wenn der Kläger einen Anspruch auf Erlass der Sondernutzungserlaubnis hat oder aber einen Anspruch auf ermessensfehlerfreie Entscheidung, den die Behörde noch nicht ordnungsgemäß erfüllt hat.“ Prüft man diesen Obersatz sauber durch, gelangt man zum richtigen Ergebnis. Besteht ein Anspruch auf Erlass der Sondernutzungserlaubnis, ergeht ein Vornahmeurteil. Besteht lediglich ein Anspruch auf ermessensfehlerfreie Entscheidung, den die Behörde noch nicht ordnungsgemäß erfüllt hat, ergeht ein Bescheidungsurteil. Der Obersatz ist aber so kompliziert, dass es besser ist, sich bei der Prüfung an den Wortlaut von § 113 V VwGO zu halten.

Teil 3

Weitere Klagearten

§ 11 Allgemeine Leistungsklage

I. Zulässigkeit

273 **Fall 66**: Der V e.V. hat eine Demonstration für Steuersenkungen angemeldet. In Gesprächen mit der Polizei ergibt sich, dass diese die Versammlung auflösen will, sobald einzelne Teilnehmer zum Steuerboykott aufrufen sollten. Das möchte der V e.V. nicht riskieren. Er fragt, ob er die Sache vorab gerichtlich klären lassen kann.

274

Zulässigkeit der allgemeinen Leistungsklage
1. Rechtsweg (§ 40 I 1 VwGO) 2. Beteiligte (§§ 61, 62 VwGO) 3. Statthafte Klageart 4. Klagebefugnis (analog § 42 II VwGO) 5. Sonstige allgemeine Sachentscheidungsvoraussetzungen

Die Zulässigkeit der allgemeinen Leistungsklage bereitet keine besonderen Schwierigkeiten. Der Prüfungsaufbau orientiert sich an dem der Anfechtungsklage, ist aber einfacher.

275 Die allgemeine Leistungsklage ist in der VwGO nicht geregelt. In § 43 II 1 VwGO wird ihre **Existenz** jedoch **vorausgesetzt**. Sie ist auch erforderlich, um Rechtsschutz in der durch Art. 19 IV GG gebotenen Breite gewähren zu können.

276 Die allgemeine Leistungsklage ist **statthaft**, wenn der Kläger eine Leistung begehrt, die nicht im Erlass eines Verwaltungsaktes besteht. Die Leistung kann in einem beliebigen Verhalten bestehen. Insbesondere können auch Unterlassungsansprüche mit der allgemeinen Leistungsklage geltend gemacht werden. Die allgemeine Leistungsklage setzt eine **Klagebefugnis** analog § 42 II VwGO voraus (Rn. 103). Es ist aber kein Vorverfahren durchzuführen und die Klage ist auch nicht fristgebunden.

277 Ein Sonderfall ist die sog. **vorbeugende Unterlassungsklage**. Mit ihr begehrt der Kläger, dass die Verwaltung einen Verwaltungsakt in Zukunft nicht erlässt. Der Rechtsschutz gegen Verwaltungsakte ist speziell ausgestaltet. Die Anfechtungsklage unterliegt besonderen Sachentscheidungsvoraussetzungen. Vorläufiger Rechtsschutz wird über das Instrument der aufschiebenden Wirkung und über §§ 80, 80a VwGO gewährt (Rn. 360 ff.). Damit ist es dem Betroffenen grundsätzlich zuzumuten, den Erlass eines Verwaltungsaktes abzuwarten und erst danach Rechtsschutz zu suchen. Würde man schon vor dem Erlass des Verwaltungsaktes eine allgemeine Leistungsklage als sog. vorbeugende Unterlassungsklage zulassen, würden die **speziellen Rechtsschutzvorschriften für Verwaltungsakte umgangen**. Daher ist die vorbeugende Unterlassungsklage grundsätzlich unzulässig.

278 Es gibt allerdings seltene Fälle, in denen Rechtsschutz nach dem Erlass des Verwaltungsaktes zu spät käme. Dabei handelt es sich um Fälle, in denen Verwaltungsakte sofort

vollzogen und vollendete Tatsachen geschaffen werden. Das **Gebot effektiven Rechtsschutzes** (Art. 19 IV GG) führt hier dazu, dass vorbeugender Rechtsschutz schon vor dem Erlass des Verwaltungsaktes gewährt werden muss. Dies ist nur mit Hilfe der allgemeinen Leistungsklage möglich. Daher ist eine vorbeugende Unterlassungsklage ausnahmsweise zulässig, wenn (1.) nachträglicher Rechtsschutz zu spät käme und (2.) die konkrete Gefahr besteht, dass die Behörde den Verwaltungsakt erlassen wird.

In **Fall 66** könnte der V e.V. eine vorbeugende Unterlassungsklage erheben. Er begehrt **279**
das Unterlassen einer Auflösungsverfügung, also eine Leistung, die nicht im Erlass eines Verwaltungsaktes besteht. Damit ist die allgemeine Leistungsklage an sich statthaft. Eine vorbeugende Unterlassungsklage kann allerdings nur ausnahmsweise zugelassen werden. Im vorliegenden Fall kann dem V e.V. nicht zugemutet werden, eine Auflösungsverfügung abzuwarten, weil diese sofort vollzogen werden würde und sich die Auflösung der Versammlung nicht mehr rückgängig machen ließe. Auch ist nach dem Sachverhalt hinreichend wahrscheinlich, dass die Polizei die Auflösung tatsächlich aussprechen wird. Damit besteht hier ausnahmsweise das Rechtsschutzbedürfnis für eine vorbeugende Unterlassungsklage. Freilich würde ein Hauptsacheverfahren in der Realität vermutlich zu lange dauern. Rechtsschutz wäre daher eher in Form der Sicherungsanordnung nach § 123 I 1 VwGO zu suchen (Rn. 401 ff.). Anordnungsanspruch wäre der vorbeugende Unterlassungsanspruch, Anordnungsgrund die besondere Eilbedürftigkeit.

II. Anspruchsprüfung in der Begründetheit

Eine allgemeine Leistungsklage ist begründet, wenn der geltend gemachte Anspruch be- **280**
steht. Zu prüfen ist im **Anspruchsaufbau**; am Anfang hat die **Anspruchsgrundlage** zu stehen, die zuvor schon in der Zulässigkeitsstation die Klagebefugnis begründet.

Der Leistungsanspruch kann sich aus Grundrechten, aus fachgesetzlichen Regelungen **281**
oder aus einer Sonderbeziehung ergeben (Rn. 85 zur Klagebefugnis). Auch ungeschriebene Anspruchsgrundlagen kommen in Betracht. Zu ihnen gehört der allgemeine **öffentlich-rechtliche Erstattungsanspruch**. Ebenso wie im Zivilrecht nach §§ 812 ff. BGB besteht auch im Öffentlichen Recht grundsätzlich ein Anspruch auf Ausgleich ungerechtfertigt erbrachter Leistungen[1]. Der öffentlich-rechtliche Erstattungsanspruch greift ein, wenn eine Leistung auf der Grundlage des öffentlichen Rechts erbracht worden ist (sog. Kehrseitentheorie, Rn. 22). Er ist in Teilbereichen normiert. So werden fehlgeschlagene Subventionsverhältnisse nach § 49a VwVfG rückabgewickelt (Rn. 454). Fehlt eine spezialgesetzliche Regelung, ist auf den allgemeinen öffentlich-rechtlichen Erstattungsanspruch zurückzugreifen, der den Grundsätzen der ungerechtfertigten Bereicherung folgt.

1. Der grundrechtliche Unterlassungsanspruch

Fall 67: Ein Bundesministerium behauptet wahrheitswidrig, die Münchener B-Brauerei werde **282**
von Scientology gelenkt. Die B-Brauerei klagt auf Unterlassen.

Grundrechte sind in erster Linie **Abwehrrechte** gegen den Staat. In dieser Funktion ge- **283**
ben sie Grundrechtsträgern einen Anspruch auf **Unterlassen rechtswidriger Grund-**

1 *Maurer/Waldhoff*, AllgVwR, § 29 Rn. 27 ff.

rechtseingriffe. Der Anspruch folgt unmittelbar aus dem Grundrecht, so dass es überflüssig ist, zu seiner Begründung zusätzlich das Rechtsstaatsprinzip oder eine Analogie zu § 1004 I 2 BGB zu bemühen. Originäre Leistungsansprüche lassen sich aus Grundrechten dagegen praktisch nie ableiten. Allenfalls vermag Art. 3 I GG ein Recht auf gleiche Teilhabe zu begründen, soweit der Staat bestimmte Leistungen zur Verfügung stellt (o. Rn. 212). Als Abwehrrechte begründen Grundrechte aber Unterlassungsansprüche.

284 Für das Unterlassungsbegehren kommt in **Fall 67** Art. 12 I oder, hilfsweise, Art. 2 I GG als Anspruchsgrundlage in Betracht. Ein Eingriff in Art. 12 I GG setzt voraus, dass das staatliche Verhalten eine deutlich erkennbare, objektiv berufsregelnde Tendenz aufweist[2]. Dafür gibt der knappe Sachverhalt kaum etwas her. Die Behauptung greift aber jedenfalls in das Grundrecht der B-Brauerei aus Art. 2 I GG ein. Damit greift der grundrechtliche Gesetzesvorbehalt ein. Eine fachgesetzliche Rechtsgrundlage besteht nicht. Die Äußerungsbefugnis von Bundesregierung und -ministerien wird aber überwiegend aus der Aufgabe zur Staatsleitung und Öffentlichkeitsarbeit abgeleitet[3]. Allerdings steht diese Äußerungsbefugnis unter dem Gebot der Richtigkeit, der Sachlichkeit und allgemein der Verhältnismäßigkeit[4]. In **Fall 67** ist die unzutreffende Äußerung daher nicht von der Äußerungsbefugnis gedeckt. Art. 2 I GG ist verletzt, so dass die B-Brauerei verlangen kann, dass das Ministerium die Behauptung nicht wiederholt.

285 Auch bei der oben Rn. 277 ff. behandelten **vorbeugenden Unterlassungsklage** kann sich der Unterlassungsanspruch aus Grundrechten ergeben. In **Fall 66** ergibt sich der Abwehranspruch beispielsweise aus der Versammlungsfreiheit nach Art. 8 GG, die auch dem V e. V. als Veranstalter zusteht.

286 Der **Folgenbeseitigungsanspruch** geht über den Unterlassungsanspruch hinaus. Mit ihm wird nicht nur ein Unterlassen begehrt, sondern die Wiederherstellung eines früheren Zustandes. So könnte ein Widerrufsbegehren in **Fall 67** nicht auf den Unterlassungsanspruch gestützt werden, sondern nur auf einen Folgenbeseitigungsanspruch. Folgenbeseitigungsansprüche werden ebenfalls mit der allgemeinen Leistungsklage geltend gemacht, soweit nicht die Folgenbeseitigung ausnahmsweise im Erlass eines Verwaltungsaktes besteht. Die Voraussetzungen des Folgenbeseitigungsanspruchs werden unten im Rahmen des Staatshaftungsrechts wiederholt (Rn. 498 ff.).

2. Der öffentlich-rechtliche Vertrag als Anspruchsgrundlage

287 **Fall 68:** Das Land legt ein Förderprogramm für die Umstellung auf Energie sparende Produktionsverfahren auf. Nach der Förderrichtlinie sind nur Unternehmen begünstigt, die nicht mehr als fünf Arbeitnehmer beschäftigen. Im Rahmen des Förderprogramms schließt das Land mit der G GmbH einen Fördervertrag über ein zinsvergünstigtes Darlehn. Kurz vor der Auszahlung des Darlehns stellt sich heraus, dass die G GmbH 10 Arbeitnehmer beschäftigt. Nunmehr verweigert das Land die Auszahlung. Wäre eine Leistungsklage der G GmbH begründet?

288 Zu den anspruchsbegründenden Sonderbeziehungen zählt namentlich auch der öffentlich-rechtliche Vertrag. Wird ein vertraglicher Anspruch geltend gemacht, stellt sich zunächst die Vorfrage, ob der **Vertrag öffentlich-rechtlicher** oder zivilrechtlicher **Natur**

---

2 Dazu *Geis*, Examens-Repetitorium Staatsrecht, Rn. 804.
3 S. schon o. Rn. 25, Fn. 5.
4 BVerfGE 105, 252 (272 f.) – Glykolwein; *Di Fabio*, JuS 1997, 1 (6 f.).

ist. Im klausurmäßigen Klageaufbau wird diese Frage bereits beim Rechtsweg beantwortet (Rn. 23). In der Begründetheitsprüfung steht mithin längst fest, dass es sich um Öffentliches Recht handelt.

Eine auf Vertrag gegründete Leistungsklage ist begründet, wenn die vertragliche Verpflichtung wirksam und durchsetzbar ist. Die **Prüfungsstruktur** ist **aus dem Zivilrecht bekannt**. Zunächst ist der Vertragsschluss zu prüfen, anschließend rechtshindernde, rechtsvernichtende und rechtshemmende Einwendungen. Einen zusätzlichen Anhalt für den Prüfungsaufbau liefert die Abfolge der Vorschriften im VwVfG. Damit ergibt sich die folgende Aufbauempfehlung: **289**

Prüfung eines Anspruchs aus einem verwaltungsrechtlichen Vertrag **290**

1. Vertragsschluss (§§ 62 S. 2 VwVfG, 145 ff. BGB)
2. Vertragsformverbot (§ 54 S. 1 a. E. VwVfG)
3. Schriftform (§ 57 VwVfG)
4. Beteiligung von Dritten und Behörden (§ 58 VwVfG)
5. Nichtigkeit nach § 59 VwVfG
   a) § 59 II VwVfG
   b) § 59 I VwVfG i. V. m. BGB
6. Untergang der Verpflichtung (insb. § 60 VwVfG)
7. Einreden (z. B. Verjährung, Stundung)

Der verwaltungsrechtliche Vertrag ist in §§ 54 ff. VwVfG geregelt. Einige der Vorschriften gelten nur für Verträge i. S. v. § 54 S. 2 VwVfG. Man spricht insoweit von subordinationsrechtlichen Verträgen. **291**

→ § 54 S. 2 VwVfG meint einen Vertrag zwischen Staat und Bürger (sog. **subordinationsrechtlicher Vertrag**).

Der Wortlaut von § 54 S. 2 VwVfG gibt das Gemeinte nur unvollkommen wieder. Es kommt nicht darauf an, ob die Verwaltung im konkreten Fall auch einen Verwaltungsakt hätte erlassen können. Gemeint ist vielmehr allgemein das Staat-Bürger-Verhältnis, das traditionell als Subordinationsverhältnis (sog. allgemeines Gewaltverhältnis) begriffen wird. Abzugrenzen ist der subordinationsrechtliche Vertrag von einem Vertrag zwischen verschiedenen, gleichgeordneten Hoheitsträgern (sog. **koordinationsrechtlicher Vertrag**). Der Begriff der Subordination entspricht im vorliegenden Zusammenhang nicht mehr heutigem Staatsverständnis. Er ist auch deshalb missverständlich, weil Verträge von Natur aus ein Koordinationsinstrument sind. Hinter der sprachlich missglückten Regelung und Begrifflichkeit steckt freilich ein berechtigtes Anliegen. Die Verwaltung befindet sich als Vertragspartnerin tendenziell in einer überlegenen Position, die die Vertragsparität stört. Das Gesetz muss daher Mechanismen vorsehen, die den Einzelnen vor einem unangemessenen, unausgewogenen Vertrag zu seinen Lasten bewahren. Insbesondere kann es nicht angehen, dass die Verwaltung das, was sie mit einem Verwaltungsakt nicht durchsetzen dürfte, dem Einzelnen nunmehr in Vertragsform aufzwängt. **292**

§ 54 S. 1 VwVfG stellt klar, dass die Verwaltung grundsätzlich öffentlich-rechtliche Verträge schließen darf, lässt aber offen, wie ein Vertrag geschlossen wird. Die Lücke ist nach § 62 S. 2 VwVfG durch einen **Rückgriff auf das BGB** zu schließen. Verwaltungsrechtliche Verträge werden also wie zivilrechtliche nach §§ 145 ff. BGB geschlossen. **293**

Der letzte Halbsatz von § 54 S. 1 stellt klar, dass die Handlungsform des Vertrages im Einzelfall ausgeschlossen sein kann. Ein solches **Vertragsformverbot** enthält nament- **294** lich § 2 II BBesG für die Beamtenbesoldung. Auch ungeschriebene Vertragsformverbote sind denkbar. So ist zweifelhaft, ob Verfügungsverträge zulässig sind. Hauptbeispiel ist die Baugenehmigung. Die Regelungen des Baurechts sind auf Verwaltungsakte zugeschnitten. Für Verträge passen sie kaum. Dennoch erscheint es nicht notwendig, hier ein generelles Vertragsformverbot anzunehmen, soweit die konkreten Anforderungen an eine Baugenehmigung auch bei einer Erteilung in Vertragsform gewahrt werden[5]. Allerdings werden Verfügungsverträge selten sein. Die Regel sind Verpflichtungsgeschäfte, wie der Vertrag in **Fall 68**.

295 Nach § 57 VwVfG muss ein verwaltungsrechtlicher Vertrag **schriftlich** geschlossen werden. Gemäß § 62 S. 2 VwVfG i. V. m. § 126 BGB müssen beide Vertragsparteien dieselbe Vertragsurkunde oder gleichlautende Vertragsurkunden unterschreiben, soweit nicht die besonders geregelte elektronische Form gewählt wird. Ein Formverstoß führt nach § 125 S. 1 BGB zur Nichtigkeit, wobei sich die Anwendbarkeit dieser Vorschrift entweder aus der allgemeinen Verweisung in § 62 S. 2 VwVfG oder aus der spezielleren Verweisung in § 59 I VwVfG ergibt. An sich liegt es nahe, § 59 I VwVfG als Spezialnorm anzuwenden. Prüfungstechnisch sollte man jedoch vermeiden, bei der Schriftform bereits die besonderen Probleme zu berühren, die mit § 59 I VwVfG verbunden sind (dazu Rn. 297, 302 ff.).

296 § 58 VwVfG beruht auf dem Grundgedanken, dass es **keine Verträge zulasten Dritter** geben darf. Nach § 58 I VwVfG ist ein Vertrag, der in Rechte Dritter eingreift, schwebend unwirksam, bis die Drittbetroffenen schriftlich zustimmen. Ein baurechtlicher Sachverhalt mag dies veranschaulichen. Verlangt der gestörte Nachbar, dass die Bauaufsichtsbehörde gegen einen Schwarzbau einschreitet, könnte sich die Bauaufsichtsbehörde gegenüber dem Nachbarn theoretisch vertraglich verpflichten, eine Abrissverfügung zu erlassen. Nach § 58 I VwVfG würde der Vertrag aber erst wirksam, wenn der betroffene Bauherr zustimmt. Dasselbe gilt nach § 58 II VwVfG, soweit der Erlass eines entsprechenden Verwaltungsaktes von der Beteiligung einer anderen Behörde abhängt. So kann die Bauaufsichtsbehörde ein etwa erforderliches gemeindliches Einvernehmen nach § 36 I 1 BauGB nicht dadurch umgehen, dass sie mit dem Bauherrn einen öffentlich-rechtlichen Vertrag schließt. Vielmehr würde der Vertrag erst wirksam, wenn die Gemeinde ihr Einvernehmen erteilt. Nach seiner Formulierung scheint § 58 II VwVfG nur einzugreifen, wenn die Baugenehmigung durch den Vertrag erteilt wird. Sinn und Zweck der Regelung, die Beteiligung der anderen Behörde zu gewährleisten, sprechen aber dafür, § 58 II VwVfG auch dann anzuwenden, wenn sich die Bauaufsichtsbehörde in dem Vertrag lediglich verpflichtet, die Baugenehmigung zu erteilen[6].

297 Die größten Probleme des verwaltungsrechtlichen Vertrages liegen bei § 59 VwVfG. § 59 I VwVfG enthält für die **Nichtigkeit** eine allgemeine Verweisung auf das BGB. § 59 II VwVfG führt zusätzliche, spezielle Nichtigkeitsgründe auf. Die speziell auf verwaltungsrechtliche Verträge zugeschnittenen Wertungen lassen sich nur dann richtig erfassen, wenn man § 59 II VwVfG vor § 59 I VwVfG prüft.

→ § 59 II VwVfG ist vor § 59 I VwVfG zu prüfen.

298 § 59 II VwVfG gilt nur für subordinationsrechtliche Verträge (Rn. 291). Nr. 1 und Nr. 2 enthalten die Wertung, dass verwaltungsrechtliche Verträge grundsätzlich auch dann

5 *Maurer/Waldhoff*, AllgVwR, § 14 Rn. 33.
6 S. *Kopp/Ramsauer*, VwVfG, § 58 Rn. 15.

wirksam sind, wenn sie **rechtswidrig** sind. Nach Nr. 1 ist der Vertrag nur nichtig, wenn ein entsprechender Verwaltungsakt nichtig i. S. v. § 44 VwVfG wäre. Zur Rechtswidrigkeit muss also regelmäßig hinzukommen, dass der Fehler **schwer und offensichtlich** ist (§ 44 I VwVfG). Nach Nr. 2 führt die Rechtswidrigkeit eines entsprechenden Verwaltungsaktes nur zur Nichtigkeit, wenn sie beiden Vertragsparteien bekannt war. Zur Rechtswidrigkeit muss also die **beidseitige Kenntnis** hinzutreten.

§ 59 II Nr. 3 VwVfG gilt für Vergleichsverträge i. S. v. § 55 VwVfG. § 59 II Nr. 4 VwVfG bezieht sich auf Austauschverträge nach § 56 VwVfG. Bei Austauschverträgen besteht die Gefahr, dass sich die Verwaltung auf Grund ihrer überlegenen Verhandlungsposition unangemessene Gegenleistungen versprechen lässt. Dieser Gefahr begegnet § 56 VwVfG. Besonders hervorzuheben ist das **Verbot der sachwidrigen Koppelung** in § 56 I 2 VwVfG. Dazu ein Beispiel: **299**

Fall 69: B möchte ein Wohnhaus errichten, kann aber nicht die baurechtlich geforderten Stellplätze nachweisen. Daher schließt B mit der Gemeinde einen Stellplatzablösevertrag, in dem sich die Gemeinde als Gegenleistung einen finanziellen Beitrag zur Errichtung eines neuen Kindergartens versprechen lässt. Ist der Vertrag wirksam? **300**

Die Errichtung des Kindergartens gehört zu den öffentlichen Aufgaben der Gemeinde und ist daher an sich nicht zu beanstanden. Bei der Stellplatzablösung geht es aber allein um die Bewältigung von Parkraumproblemen. Daher ist es sachwidrig, die Stellplatzablösung mit der Finanzierung von Kindergartenplätzen zu koppeln. Der Vertrag ist daher nach §§ 56 I 2, 59 II Nr. 4 VwVfG nichtig. Die Koppelungsproblematik stellt sich bei subordinationsrechtlichen Verträgen ebenso wie bei Nebenbestimmungen (Rn. 73 ff., 79). Sie wird entsprechend gelöst, beim Vertrag über § 56 I VwVfG, bei Nebenbestimmungen über § 36 II, III VwVfG. Noch strenger sind die Anforderungen an die Gegenleistung, wenn auf die behördliche Leistung ein Anspruch besteht. Hier verweist § 56 II VwVfG ausdrücklich auf die Bestimmungen über Nebenbestimmungen, genau auf § 36 I VwVfG. So wäre die vertragliche Koppelung einer Baugenehmigung mit einer Kindergartenfinanzierung schon deshalb unzulässig, weil auf die Baugenehmigung ein Anspruch besteht und die Voraussetzungen, unter denen § 36 I VwVfG ausnahmsweise eine Koppelung gestattet, nicht vorliegen. Hingegen ist die Gegenleistung bei Subventionsverträgen wie in **Fall 68** regelmäßig unproblematisch. Gegenleistung i. S. v. § 56 I VwVfG ist hier die zweckentsprechende Mittelverwendung, also die Erfüllung des Subventionszwecks, in Fall 68 die Umstellung auf Energie sparende Produktionsverfahren. Diese Koppelung der Mittelbewilligung an den Subventionszweck ist ohne weiteres angemessen. **301**

Neben den verwaltungsrechtspezifischen Nichtigkeitsgründen enthält § 59 I VwVfG eine Verweisung auf die **Nichtigkeitsgründe des BGB**. Zu diesen Nichtigkeitsgründen gehört namentlich § 142 I BGB, der wirksam angefochtene Verträge für nichtig erklärt. Damit gelten die Anfechtungsregelungen der §§ 119 ff. BGB auch für verwaltungsrechtliche Verträge. In **Fall 68** wäre zu überlegen, ob das Land den Darlehensvertrag anfechten kann. Allerdings handelt es sich bei der Beschäftigtenzahl lediglich um einen Motivirrtum, der nach § 119 BGB unbeachtlich ist. **302**

Das zentrale Problem liegt bei der Frage, ob § 59 I VwVfG auch auf **§ 134 BGB** verweist. Nach § 134 BGB führt der Verstoß gegen ein gesetzliches Verbot grundsätzlich zur Nichtigkeit. Übertragen auf das Verwaltungsrecht meint Gesetzeswidrigkeit nichts anderes als Rechtswidrigkeit. § 134 BGB würde also dazu führen, dass jeder rechtswidri- **303** ge Vertrag nichtig ist. Stellt man das in Art. 20 III GG verankerte Prinzip der **Gesetzmäßigkeit der Verwaltung** in den Vordergrund, erscheint dieses Ergebnis befriedigend. Es widerspricht aber den **Wertungen von § 59 II Nr. 1 und 2 VwVfG**. Diese beiden Nichtigkeitsgründe machen die Nichtigkeit davon abhängig, dass zur Rechtswidrigkeit jeweils ein weiterer Umstand hinzutritt (Rn. 298). Sie wären überflüssig, wenn darüber hinaus jede Rechtswidrigkeit nach § 59 I i. V. m. § 134 BGB zur Nichtigkeit führen würde. Auch verfassungsrechtlich ist dieses Ergebnis nicht geboten. Dem Interesse an der Gesetzmäßigkeit der Verwaltung, das für die uneingeschränkte Nichtigkeit rechtswidriger Verträge spricht, steht das rechtsstaatliche Gebot der **Rechtssicherheit und** des **Vertrauensschutzes** gegenüber. Rechtssicherheit und Vertrauensschutz lassen es erträglich erscheinen, Verträge unter Umständen trotz ihrer Rechtswidrigkeit gelten zu lassen. Bei der Anwendung von § 134 BGB erscheint daher eine vermittelnde Lösung sachgerecht[7]. Je klarer und spezifischer ein Verbotsgesetz ist, desto eher führt der Verstoß zur Nichtigkeit. Hingegen erscheint der Verstoß gegen allgemeine Prinzipien kaum geeignet, die Nichtigkeit zu begründen.

304 In **Fall 68** verstößt der Subventionsvertrag gegen die Förderrichtlinie. Die Förderrichtlinie ist allerdings kein Gesetz. Subventionsrichtlinien sind vielmehr allgemeine Verwaltungsvorschriften (Rn. 96). In dieser Eigenschaft kommt ihnen keine unmittelbare Außenwirkung gegenüber dem Subventionsempfänger zu. Im Außenrechtsverhältnis wird die Verwaltung nur mittelbar gebunden. Allgemeine Verwaltungsvorschriften können als antizipierte Verwaltungspraxis gewertet werden. Diese Verwaltungspraxis führt über den allgemeinen Gleichheitssatz zu einer Selbstbindung der Verwaltung. Damit war es in **Fall 68** aus Gleichheitsgründen rechtswidrig, der G GmbH trotz ihrer Arbeitnehmerzahl eine Subvention zu gewähren. Der Gleichheitssatz ist als allgemeiner Handlungsgrundsatz jedoch zu wenig spezifisch um ein gesetzliches Verbot i. S. v. § 134 BGB i. V. m. § 59 I VwVfG zu begründen. Damit ist der Subventionsvertrag wirksam. Ein anderes Klausurergebnis wäre an dieser Stelle ohne weiteres vertretbar. Wichtig ist allein, die aufgezeigten Wertungswidersprüche innerhalb von § 59 VwVfG herauszuarbeiten und angemessen aufzulösen. Dies gelingt nur, wenn § 59 II VwVfG vor § 59 I VwVfG behandelt wird.

305 Ist der Anspruch wirksam begründet worden, stellt sich wie im Zivilrecht die Frage nach einem **Untergang der Verpflichtung**. Insoweit enthält das VwVfG neben der allgemeinen Verweisung auf das BGB in § 62 S. 2 eine besondere Regelung der *clausula rebus sic stantibus* in § 60. Schließlich darf der Anspruch nicht gehemmt sein. In Betracht kommen insoweit etwa Verjährung und Stundung nach zivilrechtlichen Grundsätzen.

7 *Gurlit*, JURA 2001, 731 (735); *Siegel*, AllgVwR, Rn. 794 f.

§ 12 Feststellungsklagen

I. Allgemeine Feststellungsklage

Fall 70: Im Rahmen eines Projektes zur Erhöhung der Streckengeschwindigkeit will die Deutsche Bahn AG einen bisher unbeschrankten Bahnübergang mit Halbschranken ausstatten. Nach § 13 I 1 EBKreuzG (Sartorius I Nr. 936) muss die Gemeinde S $^{1}/_{3}$ der Kosten tragen. Die Gemeinde lehnt dies kategorisch ab. Kann die DB AG vor dem VG auf Feststellung klagen, dass die Gemeinde zur Zahlung verpflichtet ist? 306

Fall 71: Ein neues Gesetz verpflichtet Banken, Überweisungen über mehr als 1 Mio. E innerhalb eines Monats unaufgefordert der Bundesanstalt für Finanzdienstleistungsaufsicht zu melden. Die B-Bank hält dies für verfassungswidrig und fragt nach Rechtsschutz.

Zulässigkeit der allgemeinen Feststellungsklage
1. Rechtsweg (§ 40 I 1 VwGO) 2. Beteiligte (§§ 61, 62 VwGO) 3. Statthafte Klageart (§ 43 I VwGO) 4. Subsidiarität (§ 43 II VwGO) 5. Feststellungsinteresse (§ 43 I a. E. VwGO) 6. Klagebefugnis (analog § 42 II VwGO) 7. Sonstige allgemeine Sachentscheidungsvoraussetzungen

307

Nach § 43 I VwGO ist eine Feststellungsklage **statthaft**, wenn der Kläger die Feststellung des Bestehens oder Nichtbestehens eines Rechtsverhältnisses begehrt. 308

Ein **Rechtsverhältnis** ist
- die rechtliche **Beziehung zwischen zwei Personen**,
- die sich aus einem **konkreten Sachverhalt**
- aufgrund einer **Rechtsnorm**

ergibt.

Rechtsverhältnisse lassen sich immer auf **Beziehungen zwischen Personen** zurückführen. Teilweise werden Beziehungen zwischen einer Person und einer Sache als gesonderte Fallgruppe genannt. So lässt sich die Frage, ob jemand das Recht hat, auf einer bestimmten öffentlichen Straße Flugblätter zu verteilen, als Beziehung dieser Person zu der Straße begreifen. Hinter der Straße steht jedoch der Rechtsträger, der die Benutzung der Straße regelt. Damit kann das Rechtsverhältnis auch als Beziehung zwischen Straßennutzer und Hoheitsträger formuliert werden. Mit der Feststellungsklage sollen nicht abstrakte Rechtsfragen geklärt werden, sondern konkrete Streitfälle. Daher muss sich die Beziehung zwischen den beiden Personen auf einen **konkreten Sachverhalt** gründen. Schließlich müssen sich die rechtlichen Beziehungen aus einer **Rechtsnorm** ergeben. In verwaltungsrechtlichen Streitigkeiten kann es sich dabei nur um eine verwaltungsrechtliche Norm handeln. Dies ist allerdings im Klageaufbau schon beim Rechtsweg geprüft worden. 309

In **Fall 71** macht die Frage nach der Verfassungswidrigkeit des Gesetzes noch kein konkretes Rechtsverhältnis aus. Feststellungsfähig könnte allerdings die Frage sein, ob die B-Bank der Bundesanstalt Meldungen nach diesem Gesetz erstatten muss. Dabei geht es um die rechtliche Beziehung zwischen der B-Bank und der Bundesanstalt. Der Sachver- 310 halt ist insoweit präzisiert, als man davon ausgehen kann, dass die Bank regelmäßig Überweisungen ausführt, die den Schwellenwert des Gesetzes überschreiten. Dies müsste die Bank ggf. genauer darlegen. Da sich die umstrittene Meldepflicht aus dem Bundesgesetz ergibt, handelt es sich um ein Rechtsverhältnis, dessen Nichtbestehen die Bank feststellen lassen kann[1].

311 Richtig würdigen lässt sich **Fall 71** nur vor dem Hintergrund des **Zusammenspiels von Verwaltungs- und Verfassungsprozessrecht**. Aus verfassungsprozessrechtlicher Sicht ließe sich an eine Verfassungsbeschwerde unmittelbar gegen das Gesetz denken. Als Akt der Legislative ist das Gesetz tauglicher Gegenstand einer **Verfassungsbeschwerde**. Die Beschwerdebefugnis würde sich aus Art. 12 I GG ergeben. Die Bank ist auch unmittelbar betroffen, weil die Meldepflicht automatisch kraft Gesetzes eintritt, ohne dass es einer behördlichen Umsetzung bedürfte. Ein Rechtsweg gegen das Gesetz, der nach § 90 II BVerfGG zu erschöpfen wäre, existiert nicht. Allerdings hat das BVerfG darüber hinaus den Grundsatz der Subsidiarität aufgestellt[2]. Eine Verfassungsbeschwerde ist grundsätzlich erst dann zulässig, wenn auch alle Möglichkeiten indirekten Rechtsschutzes erschöpft sind. In **Fall 71** würde die Verfassungsbeschwerde unmittelbar gegen das Gesetz voraussichtlich am **Grundsatz der Subsidiarität** scheitern, weil die Bank, wie gesehen, indirekten Rechtsschutz mit Hilfe der Feststellungsklage suchen kann. Der Erfolg der Feststellungsklage wird zwar allein von der Verfassungsmäßigkeit des Gesetzes abhängen, so dass das Verwaltungsgericht ggf. im Wege der konkreten Normenkontrolle nach Art. 100 I GG das BVerfG anrufen müsste. Dieser Umweg über das Verwaltungsgericht hat aber den Vorteil, dass die Sache erst nach fachrichterlicher Vorklärung vor das BVerfG kommt. Damit wird die Entscheidungsgrundlage für das BVerfG verbessert und es wird von eigener Sachverhaltsermittlung entlastet.

312 Ein Sonderfall der Feststellungsklage nach § 43 I VwGO ist die sog. **Nichtigkeitsfeststellungsklage**. Bei der Nichtigkeit eines Verwaltungsaktes geht es um die rechtliche Würdigung eines Aktes, nicht aber um die Rechtsbeziehungen zwischen zwei Personen. Daher handelt es sich nicht um ein Rechtsverhältnis, so dass eine Sonderregelung erforderlich war. Solange ein Verwaltungsakt anfechtbar ist, spielt die Nichtigkeitsfeststellungsklage kaum eine Rolle (o. Rn. 234). Bedeutung erlangt sie erst nach Ablauf der Anfechtungsfrist. Während ein lediglich rechtswidriger Verwaltungsakt dann bestandskräftig ist, kann die Unwirksamkeit des nichtigen Verwaltungsaktes weiterhin festgestellt werden. Dementsprechend stellt § 43 II 2 VwGO klar, dass eine Nichtigkeitsfeststellungsklage auch dann möglich ist, wenn die Anfechtungsfrist versäumt wurde.

313 Außerhalb der Nichtigkeitsfeststellungsklage ist die Feststellungsklage jedoch **subsidiär** zu den anderen, effektiveren Klagearten. Insbesondere ist die Feststellungsklage unzulässig, wenn eine Anfechtungs- oder Verpflichtungsklage zulässig ist oder war. Auch die allgemeine Leistungsklage ist effektiver als die Feststellungsklage, weil Leistungsurteile vollstreckbar sind.

314 Dennoch sieht das Bundesverwaltungsgericht bei Klagen gegen Träger öffentlicher Gewalt von der Subsidiarität der Feststellungsklage gegenüber der allgemeinen Leistungsklage ab[3]. Die Ausnahme wird mit der Vermutung begründet, dass die öffentliche Verwaltung auch ohne den Vollstreckungsdruck eines Leistungsurteils die Feststellungen eines gerichtlichen Urteils befolgen werde.

1 So auch BVerwG, NVwZ 2007, 1311 (1312 ff.) in einer ähnlich gelagerten abfallrechtlichen Konstellation.
2 Dazu *Geis*, Examens-Repetitorium Staatsrecht, Rn. 904 ff.
3 BVerwGE 36, 179 (181); 77, 207 (211).

Angesichts des entgegenstehenden Wortlauts von § 43 II 1 VwGO ist diese Ausnahme, für die in der Regel kein Bedürfnis besteht, sehr fragwürdig[4].

Als **Feststellungsinteresse** kommen nach § 43 I a. E. VwGO sowohl rechtliche als auch wirtschaftliche oder ideelle Interessen in Frage. Das Feststellungsinteresse ist damit weiter als die Klagebefugnis, die sich auf rechtlich geschützte Interessen beschränkt. Das BVerwG schränkt diesen weiten Ansatz dadurch wieder ein, dass es **§ 42 II VwGO** auch bei der Feststellungsklage **analog** anwendet[5]. Die Berechtigung dieser Analogie ist insbesondere in Hinblick auf das weiter gefasste Feststellungsinteresse umstritten. Der Streit ist aber in der Regel irrelevant. Ist der Kläger an dem streitbefangenen Rechtsverhältnis beteiligt, ergibt sich das subjektive Recht, das die Klagebefugnis begründet, regelmäßig aus diesem Rechtsverhältnis. Nach § 43 I VwGO könnte allerdings theoretisch auch ein Rechtsverhältnis feststellungsfähig sein, an dem der Kläger nicht beteiligt ist. Ein wirtschaftliches oder ideelles Feststellungsinteresse würde genügen. In diesem Fall kommt es darauf an, ob man mit der Rechtsprechung eine Klagebefugnis verlangt[6]. 315

In **Fall 70**[7] hängt die Statthaftigkeit der Feststellungsklage davon ab, ob die DB AG die Feststellung eines Rechtsverhältnisses begehrt. Es geht um die Beziehung zwischen der DB AG und der Gemeinde, also zwischen zwei juristischen Personen. Mit dem Bauprojekt an einem bestimmten Bahnübergang im Gemeindegebiet liegt ein konkreter Sachverhalt vor. Die Rechtsnorm, die die konkrete Beziehung regelt, ist § 13 I 1 EBKreuzG. Damit ist die Feststellungsklage statthaft. Sie könnte allerdings an der Subsidiaritätsklausel scheitern. Nach § 43 II VwGO ist eine mögliche Leistungsklage vorrangig. Nach Abschluss der Bauarbeiten wäre der Anspruch auf Kostentragung ggf. mit der allgemeinen Leistungsklage geltend zu machen. Vor Beginn der Bauarbeiten ist der Anspruch jedoch noch nicht entstanden. Er kann auch noch nicht der Höhe nach bestimmt werden. Damit scheidet eine Klage auf Zahlung aus. Zum jetzigen Zeitpunkt kann allenfalls die grundsätzliche Leistungspflicht für den Fall, dass das Bauvorhaben umgesetzt wird, festgestellt werden. Damit greift die Subsidiaritätsklausel nicht ein. Am Feststellungsinteresse ließe sich zweifeln, wenn die DB AG ohne Weiteres darauf verwiesen werden könnte, zunächst die Baumaßnahme durchzuführen und anschließend auf Leistung zu klagen. Die DB AG hat jedoch ein wirtschaftliches Interesse daran, ihre zukünftige finanzielle Belastung sicher kalkulieren zu können. Dazu gehört die Gewissheit, dass ein Teil der Kosten von der Gemeinde übernommen wird und dass die Gemeinde diese Kosten zügig erstattet. Damit besteht ein wirtschaftliches Interesse daran, die Rechtslage schon vor Baubeginn festzustellen. Das subjektive Recht, das die Klagebefugnis begründet, ergibt sich aus § 13 I 1 EBKreuzG. Damit ist die Feststellungsklage in **Fall 70** zulässig. 316

II. Fortsetzungsfeststellungsklage

Fall 72: E möchte eine alte Fabrikhalle zum Einkaufszentrum umbauen. Nach langwierigen Verhandlungen versagt die Behörde die Baugenehmigung. Nach erfolglosem Widerspruchsverfahren weist eine Kammer des VG die Klage als unbegründet ab. Während des Berufungsver- 317

4 *Hufen*, VwProzR, § 18 Rn. 6.

5 BVerwGE 99, 64 (66); 111, 276 (279).

6 Ablehnend *Hufen*, VwProzR, § 18 Rn. 17 sowie *Schenke*, VwProzR, Rn. 430 f., die Problemfälle über einen eng verstandenen Begriff des Rechtsverhältnisses lösen.

7 Vorlage: **BVerwGE 112, 253**.

fahrens brennt die leerstehende Halle ab. E gibt ihr Vorhaben auf, möchte aber wenigstens ihre Planungskosten als Schaden ersetzt haben. Deshalb stellt sie ihre Klage auf Feststellung der Rechtswidrigkeit der Versagung der Baugenehmigung um.

318 **Zulässigkeit der Fortsetzungsfeststellungsklage**

1. Rechtsweg (§ 40 I 1 VwGO)
2. Beteiligte (§§ 61, 62 VwGO)
3. Statthafte Klageart (§ 113 I 4 VwGO)
4. Besondere Sachentscheidungsvoraussetzungen
   a) der Anfechtungsklage
      aa) Klagebefugnis (§ 42 II VwGO)
      bb) Vorverfahren (§§ 68 ff. VwGO)
      cc) Frist (§ 74 VwGO)
   b) Fortsetzungsfeststellungsinteresse
5. Sonstige allgemeine Sachentscheidungsvoraussetzungen

319 § 113 I 4 VwGO regelt unmittelbar nur den Fall, dass sich ein angefochtener Verwaltungsakt nach Klageerhebung aber vor der Entscheidung des Gerichts erledigt i. S. v. § 43 II VwVfG. In dieser Lage sollen dem Kläger die **„Früchte seines Prozesses"** unter bestimmten weiteren Voraussetzungen erhalten bleiben[8]. Daher privilegiert § 113 I 4 VwGO die Umstellung der Anfechtungsklage auf eine Feststellungsklage. Erledigt sich eine Verpflichtungsklage vor der Entscheidung des Gerichts, wird § 113 I 4 VwGO analog angewandt.

320 Bei der Fortsetzungsfeststellungsklage geht es um die Fortsetzung einer zulässigerweise erhobenen Anfechtungsklage. Daher bleiben die besonderen Sachentscheidungsvoraussetzungen der Anfechtungsklage erhalten. Zusätzlich ist ein **Fortsetzungsfeststellungsinteresse** erforderlich.

321 **Das Fortsetzungsfeststellungsinteresse**

- Wiederholungsgefahr
- Vorbereitung eines Schadensersatzprozesses
- Rehabilitierungsinteresse
  – schwere Grundrechtsverletzung, die auf andere Weise nicht festgestellt werden kann

322 **Wiederholungsgefahr** besteht, wenn hinreichend wahrscheinlich ist, dass sich zwischen denselben Beteiligten dieselbe Rechtsfrage in absehbarer Zeit in einem Parallelfall erneut stellt. Würde etwa ein Demonstrant wegen eines Transparentes in München von einer Versammlung ausgeschlossen und würde er geltend machen, dass ihm demnächst in Köln dasselbe geschehen könnte, fehlt es demnach an einer Wiederholungsgefahr, weil in Köln ein anderes Land Klagegegner wäre, das durch ein Feststellungsurteil gegen den Freistaat Bayern nicht gebunden wäre.

323 Bei der Vorbereitung eines **Schadensersatzprozesses** steht das Interesse, dem Kläger die Früchte seines Verwaltungsprozesses zu erhalten, besonders im Vordergrund. Der Schadensersatzanspruch selbst ist regelmäßig vor dem LG geltend zu machen (Rn. 524). Im Schadensersatzprozess kann und muss das ordentliche Gericht die Rechtmäßigkeit des Verwaltungshandelns ggf. als Vorfrage inzident prüfen. Hat sich das VG vor der Erledi-

8 BVerwG, NVwZ 1998, 1295.

gung bereits mit der Problematik befasst, wäre es jedoch nicht prozessökonomisch, den begonnenen Prozess zu beenden und den Streit um die Rechtmäßigkeit des Verwaltungshandelns vor dem LG von vorne zu beginnen[9]. Daher wird dem Kläger in diesem Fall ein berechtigtes Interesse zugesprochen, die Rechtmäßigkeit des Verwaltungshandelns in Hinblick auf den folgenden Schadensersatzprozess verbindlich vom VG klären zu lassen. Allerdings besteht kein Fortsetzungsfeststellungsinteresse, wenn das VG erkennt, dass der geplante Schadensersatzprozess offensichtlich aussichtslos ist, beispielsweise weil es an einem erforderlichen Verschulden oder an einem Schaden fehlt.

Ein **Rehabilitierungsinteresse** im engen Sinn besteht nur, wenn die Verwaltung das Ansehen des Betroffenen gegenüber Dritter herabgesetzt hat. Bei strafprozessualen Handlungen, beispielsweise einer Verhaftung am Arbeitsplatz, ist dies leicht möglich. Im Verwaltungsrecht kommt es kaum vor. Daher hat das Rehabilitierungsinteresse im engen Sinn wenig Bedeutung. Aus dem Rehabilitierungsgedanken hat sich jedoch die Gruppe der **schweren Grundrechtsverletzungen** als eigene Kategorie verselbstständigt. Danach besteht ein Fortsetzungsfeststellungsinteresse, wenn eine schwere Grundrechtsverletzung auf anderem Weg nicht festgestellt werden kann. Dabei geht es vor allem um Maßnahmen wie Polizeiverfügungen, die sich typischerweise erledigen, bevor Rechtsschutz in der Hauptsache erlangt werden kann[10]. Ein klausurrelevantes Beispiel sind auch versammlungsrechtliche Streitigkeiten. Die Versammlungsfreiheit ist ein „unentbehrliches Funktionselement" der parlamentarischen Demokratie des Grundgesetzes[11]. Versammlungsrechtliche Streitigkeiten erledigen sich jedoch regelmäßig innerhalb weniger Stunden, Tage oder allenfalls Wochen. Ein verwaltungsgerichtliches Hauptsacheverfahren lässt sich in diesem Zeitraum kaum je durchführen. Die wichtigen Grundrechtsfragen, die mit Versammlungen verbunden sind, gebieten es aber, auch in diesen Fällen ein Hauptsacheverfahren zu eröffnen. Deshalb wird ein Fortsetzungsfeststellungsinteresse angenommen. 324

In **Fall 72** könnte eine Fortsetzungsfeststellungsklage als privilegierte Klageänderung statthaft sein. An sich betrifft § 113 I 4 VwGO nur die Situation der Anfechtungsklage, während E eine **Verpflichtungsklage** erhoben hatte. In diesem Fall wird die Vorschrift jedoch **analog** angewandt. Die ursprünglich erhobene Verpflichtungsklage hat sich erledigt, weil die zerstörte Fabrikhalle nicht mehr umgebaut werden kann und E ihr Vorhaben aufgegeben hat. Damit ist die Fortsetzungsfeststellungsklage statthaft. Die besonderen Sachentscheidungsvoraussetzungen der Verpflichtungsklage müssten vorgelegen haben. Die Klagebefugnis ergibt sich aus den einschlägigen Vorschriften der Bauordnung hinter denen die durch Art. 14 I 1 GG verfassungsrechtlich verbürgte Baufreiheit steht. Ein Vorverfahren wurde erfolglos durchgeführt. Von der Wahrung der Klagefrist ist auszugehen. Als Fortsetzungsfeststellungsinteresse kommt die Vorbereitung eines Schadensersatzprozesses in Betracht. Ein solcher Prozess ist geplant. Der Prozess dürfte allerdings nicht von vornherein aussichtslos sein, weil ein Schadensersatzanspruch offenkundig nicht besteht. Hier kommt ein **Amtshaftungsanspruch** in Betracht. Dieser ist verschuldensabhängig. Nach einer gefestigten Rechtsprechung ist der Verwaltung grundsätzlich kein Schuldvorwurf zu machen, wenn selbst ein Kollegialgericht die fragliche Maßnahme für rechtmäßig gehalten hat (Rn. 480). In **Fall 72** hat die Kammer des VG die Versagung der Baugenehmigung als rechtmäßig angesehen. Damit fehlt es erkennbar an 325

9 Im Einzelnen *Christonakis*, BayVBl. 2002, 390 ff.
10 Dahin gehend auch BVerwGE 146, 303, Rn. 32.
11 BVerfGE 69, 315 (347) – Brokdorf.

einem Verschulden der Behörde. Ein Schadensersatzanspruch, der das Fortsetzungsfeststellungsinteresse begründen könnte, besteht nicht. Auch ein Fortsetzungsfeststellungsinteresse unter dem Gesichtspunkt der **Wiederholungsgefahr** scheidet aus, weil die Halle nicht mehr steht, E ihr Vorhaben aufgegeben hat und jedes neue Vorhaben anderen tatsächlichen und rechtlichen Bedingungen unterläge. Ein **Rehabilitierungsinteresse** im engeren Sinne ist nicht gegeben, weil die Versagung einer Baugenehmigung nicht ehrenrührig ist. Auch ein Fortsetzungsfeststellungsinteresse unter dem Gesichtspunkt der schweren Grundrechtsverletzung scheidet aus, weil derartige Eigentumsbeeinträchtigungen regelmäßig hinreichend in anderen Verfahren festgestellt werden können.

III. Das vor Klageerhebung erledigte Anfechtungs- oder Verpflichtungsbegehren

326 **Fall 73:** Die alte Fabrikhalle, die E in **Fall 72** umbauen möchte, brennt noch während des Widerspruchsverfahrens ab. Daraufhin stellt die Widerspruchsbehörde das Vorverfahren ein, und E erhebt Klage auf Feststellung, dass die Versagung der Baugenehmigung rechtswidrig war.

327 Rechtsschutz muss grundsätzlich auch dann gewährt werden, wenn sich ein Anfechtungs- oder Verpflichtungsbegehren vor Klageerhebung erledigt. Traditionell wird in diesen Fällen die **Fortsetzungsfeststellungsklage analog** angewandt[12]. Allerdings modifiziert die Rechtsprechung einige der besonderen Sachentscheidungsvoraussetzungen. Unter diesen Umständen spräche an sich viel dafür, anstelle der Analogie auf die allgemeine Feststellungsklage zurückzugreifen. Entsprechende Stimmen[13] haben sich allerdings nicht durchgesetzt. Die Rechtsprechung hält an der Analogie fest[14].

328 Die **allgemeine Feststellungsklage** wird aus zwei Gründen als unpassend angesehen. Zum einen ist die Rechtswidrigkeit eines Verwaltungsaktes kein Rechtsverhältnis (Rn. 308). Zum anderen soll die Subsidiaritätsklausel des § 43 II VwGO eine Anwendung der allgemeinen Feststellungsklage ausschließen.

329 Ist § 43 VwGO unanwendbar, besteht eine planwidrige Lücke, die durch analoge Anwendung von § 113 I 4 VwGO geschlossen werden muss. Hat sich das Begehren auf Erlass eines Verwaltungsaktes vor Klageerhebung erledigt, handelt es sich um eine **doppelte Analogie** (von der Anfechtungsklage zur Verpflichtungsklage und von der Erledigung nach Klageerhebung zur Erledigung vor Klageerhebung).

330 Von den besonderen Sachentscheidungsvoraussetzungen ist die Klagebefugnis wie immer zu prüfen. Hingegen ist streitig, ob nach Erledigung noch ein **Widerspruchsverfahren** durchzuführen ist. Das BVerwG verneint die Frage[15]. Es stellt darauf ab, dass die Verwaltung im Widerspruchsverfahren Entscheidungen korrigieren, nicht aber lediglich die Rechtslage feststellen solle. Analysiert man die drei Zwecke des Widerspruchsverfahrens (verbesserter Individualrechtsschutz, Selbstkontrolle der Verwaltung, Entlastung der Gerichte, Rn. 112) ließe sich auch ein anderes Ergebnis vertreten. Andererseits kann

12 BVerwGE 49, 36 (39); 81, 226 (227); *Ehlers*, JURA 2001, 415 (417 f.).

13 Dahin gehend ohne abschließende Festlegung BVerwGE 109, 203 (208 f.); zustimmend *Wehr*, DVBl. 2001, 785 ff.

14 BVerwG, NVwZ 2007, 1439 (insoweit in BVerwGE 129, 142 nicht abgedruckt).

15 **BVerwGE 26, 161 (165-167)**; bestätigend **BVerwGE 81, 226 (229)**.

es in der Klausur im Ergebnis nicht als falsch gewertet werden, sich der Praxis anzuschließen mit der Folge, dass nach Erledigung kein Widerspruch mehr erhoben werden muss und ein laufendes Widerspruchsverfahren ohne Widerspruchsbescheid zu beenden ist.

Bei der **Frist** ist zu differenzieren. Unstreitig laufen vor der Erledigung die normalen Fristen. Waren Widerspruch oder Anfechtungsklage vor Erledigung verfristet, ist eine Klage endgültig ausgeschlossen. Schwieriger ist die Frage zu beantworten, ob **nach Erledigung** Fristen laufen. Für eine Befristung spricht das Interesse der Behörde, sich nicht über unbegrenzte Zeit mit Altfällen konfrontiert sehen zu müssen. Ist selbst derjenige, der durch einen Verwaltungsakt noch akut belastet wird, an Fristen gebunden, erscheint es erst recht zumutbar, dass derjenige, der einen erledigten Verwaltungsakt überprüft wissen will, damit nicht unbegrenzte Zeit zuwartet. Andererseits ist die Wertung des Gesetzes zu beachten, das nicht alle Klagen an Fristen bindet, sondern lediglich die Anfechtungs- und Verpflichtungsklage. Die Fristen sind damit ein Spezifikum des Rechtsschutzes bei Verwaltungsakten. Verwaltungsakte zeichnen sich dadurch aus, dass sie bestandskräftig werden. Die **Bestandskraft** äußert sich bei den Vollstreckungsvoraussetzungen (§ 6 VwVG) ebenso wie bei der beschränkten Aufhebbarkeit (§§ 48 f. VwVfG). Die Rechtsbehelfsfristen ermöglichen und sichern die Bestandskraft. Die Erledigung führt aber nach § 43 II VwVfG dazu, dass der Verwaltungsakt unwirksam wird. Eine Bestandskraft, die durch Fristen zu sichern wäre, gibt es dann nicht mehr. Aus diesem Grund vertritt das BVerwG die Ansicht, dass nach Erledigung keine Fristen laufen[16]. 331

Regelmäßig muss der Streit über den Fristlauf allerdings nicht geklärt werden. Häufig sind mündliche Polizeiverfügungen Gegenstand der Fortsetzungsfeststellungsklage. Sie enthalten keine Rechtsbehelfsbelehrung, so dass ohnehin allenfalls die **Jahresfrist** nach § 58 II 1 VwGO laufen kann. Sie wird meist noch nicht verstrichen sein. Ähnliches gilt, wenn sich ein schriftlicher Verwaltungsakt, der ordnungsgemäß über die Möglichkeit eines Widerspruchs belehrt, vor Erhebung des Widerspruchs erledigt. Nach Erledigung ist, wenn man der Rechtsprechung folgt, kein Vorverfahren mehr durchzuführen, so dass die Rechtsbehelfsbelehrung dann unrichtig ist und wiederum nur die Jahresfrist nach § 58 II 1 VwGO läuft. 332

Die Fallgruppen des **Fortsetzungsfeststellungsinteresses** werden ebenfalls leicht modifiziert. Die **Vorbereitung eines Schadensersatzprozesses entfällt** als berechtigtes Interesse. Es wäre prozessunökonomisch, die Klärung des Schadensersatzanspruches auf einen vorgeschalteten Verwaltungsprozess und einen nachfolgenden Prozess vor dem LG zu verteilen. Der Kläger muss unmittelbar vor dem LG klagen, das die verwaltungsrechtlichen Vorfragen inzident prüfen wird. Das Interesse, dem Kläger die Früchte seines Verwaltungsprozesses zu erhalten, entfällt, wenn der Verwaltungsprozess im Zeitpunkt der Erledigung noch nicht begonnen hat[17]. 333

Die traditionelle Ansicht begründet die analoge Anwendung der Fortsetzungsfeststellungsklage bei Erledigung vor Klageerhebung auch damit, dass es sachgerecht sei, die besonderen Sachentscheidungsvoraussetzungen dieser Klageart bei Erledigung vor Klageerhebung zu erhalten. Tatsächlich weicht die Rechtsprechung aber in den entscheidenden Punkten nach Erledigung von diesen besonderen Sachentscheidungsvoraussetzungen ab. Ein Vorverfahren wird nicht mehr durchgeführt, Fristen laufen nach Erledigung nicht und die Fallgruppen des Fortsetzungsfeststellungsinteresses 334

16 **BVerwGE 109, 203 (207 f.).**
17 BVerwGE 81, 226 (227 f.).

werden eingeschränkt. Das spräche an sich dafür, die Fälle der Erledigung vor Klageerhebung über die allgemeine Feststellungsklage zu lösen (Rn. 327).

335 In **Fall 73** ist eine allgemeine Feststellungsklage nach herrschender Ansicht nicht statthaft, weil die Rechtswidrigkeit der Versagung der Baugenehmigung kein feststellungsfähiges Rechtsverhältnis ist. Folgt man dem, ist § 113 I 4 VwGO analog anzuwenden, und zwar, weil es sich um eine Verpflichtungsklagesituation handelt, in doppelter Analogie. Das Vorverfahren musste nach Erledigung nicht mehr zu Ende geführt werden. Der Widerspruch war offenbar fristgerecht eingereicht worden. Nach Erledigung ist die Fortsetzungsfeststellungsklage nicht mehr fristgebunden. Als Fortsetzungsfeststellungsinteresse kommt, wie in **Fall 72**, allenfalls die Vorbereitung eines Schadensersatzprozesses in Betracht. Anders als in **Fall 72** ist der Schadensersatzprozess hier nicht von vornherein aussichtslos, weil noch keine richterliche Entscheidung vorliegt, die die Rechtmäßigkeit der Versagung bestätigt hätte. Ein geplanter Schadensersatzanspruch rechtfertigt die Fortsetzungsfeststellungsklage allerdings nur unter dem Gesichtspunkt, dass dem Kläger die Früchte seines laufenden Prozesses erhalten werden sollen. Da sich das Verpflichtungsbegehren hier vor Klageerhebung erledigt hat, muss E unmittelbar vor dem LG klagen, das die Rechtmäßigkeit des Verwaltungshandelns inzident überprüfen wird. Die Fortsetzungsfeststellungsklage analog § 113 I 4 VwGO ist unzulässig.

§ 13 Verwaltungsrechtlicher Organstreit

336 **Fall 74:** Als der Fakultätsrat über die Studienreform berät, hebt Professor P zu einem historischen Vortrag über das Repetitorenwesen an, der im 19. Jahrhundert ansetzt. Als nach einer halben Stunde kein Ende abzusehen ist, entzieht die Dekanin D als Vorsitzende des Fakultätsrats P das Wort. Das führt zu einem heftigen Streit. Schließlich beschließt der Fakultätsrat, P bis zur nächsten Gremienwahl in 18 Monaten von den Sitzungen des Fakultätsrats auszuschließen. Wie wird das VG über eine Klage von P entscheiden?

337 Der sog. verwaltungsrechtliche Organstreit ist keine eigene Klageart. Es handelt sich vielmehr um eine Problemkonstellation, die mit den bekannten Klagearten zu bewältigen ist. Verwaltungsrechtliche Organstreitigkeiten treten besonders häufig im kommunalrechtlichen Zusammenhang auf. Dort hat sich der Begriff des **Kommunalverfassungsstreits** eingebürgert[1]. Dieser Begriff darf nicht darüber hinwegtäuschen, dass es sich um **verwaltungsrechtliche Streitigkeiten** i. S. v. § 40 I 1 VwGO handelt. Die Vorschriften der VwGO sind auf verwaltungsrechtliche Organstreitigkeiten nicht zugeschnitten. Während sich der Rechtsweg noch problemlos begründen lässt, bereiten weitere Sachentscheidungsvoraussetzungen und auch die Klageart größere Schwierigkeiten. Die VwGO ist auf sog. Außenrechtsstreitigkeiten zugeschnitten, bei denen regelmäßig Menschen als Grundrechtsträger oder auch juristische Personen des Privatrechts dem Staat oder anderen juristischen Personen des öffentlichen Rechts gegenübertreten. Der verwaltungsrechtliche Organstreit ist hingegen ein **Binnenstreit**, der sich innerhalb einer juristischen Person des öffentlichen Rechts abspielt. Da für den verwaltungsrechtlichen Organstreit ein unabweisbares Bedürfnis besteht, müssen die Regelungen der VwGO in ihrer Auslegung und Anwendung sachgerecht angepasst werden.

1 Dazu *Seiler*, Examens-Repetitorium VwR, Fall 12, Rn. 366.

Erste Zweifel bestehen bei der **Beteiligungsfähigkeit** nach § 61 VwGO. In **Fall 74** sind zwar P und D natürliche Personen i. S. v. § 61 Nr. 1 VwGO. Sie agieren hier aber nicht als individuelle Rechtsträger, sondern als Organwalter im Rahmen der Fakultätsverwaltung. Dennoch bereitet es kaum Schwierigkeiten, die Beteiligungsfähigkeit von P und D nach § 61 Nr. 1 VwGO zu begründen. Der Fakultätsrat ist ein Kollegialorgan, dass sich am ehesten als Vereinigung i. S. v. § 61 Nr. 2 VwGO einordnen lässt. Als Recht, das der Vereinigung zustehen kann, sind die hochschulrechtlichen Aufgaben und Befugnisse des Fakultätsrats anzusehen. Allgemein lässt sich sagen, dass die Beteiligungsfähigkeit im verwaltungsrechtlichen Organstreit entweder aus § 61 Nr. 1, 1. Alt. oder aus § 61 Nr. 2 VwGO folgt. Man mag auch eine Analogie zu § 61 Nr. 1 oder 2 VwGO erwägen, wenn man eine direkte Anwendung ablehnt. Hingegen führt § 61 Nr. 3 VwGO schon deshalb nicht weiter, weil er nur dort anwendbar ist, wo Landesrecht dies eigens bestimmt (Rn. 46). Man mag vertreten, dass P nicht die Dekanin und den Fakultätsrat zu verklagen hat, sondern nach dem Rechtsgedanken des § 78 I Nr. 1 VwGO die Universität als Rechtsträger. Dies widerspricht allerdings dem Charakter des Organstreits als Binnenrechtsstreit. **338**

Als statthafte **Klagearten** kommen vor allem die allgemeine Feststellungsklage und die allgemeine Leistungsklage in Betracht. Hingegen scheiden Anfechtungs- und Verpflichtungsklage aus. Beide sind nach § 42 I VwGO nur in Zusammenhang mit Verwaltungsakten anwendbar. Maßnahmen im Binnenbereich der Verwaltung fehlt aber die nach § 35 S. 1 VwVfG erforderliche Außenwirkungen (Rn. 68). **339**

In **Fall 74** ist P allein in seiner Mitgliedsstellung im Fakultätsrat betroffen. Daher kommt weder dem Redeverbot noch der Ausschlussentscheidung Außenwirkung zu. Beide Akte können mithin nicht angefochten werden. Ist die **Anfechtungsklage** als besondere Gestaltungsklage **unstatthaft**, bleibt eine allgemeine Gestaltungsklage, gerichtet auf Aufhebung der beiden Entscheidungen, vorstellbar. Die Existenz der **allgemeinen Gestaltungsklage** ist umstritten. Gäbe es ein Bedürfnis für diese Klageart, müsste ihre Existenz angenommen werden. Eine allgemeine Gestaltungsklage erweist sich indessen als überflüssig. Die Anfechtungsklage ist notwendig, weil Verwaltungsakte regelmäßig auch im Falle ihrer Rechtswidrigkeit wirksam sind (Rn. 232). Es muss daher eine Gestaltungsklage geben, mit der die Wirksamkeit beseitigt wird. Anderen Maßnahmen der Verwaltung kommt aber keine vergleichbare Bestandskraft zu. Sie sind im Falle ihrer Rechtswidrigkeit automatisch unwirksam. Es genügt daher, wenn ein Gericht diese Unwirksamkeit feststellt. Einer gesonderten Aufhebung bedarf es nicht. **340**

Der BayVGH hat einmal eine **„Leistungsklage mit kassatorischer Wirkung"** konstruiert[2]. Für sie gilt dasselbe wie für die Allgemeine Gestaltungsklage. Beide führen zur Aufhebung des angegriffenen Aktes. Da die verwaltungsinternen Maßnahmen, die im verwaltungsrechtlichen Organstreit angegriffen werden, im Falle ihrer Rechtswidrigkeit auch ohne gesonderte Aufhebung unwirksam sind, ist eine Klage mit kassatorischer Wirkung überflüssig. **341**

Demnach ist im verwaltungsrechtlichen Organstreit vielfach die **allgemeine Feststellungsklage** die richtige Klageart. Sie ist immer dann einschlägig, wenn das Klagebegehren nicht besser mit einer allgemeinen Leistungsklage verfolgt werden kann. In **Fall 74** besteht Streit über die Befugnis der D, dem P im konkreten Fall das Wort zu entziehen, **342**

2 **BayVGH, BayVBl. 1976, 753 (754).**

und über die Befugnis des Fakultätsrats, den P im konkreten Fall von weiteren Sitzungen auszuschließen. Beides sind **feststellungsfähige Rechtsverhältnisse** in dem o. Rn. 308 erörterten Sinn.

343 Die Feststellungsklage ist nach § 43 II VwGO **subsidiär zur allgemeinen Leistungsklage**. In **Fall 74** ließe sich u. U. eine Leistungsklage des P gegen den Fakultätsrat, gerichtet auf Rücknahme des Fakultätsratsbeschlusses erwägen. Ein solches Klageziel ist für P aber unnötig kompliziert, zumal er ein Leistungsurteil ggf. extra vollstrecken lassen müsste. Demgegenüber genügt es ihm in **Fall 74** vollständig, wenn die Rechtswidrigkeit und damit Unwirksamkeit des Ausschlussbeschlusses festgestellt wird.

344 Das notwendige **Feststellungsinteresse** ergibt sich aus der hochschulrechtlichen Stellung des P, die eine Gremienmitarbeit vorsieht. Bei der **Klagebefugnis** geht es regelmäßig um subjektive öffentliche Rechte Einzelner gegen den Staat. Im verwaltungsrechtlichen Organstreit stehen hingegen **rechtlich geschützte Wahrnehmungsbefugnisse** im Streit. In **Fall 74** ergeben sich die Rechte des P wiederum aus seiner hochschulrechtlichen Stellung als gewähltem Fakultätsratsmitglied. Diese Stellung umfasst ein Mitwirkungsrecht einschließlich eines Rederechts. Beide werden durch die Entscheidungen der D und des Fakultätsrats beeinträchtigt und möglicherweise verletzt. Damit sind die Klagen des P gegen D und den Fakultätsrat als allgemeine Feststellungsklagen zulässig.

345 Die **Begründetheit** hängt in **Fall 74** davon ab, ob die Maßnahmen der D und des Fakultätsrats Mitgliedschaftsrechte des P verletzen. Dies ergibt sich aus dem jeweiligen Landeshochschulrecht und kann hier nur angedeutet werden. D kann als Vorsitzende[3] im Zweifel die Ordnungsmaßnahmen treffen, die für eine effiziente Fakultätsratsarbeit förderlich sind. Das Rederecht des einzelnen Mitglieds findet seine Schranken in den Bedürfnissen effizienter Gremienarbeit. Danach erscheint es unproblematisch, wenn D einen überlangen Redebeitrag, der nicht den eigentlichen Beratungsgegenstand betrifft, beendet. Der langfristige Ausschluss des P trifft seine Mitgliedschaftsstellung hingegen so stark, dass er im Zweifel einer besonderen Rechtsgrundlage bedürfte. Schon daran dürfte der Fakultätsratsbeschluss scheitern. Es kommt hinzu, dass der vollständige Ausschluss für die Dauer von 18 Monaten kaum verhältnismäßig sein dürfte.

§ 14 Verwaltungsgerichtliche Normenkontrolle

346 **Fall 75:** E ist Eigentümerin eines Hanggrundstücks. Als die Gemeinde einen Bebauungsplan aufstellt, dem zufolge direkt unterhalb des Einfamilienhauses der E ein großer Hotelkomplex errichtet werden darf, der den Talblick der E vollständig nehmen würde, gibt E im Rahmen der öffentlichen Auslegung eine ablehnende Stellungnahme ab. Dennoch erlässt die Gemeinde den Bebauungsplan. Hätte ein Normenkontrollantrag der E Aussicht auf Erfolg?

Fall 76: Das Bundesaufsichtsamt für Flugsicherung legt durch Rechtsverordnung eine Abflugstrecke für den Flughafen Köln/Bonn fest, die genau über das Grundstück der E führt. Dadurch werden E und ihre Familie insb. zur Nachtzeit einer erheblichen Lärmbelästigung ausgesetzt. E fragt nach Rechtsschutz.

3 Soweit die Dekanin überhaupt den Vorsitz im Fakultätsrat führt, was nicht in allen Ländern der Fall ist.

Zulässigkeit der verwaltungsgerichtlichen Normenkontrolle 347

1. Rechtsweg (§ 40 I 1 VwGO)
2. Statthaftigkeit (tauglicher Antragsgegenstand: § 47 I VwGO)
3. Zuständigkeit des OVG (§ 47 I VwGO)
4. Beteiligungs-, Prozess- und Postulationsfähigkeit (§ 47 II 1-2, 67 IV VwGO; Besonderheiten: Antrag einer Behörde; Anwaltszwang vor dem OVG)
5. Antragsbefugnis (§ 47 II 1 VwGO)
6. Frist (1 Jahr, § 47 II 1 VwGO)
7. Sonstige allgemeine Sachentscheidungsvoraussetzungen

Die verwaltungsgerichtliche Normenkontrolle ist vor allem im Baurecht bei der Kontrolle von Bebauungsplänen relevant. In Ländern, die von der Möglichkeit nach § 47 I Nr. 2 VwGO Gebrauch gemacht haben, können aber auch Verordnungen der Landesexekutive überprüft werden. Der vorstehende Aufbauvorschlag für die Zulässigkeitsprüfung weicht vom Aufbau anderer Verfahrensarten aus inhaltlichen Gründen ab. § 47 I VwGO begründet eine spezielle sachliche Zuständigkeit des OVG. § 47 II enthält Spezialregelungen der Beteiligungsfähigkeit. Das spricht dafür, Zuständigkeit und Beteiligungsfähigkeit hier erst zu prüfen, nachdem die Statthaftigkeit des Antrags nach § 47 VwGO festgestellt wurde. 348

Der **Verwaltungsrechtsweg** lässt sich regelmäßig unproblematisch begründen. Vorsicht ist allerdings bei Bußgeldtatbeständen in Landesverordnungen geboten, soweit Landesverordnungen nach § 47 II 2 VwGO überhaupt überprüft werden können. Bußgeldsachen sind nämlich den ordentlichen Gerichten zugewiesen. Damit ist der Rechtsweg nach § 40 I 1 VwGO für Bußgeldtatbestände nicht eröffnet. Das schließt freilich nicht aus, das verwaltungsrechtliche Verbot, das dem Bußgeldtatbestand zugrunde liegt, trotz seiner Bußgeldbewährung zum Gegenstand einer Normenkontrolle zu machen. 349

Der Antrag ist statthaft, wenn ein **tauglicher Antragsgegenstand** zur Überprüfung gestellt wird. Nach § 47 I Nr. 1 VwGO sind das vor allem **Bebauungspläne**. Flächennutzungspläne werden an sich nicht von § 47 I Nr. 1 VwGO und, mangels Außenwirkung, auch nicht von § 47 I Nr. 2 VwGO erfasst. Eine Ausnahme gilt nur dann, wenn ein Flächennutzungsplan sog. Konzentrationsflächen für Windenergieanlagen oder andere Vorhaben ausweist, weil solche Ausweisungen über § 35 III 3 BauGB Außenwirkung gegenüber solchen Bauherren entfalten, die derartige Vorhaben außerhalb der Konzentrationsflächen planen. Hinsichtlich solcher Ausweisungen kann der Flächennutzungsplan analog § 47 I Nr. 1 VwGO Antragsgegenstand sein[1]. 350

Soweit § 47 II 1 VwGO **natürliche und juristische Personen** zu tauglichen Antragsstellern erklärt, deckt sich die Vorschrift mit § 61 Nr. 1 VwGO. Außergewöhnlich ist, dass der Antrag nach § 47 II 1 VwGO auch von einer Behörde gestellt werden kann. **Behörden** sind hier auch dann **beteiligungsfähig**, wenn das Land von § 61 Nr. 3 VwGO keinen Gebrauch gemacht hat. Der Antragsgegner wird in § 47 II 2 VwGO bestimmt. Beteiligungsfähig ist danach die juristische Person, die die Rechtsvorschrift erlassen hat. Geht es um einen Bebauungsplan, ist der Antrag also gegen die Gemeinde zu richten. Zu beachten ist die **Postulationsfähigkeit**. Gemäß § 67 IV VwGO besteht vor dem OVG Anwaltszwang. 351

1 BVerwGE 128, 382, Rn. 11 ff.

352 Die **Antragsbefugnis** hängt gemäß § 47 II 1 VwGO davon ab, dass ähnlich wie bei § 42 II VwGO[2] die Möglichkeit einer gegenwärtigen oder absehbaren Rechtsverletzung besteht. In **Fall 75** wird das Eigentum der E nicht unmittelbar beeinträchtigt. Die mögliche Hotelbebauung dürfte auch unterhalb der Schwelle der schweren und unerträglichen Beeinträchtigung der Grundstückssituation bleiben, die einen mittelbaren Eingriff in Art. 14 I GG begründen würde[3]. Ein subjektives Recht ergibt sich aber aus den nach **§ 1 VI BauGB** abwägungsrelevanten Belangen. Es bestehen keine Bedenken, die Antragsbefugnis auf individuelle Belange zu stützen, die in die planerische Abwägung nach § 1 VII BauGB einzustellen sind. Insoweit vermittelt das Abwägungsgebot, das eine angemessene Berücksichtigung dieser Belange fordert, Drittschutz[4]. Der geplante Hotelkomplex würde die Grundstückssituation für E nachhaltig verändern. Es musste für die planende Gemeinde auf der Hand liegen, dass die Planung gerade auch Belange der Oberliegerin berührt, zumal E eine entsprechende Stellungnahme abgegeben hat. Das bedeutet noch nicht, dass das Planungsergebnis tatsächlich rechtswidrig ist. Die Belange der E sind jedoch nach § 1 VI, VII BauGB abwägungsrelevant und begründen damit im Rahmen des Abwägungsgebots eine subjektive Rechtsstellung. Für die Antragsbefugnis genügt es, dass diese Rechtsstellung möglicherweise verletzt ist. E ist daher antragsbefugt.

353 Wird der **Normenkontrollantrag** von **einer Behörde** gestellt, bedarf es keiner Antragsbefugnis. Die Norm muss allerdings den Aufgabenkreis der Behörde berühren. Anderenfalls fehlt der Behörde das erforderliche Rechtsschutzbedürfnis in Form eines **objektiven Kontrollinteresses**. Beispielsweise könnte ein Landratsamt den Bebauungsplan einer kreisangehörigen Gemeinde zur Überprüfung stellen, wenn es diesen Bebauungsplan als untere Bauaufsichtsbehörde anzuwenden hat.

354 Nach§ 47 II 1 VwGO kann der Antrag nur innerhalb einer **Frist von einem Jahr** nach Bekanntmachung der Rechtsvorschrift gestellt werden. Nach Ablauf der Frist ist eine prinzipale Normenkontrolle nach § 47 VwGO ausgeschlossen. Die Möglichkeit, einen Bebauungsplan im Streit um eine Baugenehmigung inzident überprüfen zu lassen, bleibt jedoch bestehen.

355 Die **Begründetheitsprüfung** ist nicht subjektiv-rechtlich ausgerichtet. Der Antrag ist begründet, wenn die Satzung oder die Verordnung rechtswidrig ist. Bei Bebauungsplänen ist allerdings zu berücksichtigen, dass die Beachtlichkeit von Fehlern nach §§ 214 f. BauGB eingeschränkt ist. Ist der Antrag begründet, wirkt die Nichtigerklärung des OVG nach § 47 V 2 VwGO *erga omnes*. Die Nichtigkeit steht dann also allgemein verbindlich fest.

356 In **Fall 76** scheidet eine Normenkontrolle nach § 47 VwGO schon deshalb aus, weil Rechtsverordnungen des Bundes nach § 47 I Nr. 2 VwGO nie tauglicher Antragsgegenstand sind. Die Rechtsprechung gewährt den nach Art. 19 IV GG gebotenen Rechtsschutz mit Hilfe der **allgemeinen Feststellungsklage**[5]. Der Verwaltungsrechtsweg ist nach § 40 I 1 VwGO eröffnet, weil es um Rechtsetzung durch die Exekutive auf Grund fachrechtlicher Normen geht[6]. Die Frage, ob das Bundesaufsichtsamt nach Luftrecht und

2 Die Parallelität betont BVerwGE 107, 215 (217 f.); BVerwG, NVwZ 1998, 732 f.
3 Dazu Rn. 99, Fn. 9.
4 BVerwGE 107, 215 (220 f.); BVerwG, NVwZ 2000, 1413 (1414).
5 BVerwGE 111, 276 ff.; s. auch BVerwGE 136, 54 zur Klage gegen die Allgemeinverbindlicherklärung eines Tarifvertrags durch Rechtsverordnung.
6 Krit. allerdings *Schenke*, VwProzR, Rn. 146.

Grundrechten berechtigt war, eine Abflugstrecke gerade über das Grundstück der E zu legen, begründet ein feststellungsfähiges Rechtsverhältnis in dem o. Rn. 308 definierten Sinn. Der Wunsch, nicht den erheblichen Lärmbelästigungen ausgesetzt zu sein, begründet ein Feststellungsinteresse. Die Klagebefugnis hat das BVerwG aus dem allgemeinen planerischen Abwägungsgebot abgeleitet[7]. Sollte die Lärmbelästigung gesundheitsschädigende Ausmaße annehmen, würde darüber hinaus Art. 2 II 1 GG in seiner Schutzpflichtdimension die Klagebefugnis begründen. Damit ist die allgemeine Feststellungsklage zulässig.

Man könnte in **Fall 76** auch auf den Gedanken kommen, der E eine **Verfassungsbeschwerde** unmittelbar gegen die Verordnung zu raten[8]. Die Verfassungsbeschwerde würde nicht an § 90 II BVerfGG scheitern, weil ein Rechtsweg gegen Verordnungen nicht eröffnet ist. Das BVerfG hat aber über das Gebot der Rechtswegerschöpfung hinaus einen allgemeinen **Subsidiaritätsgrundsatz** aufgestellt. Danach ist auch indirekter fachgerichtlicher Rechtsschutz vorrangig auszuschöpfen. E muss also vorrangig Feststellungsklage vor den Verwaltungsgerichten erheben. Eine sofort erhobene Verfassungsbeschwerde würde am Grundsatz der Subsidiarität scheitern[9]. 357

7 BVerwGE 111, 276 (280 ff.).

8 Zum Zusammenspiel von Verwaltungs- und Verfassungsprozessrecht bei der Feststellungsklage s. schon o. Rn. 311.

9 S. BVerfG (Kammer), NVwZ 1998, 169 (170).

Teil 4

Vorläufiger Rechtsschutz

§ 15 Vorläufiger Rechtsschutz bei belastenden Verwaltungsakten nach § 80 V VwGO

358 **Fall 77:** Die Ladeninhaberin L erhält eine Sondernutzungserlaubnis für eine Markise, die 6 m² öffentliches Straßenland überdeckt. Nach der einschlägigen Gemeindesatzung beträgt die jährliche Sondernutzungsgebühr 2 €/m². Die Gemeinde setzt 25 € pro Jahr fest. L möchte auch vorübergehend nicht mehr als 12 € zahlen. Erteilen Sie ihr Rat!

Fall 78: Das Ministerium verfügt die Entlassung der Beamtin B. Obwohl sie Widerspruch einlegt, zahlt das Ministerium keine Besoldung mehr. Was kann B tun?

359

Zulässigkeit eines Antrags auf vorläufigen Rechtsschutz nach § 80 V VwGO
1. Rechtsweg (§ 40 I 1 VwGO) 2. Beteiligte (§§ 61, 62 VwGO) 3. Statthafte Verfahrensart (§ 80 V VwGO) 4. Antragsbefugnis (analog § 42 II VwGO) 5. Allgemeines Rechtsschutzbedürfnis a) Antrag auch schon vor Widerspruch und Klage in der Hauptsache (str.) b) Vorrang des behördlichen Verfahrens nur im Rahmen von § 80 VI VwGO c) Rechtsbehelf in der Hauptsache nicht offensichtlich unzulässig, insb. nicht verfristet

I. Zulässigkeit

360 § 80 VwGO regelt den vorläufigen Rechtsschutz des Adressaten eines belastenden Verwaltungsaktes. Widerspruch und Anfechtungsklage entfalten nach § 80 I VwGO grundsätzlich **aufschiebende Wirkung**. Damit ist der Betroffene vorläufig hinreichend geschützt. Eines besonderen Verfahrens des vorläufigen Rechtsschutzes bedarf es nur, wenn einem Rechtsbehelf keine aufschiebende Wirkung zukommt, weil der Verwaltungsakt sofort vollziehbar ist, oder wenn die Behörde die aufschiebende Wirkung eines Rechtsbehelfs missachtet. Dann stellt § 80 IV VwGO ein behördliches Verfahren des vorläufigen Rechtsschutzes zur Verfügung und § 80 V VwGO ermöglicht gerichtlichen vorläufigen Rechtsschutz. In Klausuren steht der gerichtliche Rechtsschutz im Vordergrund.

361

Ein Antrag nach § 80 V VwGO ist statthaft, wenn • ein **belastender Verwaltungsakt** • kraft Gesetzes oder kraft behördlicher Anordnung **sofort vollziehbar** ist.

362 Der Antrag ist nur in den Fällen des **§ 80 II VwGO** statthaft; nur dann bedarf es einer Anordnung oder Wiederherstellung der aufschiebenden Wirkung. Unter § 80 II 1 Nr. 1 VwGO fallen nach h. M. nur solche **Geldleistungspflichten**, die der **Deckung des Fi-**

nanzierungsbedarfs der öffentlichen Hand dienen[1]. Damit werden namentlich Kosten der Ersatzvornahme in der Verwaltungsvollstreckung nach überwiegender Auffassung nicht erfasst[2]. § 80 II 1 Nr. 2 VwGO meint die **uniformierte Polizei**, nicht aber Verwaltungsakte der Ordnungsbehörden. Zu den unaufschiebbaren Anordnungen von Polizeivollzugsbeamten werden allerdings **auch Verkehrszeichen** gezählt. Sie werden so behandelt, als würde an Stelle des Zeichens ein Verkehrspolizist entsprechende Anweisungen geben. Rechtsbehelfe gegen Verkehrszeichen entfalten damit grundsätzlich keine aufschiebende Wirkung. § 80 II 1 Nr. 3 VwGO verweist ebenso wie § 80 II 2 VwGO auf Regelungen außerhalb der VwGO. Wichtig ist **§ 212a I BauGB**. Danach entfalten Nachbarwiderspruch und -klage gegen eine Baugenehmigung keine aufschiebende Wirkung. Außerdem finden sich im LandesAGVwGO oder im LandesVwVG häufig Bestimmungen, nach denen Rechtsbehelfen im Rahmen der Verwaltungsvollstreckung keine aufschiebende Wirkung zukommen (Rn. 550). Greift keiner dieser gesetzlichen Ausnahmefälle ein, kann die Behörde im Einzelfall nach § 80 II 1 Nr. 4, III VwGO die sofortige Vollziehung anordnen. In **Fall 77** kommt einem Hauptsacherechtsbehelf nach § 80 II 1 Nr. 1 VwGO keine aufschiebende Wirkung zu. Damit ist ein Antrag nach § 80 V VwGO statthaft.

Während das **allgemeine Rechtsschutzbedürfnis** bei Hauptsacherechtsbehelfen indiziert ist und daher nur in Sonderfällen geprüft werden muss (Rn. 172), bildet es beim vorläufigen Rechtsschutz einen wichtigen Prüfungspunkt, der stets zu erörtern ist. Zunächst ist umstritten, ob der Antrag nach § 80 V VwGO schon gestellt werden kann, bevor ein **Rechtsbehelf in der Hauptsache** eingelegt worden ist[3]. § 80 V 2 VwGO stellt nur klar, dass der Antrag schon vor Klageerhebung zulässig ist, vorläufiger gerichtlicher Rechtsschutz also schon während des Widerspruchverfahrens gewährt werden kann. Von einem formalistischen Standpunkt aus könnte man argumentieren, dass es vor der Einlegung des Widerspruchs noch keinen Rechtsbehelf gibt, dessen aufschiebende Wirkung angeordnet oder wiederhergestellt werden könnte. Damit würde allerdings der durch Art. 19 IV GG garantierte effektive Rechtsschutz ohne hinreichenden sachlichen Grund verkürzt. Daher ist die Ansicht, die den Antrag nach § 80 V VwGO **schon vor Erhebung des Widerspruchs** zulässt, vorzuziehen[4]. **363**

In **Fall 77** kann L also vorläufigen Rechtsschutz nach § 80 VwGO suchen, ohne zuvor Widerspruch eingelegt zu haben. Allerdings ist der gerichtliche Antrag hier nach § 80 VI 1 VwGO unzulässig, weil L zunächst einen **Aussetzungsantrag bei der Behörde** stellen muss. Ob der Antrag nach § 80 V VwGO einen Hauptsacherechtsbehelf voraussetzt, ließe sich bereits bei der Statthaftigkeit erörtern, während § 80 VI 1 VwGO in einem eigenen Prüfungspunkt vor dem allgemeinen Rechtsschutzbedürfnis geprüft werden könnte. Die Zuordnung zum allgemeinen Rechtsschutzbedürfnis erleichtert es jedoch, Parallelen und Unterschiede zu den Verfahren nach § 80a sowie § 123 VwGO zu erfassen (Rn. 387-389, 405). **364**

Schließlich entfällt das allgemeine Rechtsschutzbedürfnis dann, wenn der Rechtsbehelf in der Hauptsache offensichtlich unzulässig ist. Das gilt namentlich für den Fall, dass der Rechtsbehelf in der Hauptsache verfristet und der Verwaltungsakt bereits bestandskräftig **365**

1 BVerwG, NVwZ 1987, 64 (65); *Hufen*, VwProzR, § 32 Rn. 10.
2 *Kopp/Schenke*, VwGO, § 80 Rn. 63; *Schoch*, in: Schoch/Schneider/Bier, VwGO, § 80 Rn. 144; a. A. BayVGH, BayVBl. 1995, 694 f.; s. noch u. Rn. 552.
3 Dagegen OVG Rh.-Pf. NJW 1995, 1043; *Schoch*, in: Schoch/Schneider/Bier, VwGO, § 80 Rn. 460 f.
4 So auch BayVGH, DVBl. 1988, 590 (591); *Schenke*, JZ 1996, 1155 (1160).

geworden ist. Ein **offensichtlich unzulässiger Rechtsbehelf** entfaltet keine aufschiebende Wirkung. Damit besteht auch kein schutzwürdiges Interesse an vorläufigem Rechtsschutz.

➔ Der Antrag nach § 80 V VwGO ist selbst nicht fristgebunden. § 74 I VwGO gilt nur für die Anfechtungsklage in der Hauptsache.

366 In **Fall 78** entfaltet der Widerspruch der B aufschiebende Wirkung. Die Entlassung ist gemäß § 80 I VwGO suspendiert, weil kein Fall des § 80 II VwGO vorliegt. Damit ist ein Antrag nach § 80 V VwGO an sich nicht statthaft. Allerdings missachtet das Ministerium den Suspensiveffekt des Widerspruchs, indem es keine Besoldung mehr zahlt. In dieser Situation muss B eine Möglichkeit vorläufigen Rechtsschutzes haben. Indessen bedarf es keiner Anordnung der aufschiebenden Wirkung, da der Widerspruch ohnehin aufschiebende Wirkung entfaltet. Es reicht aus, wenn **das Gericht die aufschiebende Wirkung feststellt**. Ein solcher Antrag ist **analog § 80 V VwGO** statthaft, wenn die Behörde die aufschiebende Wirkung eines Verwaltungsaktes missachtet. Ein solcher Antrag ist im Falle seiner Zulässigkeit automatisch begründet, da die allein entscheidende Frage der aufschiebenden Wirkung bereits in der Statthaftigkeit geklärt wurde.

II. Begründetheit

1. Anordnung bei gesetzlichem Wegfall der aufschiebenden Wirkung

367

Interessenabwägung im Rahmen von § 80 V VwGO		
Verwaltungsakt ist *„bei der im Verfahren des vorläufigen Rechtsschutzes gebotenen summarischen Prüfung“*		
• offensichtlich rechtswidrig	→	Aussetzungsinteresse überwiegt
• offensichtlich rechtmäßig	→	Vollziehungsinteresse überwiegt
• voraussichtlich rechtswidrig/rechtmäßig	→	zusätzliche Folgenabwägung
• Rechtsmäßigkeit offen (nicht klausurrelevant)	→	reine Folgenabwägung

368 Entfällt die aufschiebende Wirkung kraft Gesetzes und ist der Antrag auf Anordnung der aufschiebenden Wirkung nach § 80 V VwGO zulässig, so führt das VG in der Begründetheit eine **Interessenabwägung** durch, bei der es die Erfolgsaussichten in der Hauptsache berücksichtigt. Das Aussetzungsinteresse des Betroffenen überwiegt jedenfalls dann, wenn der belastende Verwaltungsakt offensichtlich rechtswidrig ist. So ist es in **Fall 77**. Angesichts der klaren Satzungsregelung durfte nur eine Sondernutzungsgebühr von 12 € pro Jahr festgesetzt werden. Soweit der Gebührenbescheid der Gemeinde 12 € übersteigt, ist er offensichtlich rechtswidrig, so dass das Aussetzungsinteresse der L überwiegt. Sollte ein Antrag der L bei der Behörde nach § 80 IV VwGO keinen Erfolg haben, wäre ein anschließender, dann zulässiger Antrag nach § 80 V VwGO begründet. Das VG würde die aufschiebende Wirkung von Widerspruch und Klage anordnen, soweit der festgesetzte Betrag 12 € übersteigt.

369 In der Klausur wird man regelmäßig zu einem eindeutigen Urteil über die Rechtswidrigkeit des Verwaltungsaktes kommen können. Zwar führt das Gericht im Verfahren des

vorläufigen Rechtsschutzes nur eine **sog. summarische Prüfung** durch. Das bedeutet allerdings vor allem, dass keine zeitaufwendige Beweisaufnahme durchgeführt wird. Bei Unsicherheiten über den Sachverhalt kann es dann sein, dass die Rechtmäßigkeit für das Gericht vollkommen offen ist. Klausuraufgaben geben regelmäßig einen eindeutigen Sachverhalt vor. Der Erfolg des Antrages hängt dann vor allem von der rechtlichen Würdigung ab. Dabei ist die **Rechtmäßigkeit des Verwaltungsaktes** in einer Klausur des vorläufigen Rechtsschutzes ebenso **sorgfältig zu prüfen** wie bei einem Hauptsacheverfahren. Das Ergebnis der Interessenabwägung wird damit weitgehend von der Rechtmäßigkeit des Verwaltungsaktes abhängen. Man mag das auf diese Weise gefundene Ergebnis durch Folgenerwägungen zusätzlich absichern, doch ist dies für das Gelingen der Klausur eher eine Nebensächlichkeit. Freilich verlangt das BVerfG[5] dann eine zusätzliche Folgenabwägung, wenn bereits die sofortige Vollziehung zu einer gravierenden Grundrechtsbeeinträchtigung führt, weil beispielsweise die berufliche Existenz in Frage gestellt wird.

Manche prüfen im Rahmen der Interessenabwägung nicht nur die Rechtmäßigkeit des **370** Verwaltungsaktes, sondern die Erfolgsaussichten eines Rechtsbehelfs in der Hauptsache mit Zulässigkeit und Begründetheit. Ist noch kein Widerspruchsbescheid ergangen, wird dabei regelmäßig auf die **Erfolgsaussichten des Widerspruchs** abgestellt, ansonsten auf die Erfolgsaussichten einer Anfechtungsklage. Dieser Aufbau ist zwar vollkommen korrekt, hat aber den Nachteil, dass viel Unproblematisches zu prüfen ist und die Klausur dadurch leicht unnötig aufgebläht wird. Insbesondere sind alle wesentlichen Zulässigkeitsvoraussetzungen von Widerspruch und Anfechtungsklage bereits im Rahmen der Zulässigkeit des Antrags nach § 80 V VwGO behandelt worden. Wer die Erfolgsaussichten des Rechtsbehelfs in der Hauptsache prüft, muss also die **Zulässigkeitsprüfung** mit einer Verweisung nach oben **ganz knapp** fassen. Prüft man die Begründetheit eines Widerspruchs, stellt sich ein weiteres Problem bei Verwaltungsakten, deren Erlass im Ermessen der Behörde liegt. Die Widerspruchsbehörde hat einen solchen Verwaltungsakt nach § 68 I 1 VwGO grundsätzlich auch auf seine Zweckmäßigkeit zu überprüfen. Dem Verwaltungsgericht steht eine solche Kompetenz aber nicht zu. Daher wird es sich im Verfahren nach § 80 V VwGO auf eine Rechtmäßigkeitskontrolle beschränken. Da schließlich belastende Verwaltungsakte im Falle ihrer Rechtswidrigkeit den Adressaten stets zumindest in seinem Grundrecht aus Art. 2 I GG verletzen, kommt es ungeachtet aller sonstigen Zulässigkeits- und Begründetheitsanforderungen des Hauptsacherechtsbehelfs für die Interessenabwägung im Rahmen von § 80 V VwGO letztlich doch nur auf die Rechtmäßigkeit des Verwaltungsaktes an.

2. Wiederherstellung der aufschiebenden Wirkung bei Anordnung der sofortigen Vollziehung

Fall 79: Wegen wiederholter Verkehrsverstöße entzieht die zuständige Behörde dem A die **371** Fahrerlaubnis. Am Ende des Bescheides fügt sie den folgenden Satz an: „Aus den vorgenannten Gründen wird zugleich die sofortige Vollziehung dieses Bescheides angeordnet." A legt sogleich Widerspruch ein und fragt nach vorläufigem Rechtsschutz.

5 BVerfG (Kammer), NVwZ 2012, 104 (105 f.).

372

Begründetheit des Antrags auf Wiederherstellung der aufschiebenden Wirkung
1. Formelle Rechtmäßigkeit der Anordnung der sofortigen Vollziehung a) Zuständigkeit (§ 80 II 1 Nr. 4 VwGO) b) Verfahren (Anhörung?) c) Form (§ 80 III VwGO) 2. Interessenabwägung a) Vorliegen eines besonderen Vollziehungsinteresses b) Überwiegen des besonderen Vollziehungsinteresses

373 Schwieriger ist das Prüfungsprogramm, wenn die Behörde die sofortige Vollziehung angeordnet hat. Dann ist in der Begründetheit zunächst die **Anordnung der sofortigen Vollziehung** auf **formelle Fehler** zu überprüfen. In materieller Hinsicht wird die Anordnung nicht auf ihre Rechtmäßigkeit überprüft. Stattdessen führt das Gericht wie bei der Anordnung der aufschiebenden Wirkung eine eigene **Interessenabwägung** durch. Leidet die Anordnung der sofortigen Vollziehung unter formellen Mängeln, wird sie aufgehoben. Damit behält die Behörde die Freiheit, erneut eine nunmehr formell fehlerfreie Anordnung zu treffen. Fällt hingegen die Interessenabwägung zu Gunsten des Antragstellers aus, wird die aufschiebende Wirkung wiederhergestellt. Diese Entscheidung hindert die Verwaltung an einer erneuten Anordnung der sofortigen Vollziehung und kann nur noch vom Gericht im Verfahren nach § 80 VII VwGO geändert werden.

374 Zuständig für die Anordnung der sofortigen Vollziehung ist gemäß § 80 II 1 Nr. 4 VwGO sowohl die Ausgangs- als auch die Widerspruchsbehörde. Man mag sich fragen, ob der Betroffene vor der Anordnung der sofortigen Vollziehung anzuhören ist. Aus § 28 VwVfG ergibt sich eine **Anhörungspflicht** nur, wenn es sich um einen Verwaltungsakt handelt. Die Anordnung der sofortigen Vollziehung enthält allerdings keine eigenständige Regelung. Geregelt wird nur die Vollziehbarkeit eines Verwaltungsaktes. Diese verfahrensrechtliche Annexregelung ist **kein Verwaltungsakt**, so dass § 28 VwVfG nicht anwendbar ist. Man mag an ein allgemeines rechtsstaatliches Anhörungserfordernis denken, doch wird die Eilbedürftigkeit eine vorherige Anhörung des Betroffenen vielfach entbehrlich machen.

375 Wichtig ist die **Formvorschrift** in § 80 III 1 VwGO. Die Anordnung bedarf grundsätzlich einer **schriftlichen Begründung**. Diese Begründung darf sich nicht auf bloße Floskeln beschränken, und sie muss sich auf ein **besonderes Vollziehungsinteresse** beziehen. Das Gesetz unterscheidet zwischen einem allgemeinen und einem besonderen Vollziehungsinteresse. Es besteht ein allgemeines Interesse, dass rechtmäßige Verwaltungsakte vollzogen werden. Dieses allgemeine Interesse genügt aber nicht, um zu begründen, dass ausnahmsweise die sofortige Vollziehung eines Verwaltungsaktes angeordnet wird. Die sofortige Vollziehung lässt sich vielmehr nur mit einem besonderen Vollziehungsinteresse rechtfertigen, das über das allgemeine Vollziehungsinteresse hinausgeht. Die Verwaltung muss besondere Gründe nennen, aus denen mit der Vollziehung des Verwaltungsaktes nicht bis zur Bestandskraft gewartet werden kann.

376 In **Fall 79** war die Ausgangsbehörde nach § 80 II 1 Nr. 4 VwGO zuständig, die sofortige Vollziehung anzuordnen. Entgegen § 80 III 1 VwGO hat sie allerdings keine besonderen Gründe für die sofortige Vollziehung genannt. Sie hat lediglich auf die vorausgehende Begründung des Verwaltungsaktes verwiesen. Damit hat sie letztlich allein auf das allgemeine Interesse an der Vollziehung eines rechtmäßigen Verwaltungsaktes abgestellt. Wegen dieses Begründungsmangels ist die Anordnung formell fehlerhaft. Das VG wird

sie aufheben. Das schließt nicht aus, dass in **Fall 79** angesichts der besonderen Gefahren, die anderen Verkehrsteilnehmern im Straßenverkehr vom Verhalten des A drohen, möglicherweise tatsächlich ein Interesse an der sofortigen Vollziehung besteht. Das könnte die Behörde zum Anlass nehmen, eine neue Anordnung mit hinreichender Begründung zu treffen. Teilweise wird angenommen, dass eine Begründung, die den Anforderungen des § 80 III 1 VwGO genügt, noch im gerichtlichen Verfahren des vorläufigen Rechtsschutzes mit heilender Wirkung nachgeholt werden kann[6]. Das ist sachgerecht, doch darf eine **Heilung** in der Klausur nicht vorschnell unterstellt werden (Rn. 248).

Ist die Anordnung der sofortigen Vollziehung formell fehlerfrei, trifft das VG eine **eigene Interessenabwägung**. Dabei ist allerdings zu berücksichtigen, dass eine behördliche Anordnung der sofortigen Vollziehung nur ausnahmsweise bei Vorliegen eines besonderen Vollziehungsinteresses möglich sein soll. Daher muss das Gericht **zunächst prüfen, ob tatsächlich ein besonderes Vollziehungsinteresse besteht**. Erst danach kann dieses besondere Vollziehungsinteresse gegen das Aussetzungsinteresse des Betroffenen abgewogen werden. Diese Abwägung orientiert sich wiederum an den Erfolgsaussichten in der Hauptsache (Rn. 368). 377

§ 16 Besonderheiten bei Verwaltungsakten mit Doppelwirkung (§ 80a VwGO)

Fall 80: Der Verein gegen Pelztierzucht e.V. möchte samstags auf dem Marktplatz genau vor dem Kaufhauseingang einen Informationsstand aufstellen. Auf Antrag erhält er dafür eine Sondernutzungserlaubnis, obwohl der Stand den Zugang zum Kaufhaus erheblich behindert. Das Kaufhausunternehmen legt Widerspruch ein. Der Verein fragt um Rat. Er möchte bei Bedarf gerichtlichen vorläufigen Rechtsschutz in Anspruch nehmen. 378

Fall 81: In **Fall 80** stellt der Verein den Informationsstand auf, ohne den Widerspruch zu beachten. Nun fragt das Kaufhausunternehmen nach vorläufigem gerichtlichem Rechtsschutz.

Fall 82: N fühlt sich durch spätabendlichen Biergartenlärm in seiner Nachtruhe gestört. Auf Drängen des N erlässt die zuständige Behörde eine Verfügung gegen die Biergartenbetreiberin B, die den Biergartenlärm begrenzt. B legt Widerspruch ein und reduziert den Lärm nicht. Der nicht anwaltlich vertretene N beantragt beim VG den „Erlass einer einstweiligen Anordnung“

Fall 83: Kann die Behörde in **Fall 82** die sofortige Vollziehung von Amts wegen anordnen?

Die Rechtsnatur der aufschiebenden Wirkung ist umstritten. Die sog. Vollziehbarkeitstheorie steht der sog. Wirksamkeitstheorie gegenüber. Dahinter steht die Frage, ob die aufschiebende Wirkung die Wirksamkeit des Verwaltungsaktes suspendiert oder ob sie lediglich die Vollziehung des Verwaltungsaktes ausschließt. Die **Wirksamkeitstheorie begegnet** erheblichen **Bedenken**. Die Wirksamkeit von Verwaltungsakten ist eine Frage des Allgemeinen Verwaltungsrechts. Sie fällt weitgehend in die Gesetzgebungskompetenz der Länder und wird in § 43 VwVfG sowie den parallelen Landesvorschriften geregelt. Dem Bund würde die Kompetenz fehlen, Fragen der Wirksamkeit in der VwGO für alle Verwaltungsakte zu regeln. Außerdem spricht der Begriff der sofortigen Vollziehung, den § 80 II 1 Nr. 4 VwGO verwendet, dafür, dass § 80 I VwGO lediglich die Voll- 379

6 OVG Bln.-Bbg., NVwZ-RR 2008, 727; **a. A.** BayVGH, NVwZ-RR 2002, 646.

ziehung, nicht aber die Wirksamkeit von Verwaltungsakten hemmt. Das spricht für die **herrschende Vollziehbarkeitstheorie**. Würde man allerdings einen engen, technischen Vollziehungsbegriff zu Grunde legen, würde § 80 I VwGO lediglich die förmliche Vollziehung eines Verwaltungsaktes durch die Behörde verhindern. Bei Verwaltungsakten mit Doppelwirkung geht es aber häufig darum, ob Private von einem Verwaltungsakt Gebrauch machen dürfen. Beispielsweise ist in **Fall 80** die Sondernutzungserlaubnis keiner Vollziehung durch die Behörde fähig. Früher war umstritten, ob die aufschiebende Wirkung auch zu Lasten eines privaten Begünstigten wirkt. Mittlerweile stellt § 80 I 2 VwGO klar, dass § 80 VwGO auch in solchen Fällen Anwendung findet. Die Vorschrift geht damit von einem sehr **weiten Vollziehungsbegriff** aus, der jede Verwirklichung des Verwaltungsaktes umfasst. In **Fall 80** führt die aufschiebende Wirkung des Widerspruchs dementsprechend dazu, dass der Verein seinen Informationsstand vorläufig nicht aufstellen darf.

380 Bei Verwaltungsakten mit Doppelwirkung sind Dreiecksverhältnisse zu beurteilen. Formal läuft die Auseinandersetzung über die Behörde, während zwischen dem begünstigten Privaten und dem belasteten Privaten keine unmittelbaren öffentlich-rechtlichen Beziehungen bestehen. Der **materielle Konflikt** wird sich aber häufig **zwischen den beiden Privaten** abspielen, während der **Behörde eher** die Rolle einer **Moderatorin** zukommt. Das gilt im öffentlich-rechtlichen Nachbarstreit ebenso wie beispielsweise in **Fall 80**. Dieser besonderen Situation trägt § 80a VwGO Rechnung. Er eröffnet in seinen ersten beiden Absätzen Möglichkeiten behördlichen vorläufigen Rechtsschutzes und regelt in seinem Abs. III durch Verweisung den gerichtlichen vorläufigen Rechtsschutz. Die folgende Darstellung konzentriert sich auf den gerichtlichen Rechtsschutz.

I. Zulässigkeit eines Antrags auf vorläufigen gerichtlichen Rechtsschutz

381

Zulässigkeit eines Antrags auf vorläufigen Rechtsschutz nach § 80a III VwGO
1. Rechtsweg (§ 40 I 1 VwGO) 2. Beteiligte (§§ 61, 62 VwGO) 3. Statthafte Verfahrensart (§ 80a III 1 i. V. m. I/II VwGO) 4. Antragsbefugnis (analog § 42 II VwGO) 5. Allgemeines Rechtsschutzbedürfnis a) Antrag auch schon vor Widerspruch und Klage in der Hauptsache (str.) b) Vorrang des behördlichen Verfahrens? – nicht § 80a III 2 i. V. m. § 80 VI VwGO, aber u. U. allg. Rechtsschutzbedürfnis (str.) c) Rechtsbehelf in der Hauptsache nicht offensichtlich unzulässig, insb. nicht verfristet

382 Der Antrag auf vorläufigen gerichtlichen Rechtsschutz nach § 80a III VwGO weicht vom Antrag nach § 80 V VwGO in der Zulässigkeit in zwei Punkten ab: bei der Statthaftigkeit und bei der Frage nach dem Vorrang eines behördlichen Verfahrens.

1. Statthaftigkeit

383 Die Statthaftigkeit des Antrags nach § 80a III VwGO lässt sich am besten prüfen, indem man § 80a III 1 VwGO in Verbindung mit § 80a I und II VwGO liest. Die wesentlichen Statthaftigkeitskriterien ergeben sich dann aus § 80a I oder II VwGO.

a) Der drittbelastende Verwaltungsakt

§ 80a I ist i. V. m. § 80a III 1 VwGO einschlägig, wenn der betreffende Verwaltungsakt den Adressaten begünstigt und einen Dritten belastet. Die Subsumtion unter den Wortlaut lässt sich am besten am Beispiel zeigen. In **Fall 80** legt ein Dritter (das Kaufhausunternehmen) einen Rechtsbehelf (Widerspruch) gegen den an einen anderen (den Verein) gerichteten, diesen begünstigenden Verwaltungsakt (die Sondernutzungserlaubnis) ein. Daher kann gemäß § 80a I Nr. 1 VwGO die Behörde und gemäß § 80a III 1 VwGO auch das Gericht auf Antrag des Begünstigten (des Vereins) nach § 80 II 1 Nr. 4 VwGO die sofortige Vollziehung anordnen. Demnach ist in **Fall 80** ein Antrag des Vereins auf vorläufigen gerichtlichen Rechtsschutz nach § 80a I Nr. 1, III 1 VwGO statthaft. 384

In **Fall 81** handelt es sich um denselben drittbelastenden Verwaltungsakt, so dass wiederum § 80a I, III 1 VwGO einschlägig ist, nunmehr aber in der zweiten Variante. Gemäß § 80a I Nr. 2, III 1 VwGO kann das Gericht auf Antrag des Dritten (des Kaufhausunternehmens) bestimmte, aufgelistete Maßnahmen treffen. Eine Aussetzung der Vollziehung ist nur statthaft, wenn ein Verwaltungsakt sofort vollziehbar ist. In **Fall 80 f.** entfaltet der Widerspruch des Kaufhausunternehmens, wie gesehen (Rn. 384), aufschiebende Wirkung. Damit wäre ein Antrag auf Aussetzung der Vollziehung nicht statthaft, weil es keine Vollziehung auszusetzen gibt. Da aber der Verein die aufschiebende Wirkung missachtet, ist ein Antrag auf einstweilige Maßnahmen zur Sicherung der Rechte des Dritten (des Kaufhausunternehmens) statthaft. 385

b) Der drittbegünstigende Verwaltungsakt

Entsprechend ergibt sich die Statthaftigkeit des Antrags auf vorläufigen gerichtlichen Rechtsschutz bei Verwaltungsakten, die den Adressaten belasten, einen Dritten jedoch begünstigen, aus § 80a II, III 1 VwGO. Auch hier folgt die Prüfung am besten dem Wortlaut des Gesetzes. In **Fall 82** beispielsweise legt eine Betroffene (die B) gegen einen an sie gerichteten belastenden Verwaltungsakt (die Lärmbegrenzungsverfügung), der einen Dritten (den N) begünstigt, einen Rechtsbehelf (Widerspruch) ein. Daher kann gemäß § 80a II VwGO die Behörde und gemäß § 80a III 1 VwGO auch das Gericht auf Antrag des Dritten (des N) nach § 80 II 1 Nr. 4 VwGO die sofortige Vollziehung anordnen. Ein entsprechender Antrag des N ist statthaft. N hat zwar vom Wortlaut her den Erlass einer einstweiligen Anordnung beantragt, was hier gemäß § 123 V VwGO ausscheidet (u. Rn. 401). Gemäß § 88 VwGO, der beim vorläufigen Rechtsschutz analog anzuwenden ist, kommt es aber nicht auf die Formulierung des Antrags an. Vielmehr ist im Wege der Auslegung das wahre Begehren des N zu ermitteln. Hier ist davon auszugehen, dass N den allein statthaften Antrag nach § 80 II 1 Nr. 4 VwGO stellen wollte. 386

2. Verhältnis des gerichtlichen zum behördlichen vorläufigen Rechtsschutz

Umstritten ist, ob der Antrag bei Gericht nach § 80a III VwGO gestellt werden darf, bevor die Behörde einen entsprechenden Antrag nach § 80a I, II VwGO abgelehnt hat. Im Zentrum des Streits liegt das richtige Verständnis der Verweisung in § 80a III 2 VwGO auf § 80 VI VwGO. Liest man sie als **Rechtsgrundverweisung**, wäre behördlicher vorläufiger Rechtsschutz nur bei Abgaben- und Kostenbescheiden i. S. v. § 80 II Nr. 1 VwGO vorrangig. Dann **liefe** die Verweisung allerdings **weitgehend leer**, weil Abgaben- und Kostenbescheide kaum je Doppelwirkung entfalten und damit fast nie von § 80a VwGO erfasst werden. Das spricht für eine **Rechtsfolgenverweisung**, der zufolge § 80 387

VI bei allen Verwaltungsakten mit Doppelwirkung anzuwenden wäre. Dieses Ergebnis hat der Gesetzgeber allerdings **nicht beabsichtigt**. Eine historische Auslegung ist auch mit Wortlaut und System vereinbar. § 80a III 2 VwGO, der nicht speziell auf § 80 VI VwGO verweist, sondern pauschal auf § 80 V–VIII VwGO behält nämlich auch dann seinen Sinn, wenn die Verweisung auf Abs. VI weitgehend leer läuft.

388 Wer § 80 VI VwGO bei allen Verwaltungsakten mit Doppelwirkung anwendet, wird allerdings im Zweifel Ausnahmen machen, wenn es die **Dringlichkeit der Sache** gebietet (vgl. § 80 VI 2 Nr. 2 VwGO) oder wenn die Behörde bereits zum Ausdruck gebracht hat, dass sie einem Antrag kaum stattgeben würde, etwa weil sie selbst zuvor die sofortige Vollziehung nach § 80 II Nr. 4 VwGO angeordnet hat. Wer § 80 VI VwGO nicht anwendet, mag dennoch überlegen, ob einem Antrag an das Gericht ohne vorherige Befassung der Behörde das **allgemeine Rechtsschutzbedürfnis** fehlt[1].

389 **Fall 82** mag das eben Gesagte veranschaulichen. Legt man die Verweisung in § 80a III 2 VwGO eng aus, steht § 80 VI VwGO einem Antrag des N bei Gericht nicht entgegen. Dem N könnte jedoch das allgemeine Rechtsschutzbedürfnis fehlen. Nachdem die Behörde bereits zum Schutz des N mit einer Lärmbegrenzungsverfügung eingeschritten ist, erscheint es keineswegs ausgeschlossen, dass sie auch einem Antrag auf Anordnung der sofortigen Vollziehung stattgeben würde. Dieser Weg ist verfahrensmäßig eher einfacher und vor allem weniger kostenintensiv als das gerichtliche Verfahren. Zu beachten ist insbesondere, dass die Behörde nach § 154 I VwGO mit den Kosten des gerichtlichen Verfahrens belastet werden würde, wenn ein entsprechender Antrag des N Erfolg hätte. Es erscheint aber unangemessen, die Verwaltung mit Verfahrenskosten zu belasten, wenn sie die begehrte Entscheidung auch von sich aus getroffen hätte. Das spricht dafür, den N in **Fall 82** vorrangig auf die Möglichkeit behördlichen vorläufigen Rechtsschutzes nach § 80a II VwGO zu verweisen und ihm das allgemeine Rechtsschutzbedürfnis für ein gerichtliches Verfahren abzusprechen, solange er ein behördliches Verfahren nicht versucht hat.

3. Verhältnis von § 80a VwGO zu § 80 II 1 Nr. 4 VwGO

390 In **Fall 83** stellt sich die Frage nach der Abgrenzung zwischen § 80a VwGO und § 80 II 1 Nr. 4 VwGO. Nach § 80a VwGO kann die **Behörde nur auf Antrag** tätig werden. Es ist umstritten, ob sie daneben die Möglichkeit behält, unmittelbar nach § 80 II 1 Nr. 4 VwGO **von Amts wegen** tätig zu werden. Wortlaut und System lassen beide Auslegungen zu. § 80 II 1 Nr. 4 VwGO erfasst vom Wortlaut her auch Verwaltungsakte mit Doppelwirkung, ohne dass es eines Rückgriffs auf § 80a VwGO bedürfte. Andererseits könnte man § 80a VwGO als Spezialregelung lesen, die den unmittelbaren Rückgriff auf § 80 II 1 Nr. 4 VwGO versperrt. Maßgebend ist damit Sinn und Zweck der Regelung. Gegen eine Anordnung der sofortigen Vollziehung von Amts wegen wird vorgebracht, dass die Verwaltung dem Begünstigten den Vorteil der sofortigen Vollziehung nicht aufdrängen dürfe. Dem ist grundsätzlich zuzustimmen. Dennoch rechtfertigt es dieser Gedanke nicht in allen Fällen, die Anordnung von Amts wegen auszuschließen. In **Fall 83** hätte die Behörde die Lärmbegrenzungsverfügung auch von Amts wegen, also unabhängig von den Wünschen des N, erlassen können. Wenn aber der drittbegünstigende Verwaltungsakt von Amts wegen erlassen werden kann, bestehen keine Bedenken dagegen, dass die Be-

1 So im Grundsatz BayVGH, BayVBl. 1993, 565.

hörde von Amts wegen ebenfalls im öffentlichen Interesse die sofortige Vollziehung des Bescheides anordnet. Größere Zweifel entstehen, wenn die sofortige Vollziehung nicht im öffentlichen Interesse angeordnet wird, sondern im spezifischen Interesse des Drittbegünstigten. So wäre es beispielsweise problematisch, wenn die Behörde in **Fall 81** die sofortige Vollziehung der Sondernutzungserlaubnis ohne Antrag des Vereins von Amts wegen anordnen würde. Selbst hier stellt sich allerdings kaum die Gefahr einer aufgedrängten Begünstigung. Es steht dem Verein nämlich frei, ob er von der Sondernutzungserlaubnis Gebrauch machen will oder nicht. Es bleibt ihm unbenommen, von der Begünstigung, die in der Anordnung der sofortigen Vollziehung liegt, keinen Gebrauch zu machen. Das lässt es vertretbar erscheinen, auch in dieser Situation eine Anordnung der sofortigen Vollziehung von Amts wegen unmittelbar nach § 80 II 1 Nr. 4 VwGO zuzulassen.

II. Fragen der Beiladung

Das Dreiecksverhältnis, das dem Rechtsschutz nach § 80a VwGO zu Grunde liegt, hat 391
weitere prozessuale Konsequenzen. **Antragsteller** ist je nach Rechtsschutzkonstellation der Belastete oder der Begünstigte. Antragsgegner ist wie bei § 80 V VwGO die **Verwaltung** bzw. der Rechtsträger, der hinter der jeweiligen Behörde steht. Der **andere Private** tritt weder als Antragsteller noch als Antragsgegner auf. Allerdings ist er **materiell der eigentliche Gegner** (Rn. 380). Setzt der Begünstigte die sofortige Vollziehung durch, ist dies für den Belasteten nachteilig. Hat ein Aussetzungsantrag des Belasteten Erfolg, wird dadurch zwangsläufig der Begünstigte rechtlich betroffen, weil er von seiner Begünstigung zumindest vorläufig keinen Gebrauch mehr machen kann. Das bedeutet, dass die Entscheidung über vorläufigen Rechtsschutz nach § 80a VwGO immer auch gegenüber dem anderen Privaten ergehen muss. Dieser andere ist daher **nach § 65 II VwGO notwendig beizuladen** (Rn. 54).

Die Beiladung ist weder eine Frage der Zulässigkeit noch der Begründetheit. Vielmehr 392
geht es um eine **Nebenentscheidung des Gerichts**. Liegen die Voraussetzungen von § 65 II VwGO vor, muss das Gericht einen Beiladungsbeschluss fassen. Ist nach den Erfolgsaussichten eines Antrags auf vorläufigen Rechtsschutz gefragt, muss die Beiladung daher streng genommen gar nicht erwähnt werden. Es würde ausreichen, in der Zulässigkeit Antragsteller und Antragsgegner richtig zu identifizieren. Es ist sinnvoll, die notwendige Beiladung dennoch kurz zu behandeln. Am besten geschieht dies in einem **gesonderten Gliederungspunkt zwischen Zulässigkeit und Begründetheit**. Das gilt selbstverständlich nicht nur für Klausuren des vorläufigen Rechtsschutzes, sondern ebenso beim Hauptsacheverfahren. Greift beispielsweise ein Nachbar eine Baugenehmigung mit der Anfechtungsklage an, sollte im Anschluss an die Zulässigkeit der Klage kurz festgestellt werden, dass der Bauherr nach § 65 II VwGO beizuladen ist.

III. Begründetheit eines Antrags nach § 80a III VwGO

393

Interessenabwägung im Rahmen von §§ 80 V, 80a VwGO		
Rechtsbehelf in der Hauptsache hat „*bei der im Verfahren des vorläufigen Rechtsschutzes gebotenen summarischen Prüfung*“		
• offensichtlich Erfolg	→	Aussetzungsinteresse überwiegt
• offensichtlich keinen Erfolg	→	Vollziehungsinteresse überwiegt
• voraussichtlich Erfolg/keinen Erfolg	→	zusätzliche Folgenabwägung
• Erfolgsaussichten offen (nicht klausurrelevant)	→	reine Folgenabwägung

394 Die Begründetheitsprüfung entspricht derjenigen im Rahmen von § 80 V VwGO (vor Rn. 368), doch sind zwei **Besonderheiten** zu beachten.

395 Zunächst bedarf es zur Anordnung der sofortigen Vollziehung bei § 80a VwGO **keines besonderen Vollziehungsinteresses**. Es reicht aus, dass das allgemeine Vollziehungsinteresse des Begünstigten das Aussetzungsinteresse des Belasteten überwiegt.

396 Im Rahmen der **Interessenabwägung** ist wiederum maßgeblich auf die materielle Rechtslage abzustellen. Zu beachten ist jedoch, dass ein **Verwaltungsakt**, der von einem Dritten angefochten wird, nicht schon dann aufgehoben wird, wenn er **objektiv rechtswidrig** ist. Nach § 113 I 1 VwGO hängt der Klageerfolg vielmehr **zusätzlich** von einer **Rechtsverletzung** ab, die bei Drittbelasteten besondere Probleme aufweist. Daher führt die voraussichtliche Rechtswidrigkeit des streitbefangenen Verwaltungsaktes für sich genommen noch nicht dazu, dass das Aussetzungsinteresse überwiegt. Sollte sich beispielsweise in einem Baunachbarstreit herausstellen, dass die Baugenehmigung zwar rechtswidrig ist, aber keine nachbarschützenden Normen verletzt, würde der Nachbar mit Widerspruch und Klage unterliegen. Steht aber der Misserfolg in der Hauptsache fest, hat er auch kein schutzwürdiges Interesse an einer vorläufigen Aussetzung der Baugenehmigung. Daher fragt das Schema zur Interessenabwägung, das hier vorgeschlagen wird, nicht nach der Rechtswidrigkeit des Verwaltungsaktes, sondern nach den **Erfolgsaussichten des Rechtsbehelfs in der Hauptsache**. Allerdings wäre es in der Klausur an dieser Stelle regelmäßig verfehlt, Widerspruch oder Anfechtungsklage als Rechtsbehelfe in der Hauptsache mit Zulässigkeit und Begründetheit vollständig durchzuprüfen. Das würde die Klausurlösung aufblähen, ohne inhaltlich wichtige zusätzliche Gesichtspunkte zu erschließen (s.o. Rn. 370). Es genügt im Rahmen der Interessenabwägung vielmehr festzustellen, ob der streitbefangene Verwaltungsakt voraussichtlich deshalb aufgehoben werden wird, weil er rechtswidrig ist und den Drittbelasteten in seinen Rechten verletzt.

IV. Entscheidungsausspruch

397 Ist der Antrag begründet, hat das Gericht nach § 80a III 1 VwGO je nach Sachlage **verschiedene Tenorierungsmöglichkeiten**. Es kann je nach Antrag und Rechtsschutzkonstellation die sofortige Vollziehung eines Bescheides anordnen oder eine behördliche Anordnung der sofortigen Vollziehung aufheben. Entfaltet ein Rechtsbehelf kraft Gesetzes keine aufschiebende Wirkung, kann es auf Antrag des Belasteten die aufschiebende Wirkung anordnen. Das gilt beispielsweise für den Nachbarwiderspruch gegen eine Bau-

genehmigung, dem nach § 212a I BauGB keine aufschiebende Wirkung zukommt. Außerdem sieht § 80a III 1 VwGO i. V. m. § 80a I Nr. 2 VwGO vom Wortlaut her vor, dass das Gericht selbst Maßnahmen zur Sicherung des Begünstigten treffen kann. Nimmt man das Gesetz beim Wort, würde das in **Fall 81** bedeuten, dass das Gericht selbst anordnen kann, dass der Verein den Informationsstand wegen der aufschiebenden Wirkung des Widerspruchs vorläufig nicht aufstellen darf. Eine solche Lösung begegnet aber schweren prozessualen Bedenken. Im Verfahren des vorläufigen Rechtsschutzes wäre das Kaufhausunternehmen Antragsteller. Antragsgegner wäre die Behörde bzw. der Rechtsträger der Behörde, vermutlich die Gemeinde. Der Verein, um dessen Verhalten es geht, ist also weder Antragsteller noch Antragsgegner. Er wäre freilich nach § 65 II VwGO notwendig beizuladen. Es ist aber prozessual kaum vorstellbar, dass das Gericht nicht den Antragsgegner, sondern einen lediglich beigeladenen Dritten durch seine Entscheidung unmittelbar zu einem Verhalten verpflichtet. Auch in **Fall 81** dürfte sich der Antrag des Kaufhausunternehmens daher nur gegen die Verwaltung richten. Sachgerecht wäre es, wenn das Gericht die Verwaltung auf Antrag des Kaufhausunternehmens verpflichtet, dem Verein das Aufstellen des Informationsstandes vorläufig zu untersagen.

§ 17 Einstweilige Anordnung

Fall 84: Ein Bundesministerium behauptet wahrheitswidrig, die Münchener B-Brauerei werde von Scientology gelenkt. Die B-Brauerei verlangt im Wege des vorläufigen Rechtsschutzes Unterlassen und Widerruf. 398

Fall 85: Der Ortsverband der P-Partei möchte, wie andere Parteien auch, kurz vor der Wahl eine Wahlkampfveranstaltung in der Stadthalle durchführen. Die Stadt lehnt dies allein mit der Begründung ab, dass die P-Partei verfassungsfeindliche Ziele verfolge. Wie wird das VG über einen Antrag auf vorläufigen Rechtsschutz entscheiden?

Fall 86: In A findet das jährliche Altstadtfest statt. Für die Festtage möchte die Österreicherin Ö in der Nähe der Festmeile an der engen Altstadtbrücke einen Imbisswagen aufstellen und beantragt eine straßenrechtliche Sondernutzungserlaubnis. Die Stadt lehnt dies mit der Begründung ab, eine solche Erlaubnis setze voraus, dass Ö in der Stadt oder zumindest in Deutschland ansässig sei. Darauf, ob ein Imbisswagen an der vorgesehenen Stelle stören würde, geht die Stadt nicht ein. Ö fragt nach vorläufigem Rechtsschutz.

Die **Prüfungsfolge** bei der einstweiligen Anordnung ist heillos **umstritten**. Der Aufbau, 399
der im Folgenden vorgeschlagen wird, orientiert sich an dem, was von anderen Verfahrensarten bekannt ist. Er gestattet es, die gängigen Sachprobleme einer einstweiligen Anordnung gut zu erfassen und müsste weitgehend akzeptiert werden.

I. Zulässigkeit

400

Zulässigkeit einer einstweiligen Anordnung nach § 123 VwGO
1. Rechtsweg (§ 40 I 1 VwGO) 2. Beteiligte (§§ 61, 62 VwGO) 3. Statthafte Verfahrensart (§ 123 V VwGO; § 123 I 1/2 VwGO) 4. Antragsbefugnis (analog § 42 II VwGO) 5. Allgemeines Rechtsschutzbedürfnis a) Vorbefassung der Behörde b) Antrag auch schon vor Widerspruch und Klage in der Hauptsache c) Rechtsbehelf in der Hauptsache nicht offensichtlich unzulässig, insb. nicht verfristet

401 Nach § 123 V VwGO ist die einstweilige Anordnung **statthaft**, wenn kein Fall der §§ 80, 80a VwGO vorliegt. Ist ein Verwaltungsakt erlassen worden, lässt sich der vorläufige Rechtsschutz über das Instrument der aufschiebenden Wirkung von Widerspruch und Anfechtungsklage nach §§ 80, 80a VwGO steuern. Eine einstweilige Anordnung scheidet dann aus. Hingegen versagt der Mechanismus der aufschiebenden Wirkung, wenn **kein Verwaltungsakt** in Rede steht (z. B. **Fall 84**). Dann ist die einstweilige Anordnung nach § 123 VwGO statthafte Rechtsschutzform. Vorläufiger Rechtsschutz nach §§ 80, 80a VwGO versagt auch dann, wenn ein Verwaltungsakt begehrt wird, der noch nicht erlassen wurde. **Verpflichtungswiderspruch und Verpflichtungsklage** entfalten nach h. M. keine aufschiebende Wirkung. Suspendiert werden könnte allenfalls die Ablehnung des begehrten Verwaltungsaktes. Das verschafft dem Betroffenen aber noch nicht die von ihm begehrte Begünstigung. Auch hier bedarf es des vorläufigen Rechtsschutzes nach § 123 VwGO (z. B. **Fall 85**).

402 Kommt vorläufiger Rechtsschutz nach **§§ 80, 80a VwGO** in Betracht, sind diese in der Klausur **als Spezialvorschriften** stets **zuerst zu prüfen**. Ist ein Antrag nach diesen Vorschriften statthaft, muss § 123 VwGO nicht einmal erwähnt werden. Mit § 123 VwGO zu beginnen, empfiehlt sich nur, wenn Rechtsschutz nach §§ 80, 80a VwGO offenkundig ausscheidet.

403 Im Rahmen der Statthaftigkeit sollte auch geklärt werden, ob der Antrag als solcher auf Erlass einer Sicherungsanordnung gemäß § 123 I 1 VwGO oder aber als solcher auf Erlass einer Regelungsanordnung nach § 123 I 2 VwGO statthaft ist.

→ Die **Sicherungsanordnung** ist statthaft, wenn der Status quo vor einer Veränderung geschützt werden soll. Hingegen ist eine **Regelungsanordnung** einschlägig, wenn es dem Antragsteller darum geht, den bestehenden Rechtszustand vorläufig zu seinen Gunsten zu verändern. Sicherungsanordnungen sind im Verwaltungsprozessrecht selten.

404 In **Fall 84** ist zu differenzieren. Soweit die Brauerei **Unterlassen** begehrt, will sie lediglich erneute Äußerungen, die ihren Ruf zusätzlich beeinträchtigen, verhindern. Es geht ihr also um eine Sicherung des Status quo. Statthafte Rechtsschutzform ist die **Sicherungsanordnung**. Der **Widerruf** soll hingegen die bereits eingetretene Rufbeeinträchtigung zumindest zum Teil beseitigen. Angestrebt wird also insoweit eine Veränderung des bisherigen Zustandes. Daher ist insoweit eine **Regelungsanordnung** statthaft. Auch in den **Fällen 85** und **86** geht es um Regelungsanordnungen, weil jeweils eine noch nicht gewährte Begünstigung erstrebt wird. **Sicherungsanordnungen sind selten**, weil Veränderungen des Status quo im Verwaltungsrecht regelmäßig durch oder auf Grund von erlassenen Verwaltungsakten drohen und insoweit vorläufiger Rechtsschutz nach §§ 80, 80a VwGO gewährt wird.

Es liegt auf der Hand, dass Antragsteller in einer Leistungskonstellation nur dann einen Antrag auf Erlass einer einstweiligen Anordnung gegen die Behörde stellen können, wenn sie diese zuvor mit ihrem Anliegen befasst haben[1]. Sonst fehlt ihnen das **allgemeine Rechtsschutzbedürfnis**. In **Fall 85** hat der Ortsverband selbstverständlich zunächst einen Antrag bei der Stadt gestellt. Hingegen setzt der Antrag nach § 123 VwGO nicht voraus, dass bereits ein Rechtsbehelf in der Hauptsache eingelegt wurde; dies kann beim allgemeinen Rechtsschutzbedürfnis kurz klargestellt werden. Die o. Rn. 363 bei § 80 VwGO diskutierten Zweifel bestehen hier nicht. Im Übrigen fehlt das allgemeine Rechtsschutzbedürfnis insbesondere dann, wenn Rechtsschutz in der Hauptsache offensichtlich unzulässig ist. Wäre beispielsweise in **Fall 85** die Ablehnung bereits bestandskräftig geworden, könnte kein vorläufiger Rechtsschutz mehr begehrt werden. **405**

II. Begründetheit

Begründetheit der einstweiligen Anordnung
1. Anordnungsanspruch 2. Anordnungsgrund 3. Keine Vorwegnahme der Hauptsache

406

Es empfiehlt sich, Sicherungs- und Regelungsanordnung nach einem einheitlichen Begründetheitsschema zu prüfen. Je nachdem lässt sich nicht nur vom Anordnungs-, sondern auch vom **Regelungs- und Sicherungsanspruch bzw. -grund** sprechen. **407**

Zunächst ist zu prüfen, ob der **Anordnungsanspruch**, also der Anspruch, der in der Hauptsache geltend gemacht wird, bei der im Verfahren des vorläufigen Rechtsschutzes gebotenen summarischen Prüfung (Rn. 369) voraussichtlich besteht. Da die Behauptung in **Fall 84** wahrheitswidrig ist und damit die Berufsausübungsfreiheit der B-Brauerei in unzulässiger Weise beeinträchtigt, besteht ein grundrechtlicher Unterlassungsanspruch (Rn. 283). Zugleich kann Widerruf als Folgenbeseitigung geltend gemacht werden (zum Folgenbeseitigungsanspruch Rn. 498). Damit ist sowohl ein Sicherungs- als auch ein Regelungsanspruch gegeben. **408**

Anordnungsgrund ist die **besondere Eilbedürftigkeit**, die es ausschließt, den Betroffenen auf den Rechtsschutz in der Hauptsache zu verweisen. Das **Verbot der Vorwegnahme** der Hauptsache ist grundsätzlich sinnvoll. Die einstweilige Anordnung soll vorläufigen Rechtsschutz geben, die endgültige Klärung der Rechtssache aber dem Hauptsacheverfahren vorbehalten. Daher darf sie dem Hauptsacheverfahren grundsätzlich nicht den Boden entziehen, indem sie die Hauptsacheentscheidung vorwegnimmt. Dies darf allerdings nicht dazu führen, dass den Rechtsschutzsuchenden **effektiver Rechtsschutz** versagt wird. Käme die Entscheidung in der Hauptsache zu spät, dann gebietet es Art. 19 IV 1 GG, ggf. das Verbot der Vorwegnahme der Hauptsache zu durchbrechen. **409**

In **Fall 85** besteht ein Anordnungsanspruch aus § 5 PartG, weil der von der Stadt angeführte Ausschlussgrund der Verfassungsfeindlichkeit nicht berücksichtigt werden darf, solange und soweit das BVerfG keine Entscheidung nach Art. 21 II-IV GG getroffen hat (sog. Parteienprivileg). Es besteht auch ein Anordnungsgrund, weil eine Entscheidung in **410**

1 Dazu BVerwG, NVwZ-RR 2022, 164, Rn. 10.

der Hauptsache erst nach der Wahl und damit zu spät kommen würde. Würde man der P-Partei vorläufigen Rechtsschutz nur versagen, weil damit die Hauptsache vorweggenommen wird, würde man ihr effektiven Rechtsschutz verweigern. Art. 19 IV 1 GG gebietet daher eine **Ausnahme vom Verbot der Vorwegnahme der Hauptsache**.

411 In **Fall 84** ist hingegen zu differenzieren. Soweit Unterlassen verlangt wird, wird die Hauptsache allenfalls für die Zeit bis zur endgültigen gerichtlichen Entscheidung vorweggenommen. Das ist aber gerade der Sinn des vorläufigen Rechtsschutzes, so dass das Verbot der Vorwegnahme der Hauptsache nicht eingreift. Hingegen würde ein Widerruf die Hauptsache weitgehend vorwegnehmen. Dem Sachverhalt sind keine Gründe zu entnehmen, die ein Abwarten der Hauptsacheentscheidung insoweit unzumutbar erscheinen lassen würden. Das spricht dafür, dass das VG keine Regelungsanordnung gerichtet auf Widerruf erlassen wird.

412 Ein besonderes Problem stellt sich bei **Ermessensentscheidungen** wie in **Fall 86**. Zwar verstößt die Begründung, mit der die Sondernutzungserlaubnis abgelehnt wurde, gegen die Dienstleistungsfreiheit gemäß Art. 56 f. AEUV und ist somit rechtswidrig (Rn. 200). Der Anspruch der Ö auf ermessensfehlerfreie Entscheidung ist damit eindeutig nicht erfüllt. Stellt man auf diesen Anspruch ab, ist ein Anordnungsanspruch zu bejahen. Hingegen ist ein Anspruch auf Erteilung der begehrten Sondernutzungserlaubnis sehr zweifelhaft. Nach dem Sachverhalt ist es ohne weiteres möglich, dass die Erlaubnis aus anderen, sachgerechten Gründen abgelehnt werden kann. Drei Lösungsmöglichkeiten sind denkbar. Versagt man vorläufigen Rechtsschutz, um der Ermessensentscheidung der Stadt nicht vorzugreifen, schneidet man der Ö vorläufigen Rechtsschutz ab, obwohl ihr Anspruch auf ermessensfehlerfreie Entscheidung eindeutig verletzt wurde und der Rechtsschutz in der Hauptsache zu spät kommen wird. Das erscheint unbefriedigend. Erlässt das VG die Sondernutzungserlaubnis vorläufig, übergeht es das gesetzlich vorgesehene behördliche Ermessen. Das spricht dafür, die Behörde im Wege der **Regelungsanordnung** zu verpflichten, **vorläufig eine erneute Ermessensentscheidung** zu treffen, die das unzulässige Kriterium der Herkunft nicht berücksichtigt[2]. Diese Lösung ist zwar dem Einwand ausgesetzt, dass es eine vorläufige Ermessensausübung nicht geben könne, doch trägt sie den widerstreitenden Interessen am besten Rechnung.

2 S. OVG NW, NJW 1988, 89.

Teil 5

Aufhebung von Verwaltungsakten außerhalb von Rechtsbehelfsverfahren

§ 18 Rücknahme (§ 48 VwVfG)

Fall 87: Mithilfe eines gefälschten Zwischenprüfungszeugnisses erwirkt S nach § 48 I BAföG einen Bescheid über Ausbildungsförderung für ein weiteres Jahr. Nach ein paar Wochen erhält das zuständige Studentenwerk ein anonymes Schreiben, in dem es heißt, S sei ein Betrüger, der universitäre Leistungsnachweise fälsche, um damit Leistungen zu erschleichen. Das Studentenwerk geht dem nicht nach. Erst als sich bei einem Folgeantrag Unstimmigkeiten ergeben, wird der Sachverhalt zwei Jahre später aufgedeckt. Wären eine Aufhebung des BAföG-Bescheides und eine Rückforderung der gezahlten Ausbildungsförderung nun rechtmäßig? 413

Fall 88: Ein Waffenschein wird nicht von dem an sich zuständigen Landratsamt erteilt, sondern von dem dafür unzuständigen Landeskriminalamt. Kann ihn das Landratsamt aufheben?

Fall 89: Die U-AG erhält eine Subvention für die Erweiterung ihres Betriebes bewilligt und ausgezahlt. Sie spekuliert zunächst mit dem Geld und verliert $^{1}/_{10}$ der Subventionssumme. Erst 11 Monate später nimmt sie die Betriebserweiterung tatsächlich vor und investiert die restlichen $^{9}/_{10}$ der Subventionssumme. Bei einer Betriebsprüfung stellt die Behörde dies fest. Was kann sie tun?

Rücknahme eines begünstigenden Verwaltungsaktes 414

1. Rechtsgrundlage: § 48 VwVfG
2. Formelle Voraussetzungen
   a) Zuständigkeit: Behörde, die jetzt für den Erlass des Ausgangsbescheides zuständig wäre
   b) Verfahren: insb. § 28 VwVfG
   c) Form: nur § 39 VwVfG
3. Materielle Voraussetzungen
   a) § 48 I 1 VwVfG:
      - Verwaltungsakt (sog. Ausgangsbescheid)
      - ist rechtswidrig

   b) ggf. § 48 II VwVfG: Vertrauensschutz
   c) § 48 IV VwVfG: Frist
4. Rechtsfolge
   Ermessen; u.U. eingeschränkt nach § 48 II 4 VwVfG

I. Abgrenzung Rücknahme/Widerruf

Das Allgemeine Verwaltungsrecht kennt Fälle, in denen eine Behörde Verwaltungsakte 415 außerhalb eines Rechtsbehelfsverfahrens aufheben kann. An vorderster Stelle stehen Rücknahme und Widerruf. Die Einordnung einer Aufhebung als Rücknahme oder Widerruf entscheidet sich danach, ob der Ausgangsbescheid rechtswidrig ist. Nach § 48 I 1 VwVfG können nur rechtswidrige Verwaltungsakte zurückgenommen werden. Die Rechtswidrigkeit ist materielle Tatbestandsvoraussetzung für die Rücknahme. Um eine

Rücknahme handelt es sich also, wenn ein rechtswidriger Verwaltungsakt **wegen** seiner **Rechtswidrigkeit** aufgehoben wird. Der Widerruf nach § 49 VwVfG betrifft hingegen vorrangig rechtmäßige Verwaltungsakte. Nähme man den Wortlaut ernst, könnten nur rechtmäßige Verwaltungsakte widerrufen werden. Dies wäre allerdings unpraktisch und sachlich nicht gerechtfertigt. Wenn sogar ein rechtmäßiger Verwaltungsakt aufgehoben werden kann, muss ein rechtswidriger Verwaltungsakt unter denselben Voraussetzungen erst recht aufgehoben werden können[1]. Damit kommt es auf die Rechtmäßigkeit bei § 49 VwVfG letztlich nicht an. Der **Widerruf** ist vielmehr die Aufhebung eines Verwaltungsaktes **unabhängig von** seiner **Rechtmäßig- oder Rechtswidrigkeit**. Bedeutung hat dies vor allem in Fällen, in denen die Rechtmäßigkeit eines Verwaltungsaktes zweifelhaft ist, aber jedenfalls ein Widerrufsgrund vorliegt. Hier kann es für die Verwaltung der einfachste und sicherste Weg sein, die Rechtswidrigkeit dahinstehen zu lassen und einen Widerruf auszusprechen.

416 Damit ist die Rechtswidrigkeit bei der Rücknahme Tatbestandsmerkmal, nicht aber beim Widerruf. In der Klausur sollte möglichst früh geklärt werden, ob der Ausgangsbescheid rechtswidrig ist oder nicht. Dies kann zwanglos im Rahmen der Rücknahme geschehen, nicht aber im Rahmen des Widerrufs. Deshalb sollte die **Rücknahme** stets **vor dem Widerruf geprüft** werden, sofern nicht ausnahmsweise eine Rücknahme offenkundig ausscheidet.

417 So bietet es sich auch in **Fall 89** an, zunächst eine Rücknahme zu prüfen. Allerdings gibt der Sachverhalt keinen Anhalt dafür, dass die Behörde beim Erlass des Subventionsbescheides Subventionsvoraussetzungen missachtet haben könnte. Soweit der Subventionszweck verfehlt worden ist, beruht dies auf Umständen, die in der Sphäre des Subventionsempfängers liegen und erst nach Erlass des Subventionsbescheides eingetreten sind. Solche Umstände können den Subventionsbescheid nicht nachträglich rechtswidrig machen. Es handelt sich mithin um einen rechtmäßigen Verwaltungsakt, der allenfalls widerrufen werden kann.

418 Prüft man die Rechtswidrigkeit als Voraussetzung der Rücknahme, kann sich die Frage stellen, ob ein Verwaltungsakt, der ursprünglich rechtmäßig erlassen wurde, durch eine Änderung der Sach- oder Rechtslage nachträglich rechtswidrig werden kann. Diese **Frage des maßgeblichen Zeitpunkts** wurde schon oben Rn. 221–230 behandelt. Danach kommt es grundsätzlich allein auf den Zeitpunkt des Erlasses an. Lediglich sog. Verwaltungsakte mit Dauerwirkung wie die oben erwähnten Verkehrszeichen können nachträglich rechtswidrig werden.

419 Auch eine Genehmigung, deren Erteilung gemäß § 42a VwVfG fingiert wird, kann grundsätzlich sowohl zurückgenommen als auch widerrufen werden. Gemäß § 42a I 2 VwVfG finden die „Vorschriften über die Bestandskraft von Verwaltungsakten" auf die **Genehmigungsfiktion** entsprechend Anwendung. Damit sind die Vorschriften des VwVfG-Abschnitts „Bestandskraft von Verwaltungsakten" gemeint, zu denen auch die §§ 48, 49 gehören.

---

1 BVerwGE 163, 102, Rn. 14; BVerwG, NVwZ 1987, 498 f.; a. A. *Erichsen/Brügge*, JURA 1999, 496 (497).

II. Formelle Rücknahmevoraussetzungen

Die Aufhebung eines Verwaltungsaktes durch die Behörde ist ihrerseits ein Verwaltungsakt. Die Regelungswirkung des Aufhebungsbescheides liegt darin, dass die Regelungswirkung des Ausgangsbescheides beseitigt wird (sog. *actus-contrarius*-Gedanke). Die Rücknahme ist also ein **rechtsgestaltender Verwaltungsakt**. Ihre Rechtmäßigkeit wird nach demselben Grundmuster geprüft wie andere Verwaltungsakte auch (Rn. 184). **420**

Die formellen Voraussetzungen sind weitgehend unproblematisch. **Zuständig** ist grundsätzlich die **Ausgangsbehörde**. Problematisch ist dies nur, wenn die Ausgangsbehörde unzuständig war oder wenn die Zuständigkeit zwischen dem Erlass des Ausgangsbescheides und der Rücknahme gewechselt hat. Das Gesetz trifft in § 48 V VwVfG lediglich eine Teilregelung für die örtliche Zuständigkeit. Für Fehler oder Verschiebungen in der sachlichen Zuständigkeit fehlt jede Regelung. Das BVerwG hat den Rechtsgedanken des § 48 V VwVfG verallgemeinert[2]. Danach hat die Behörde über die Rücknahme zu entscheiden, die zum Zeitpunkt der Rücknahmeentscheidung für den Erlass des aufzuhebenden Verwaltungsakts zuständig wäre. Für diese Lösung spricht, dass es keinen Grund gibt, Zuständigkeitsfehler, die im Ausgangsverfahren gemacht wurden, im Aufhebungsverfahren zu perpetuieren. **421**

Ansonsten gelten die **allgemeinen formellen Voraussetzungen**. Im Verfahren ist vor allem die Anhörung des Betroffenen nach § 28 VwVfG zu beachten. Besondere Formvorschriften fehlen. Es bleibt bei dem allgemeinen Begründungserfordernis nach § 39 VwVfG. **422**

In **Fall 88** ist nach dem eben Gesagten das Landratsamt, das eigentlich für die Erteilung des Waffenscheins zuständig wäre, auch für dessen Rücknahme zuständig. Vor einer Rücknahme müsste das Landratsamt den Inhaber nach § 28 I VwVfG anhören. In materieller Hinsicht setzt § 48 I 1 VwVfG voraus, dass der Waffenschein rechtswidrig ist. Die Unzuständigkeit des Landeskriminalamts führt zur formellen Rechtswidrigkeit. Nach § 46 VwVfG sind bestimmte formelle Fehler unbeachtlich (Rn. 240). Die Vorschrift erfasst jedoch nicht die sachliche Zuständigkeit, um die es hier geht. Damit sind die Voraussetzungen des § 48 I 1 VwVfG erfüllt. Einschränkungen ergeben sich nach § 48 I 2 VwVfG aus den folgenden Absätzen. **423**

---

2 BVerwGE 110, 226 (230-232).

III. Materielle Rücknahmevoraussetzungen

424

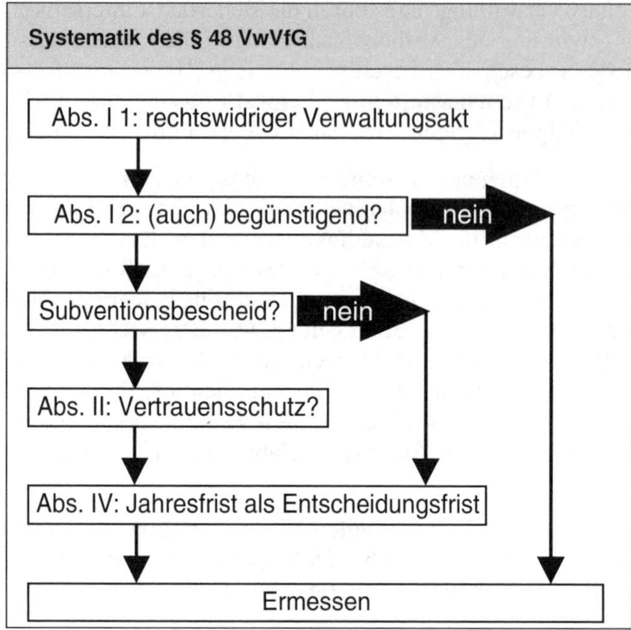

1. Tatbestandlicher Vertrauensschutz bei Geld- und Sachleistungsverwaltungsakten (§ 48 II VwVfG)

425 Die materiellen Rücknahmevoraussetzungen bestimmen sich nach der Art des Ausgangsbescheides. Entfaltet der Verwaltungsakt für niemanden eine begünstigende Wirkung, bleibt es bei § 48 I 1 VwVfG. Neben der Einordnung des Ausgangsbescheides als Verwaltungsakt ist dann die Rechtswidrigkeit das einzige materielle Tatbestandsmerkmal. Kommt dem Ausgangsbescheid hingegen zumindest auch begünstigende Wirkung zu, kommen Vertrauensschutzaspekte mit ins Spiel. Das Interesse an der Gesetzmäßigkeit der Verwaltung (Art. 20 III GG) muss dann mit dem Interesse des Begünstigten am Fortbestand des Verwaltungsaktes zum Ausgleich gebracht werden. Dabei differenziert das Gesetz wiederum nach der Art des Verwaltungsaktes. Bei **Leistungsbescheiden** ist § 48 II VwVfG einschlägig. Die Vorschrift erfasst verschiedene Fallgruppen. Sie haben gemeinsam, dass sich die widerstreitenden Interessen letztlich auf finanzielle Belange reduzieren. Die Vorschrift erfasst einen **Subventionsbescheid**, der einen einmaligen, verlorenen Zuschuss gewährt, ebenso wie z. B. einen BAföG-Bescheid über monatliche Leistungen. § 48 II VwVfG bezieht sich auch auf solche Verwaltungsakte, die nicht unmittelbar eine Geldleistung bewilligen, sondern hierfür nur Voraussetzung sind. Damit werden auch Fälle der zweistufigen Subventionsgewähr erfasst. Zweistufig geht die Verwaltung häufig bei Subventionsdarlehen vor. Dann ergeht zunächst ein öffentlich-rechtlicher Subventionsbescheid, der die Grundlage für einen zivilrechtlichen Vertrag bildet, in dem die Modalitäten der Darlehensabwicklung im Einzelnen geregelt werden (zur sog. **Zweistufentheorie** Rn. 27). Schließlich gilt die Vorschrift für Sachleistungsverwaltungsakte. Das vom Gesetz verwandte Kriterium der Teilbarkeit ist irreführend. Eher kommt es darauf

an, ob die Sache im zivilrechtlichen Sinne vertretbar ist[3]. Maßgebend ist, ob sich die Interessenlage letztlich auf finanzielle Belange reduzieren lässt. So mag ein Bescheid über die Überlassung einer Dienstwohnung unter § 48 II VwVfG fallen, nicht aber ein Bescheid über die Überlassung eines einmaligen Museumsobjekts.

§ 48 II VwVfG ordnet in Satz 1 eine **Interessenabwägung** an und macht in den Sätzen 2 und 3 nähere Vorgaben für diese Abwägung. In der Klausur ist mit Satz 3 zu beginnen, der jeden Vertrauensschutz ausschließt. Wichtig sind vor allem Nr. 2 (wesentlich unrichtige oder unvollständige Angaben) und Nr. 3 (Kenntnis oder grob fahrlässige Unkenntnis der Rechtswidrigkeit). Zu beachten ist, dass hier allein auf den Begünstigten abgestellt wird. Insbesondere entlastet es den Begünstigten nicht, wenn die Behörde ihrerseits den Fehler kannte oder infolge grober Fahrlässigkeit nicht kannte. Ist Satz 3 einschlägig, schränkt Satz 4 zudem das Rücknahmeermessen dahin ein, dass der Leistungsbescheid regelmäßig *ex tunc* zurückzunehmen ist. Die Behörde hat also auf der Ermessensebene nur noch zu prüfen, ob besondere Gründe dafürsprechen, ausnahmsweise von der Rücknahme *ex tunc* abzusehen (Rn. 191). Ist Satz 3 nicht einschlägig, stellt Satz 2 eine Vermutung für den Vertrauensschutz im Falle der Entreicherung auf. Hilfsweise ist eine allgemeine Interessenabwägung nach Satz 1 durchzuführen. 426

In **Fall 87** liegt ein Fall der arglistigen Täuschung nach § 48 II 3 Nr. 1 VwVfG vor, weil S das nach § 48 I BAföG entscheidende Zwischenprüfungszeugnis gefälscht hat. Selbst wenn Arglist im Einzelfall wider Erwarten nicht nachweisbar sein sollte, würde es sich jedenfalls um einen Fall nach § 48 II 3 Nr. 2 VwVfG handeln, weil die entscheidende Angabe über das Bestehen der Zwischenprüfung falsch war. Damit kann S keinen Vertrauensschutz beanspruchen. Auf der Rechtsfolgenebene ist das Rücknahmeermessen gemäß § 48 II 4 VwVfG dahin gehend eingeschränkt, dass der Bescheid mangels besonderer Umstände, die für S sprächen, aufzuheben ist. 427

2. Vertrauensschutz bei sonstigen Verwaltungsakten (§ 48 III VwVfG)

§ 48 III VwVfG betrifft alle Verwaltungsakte, die nicht unter Abs. II fallen. Eine Baugenehmigung wird ebenso erfasst wie eine Aufenthaltsgenehmigung im Ausländerrecht. Die Vorschrift stellt für die Rücknahme eines solchen Verwaltungsaktes keine weiteren Tatbestandsvoraussetzungen auf. Die Norm verwirklicht den Vertrauensschutz vielmehr auf der **Sekundärebene**, in dem sie für den Fall der Rücknahme trotz schutzwürdigen Vertrauens einen **Entschädigungsanspruch** normiert. § 48 III VwVfG schützt also nicht das Bestandsinteresse, sondern allein das Wertinteresse. 428

Das bedeutet, dass es für die Rücknahme sonstiger Verwaltungsakte außerhalb von § 48 II VwVfG bei den allgemeinen Rücknahmevoraussetzungen nach § 48 I 1 VwVfG bleibt. Fraglich ist, ob **Vertrauensschutz** hier **auf der Ermessensebene** gewährt werden kann. Aus dem systematischen Vergleich zwischen § 48 II und III VwVfG ließe sich folgern, dass der Vertrauensschutz bei anderen als Leistungsbescheiden allein auf der Sekundärebene verwirklicht werden soll. Ein solches „Dulde und Liquidiere" ist der Rechtsordnung aber an sich fremd. Man mag der Systematik des § 48 VwVfG die Wertung entnehmen, dass sich das Rücknahmeinteresse bei anderen als Leistungsbescheiden eher gegen das Bestandsinteresse des Begünstigten durchsetzen kann, als bei Leistungsbescheiden. Das 429

3 *Kopp/Ramsauer*, VwVfG, § 48 Rn. 88.

schließt aber nicht aus, das Bestandsinteresse auf der Ermessensebene zumindest mit zu berücksichtigen.

430 In **Fall 88** leidet der Waffenschein unter dem formellen Fehler sachlicher Unzuständigkeit (Rn. 421–423). Kommt das Landratsamt als die an sich zuständige Behörde zu dem Ergebnis, dass der Waffenschein materiell rechtmäßig ist und deshalb nach seiner Aufhebung auf Antrag vom Landratsamt erneut erteilt werden müsste, spricht das dafür, von einer Aufhebung abzusehen.

3. Rücknahmefrist (§ 48 IV VwVfG)

431 Die Rücknahme ist bei allen begünstigenden Verwaltungsakten fristgebunden. § 48 IV VwVfG beruht auf dem Gedanken der Verwirkung. Zögert die Verwaltung zu lange mit der Rücknahme, sollen Begünstigte darauf vertrauen dürfen, dass nun keine Rücknahme mehr erfolgt. Dabei hat der Gesetzgeber eine **Frist von einem Jahr** als angemessen angesehen. Die Vorschrift ist allerdings problematisch insofern, als sie die Schaffung gesetzmäßiger Zustände verhindern kann. Daher bestimmt das Bundesverwaltungsgericht den Fristbeginn verwaltungsfreundlich spät.[4] Für die Kenntnis der Behörde reicht es nicht aus, dass sich die Umstände aus den Akten der Behörde ergeben. Notwendig ist vielmehr die positive Kenntnis einer konkret zuständigen Person. Außerdem ist die Frist – mit den Worten des Bundesverwaltungsgerichts[5] – **keine Bearbeitungs-, sondern eine Entscheidungsfrist**. Sie beginnt erst, wenn die Behörde alle relevanten Tatsachen ermittelt hat. Neben den Umständen, die die Rechtswidrigkeit des Verwaltungsaktes begründen, gehören dazu auch alle Tatsachen, die im Rahmen des Ermessens und ggf. im Rahmen des Vertrauensschutzes nach § 48 II VwVfG relevant sind. Die Verfristung tritt also nur ein, wenn die Behörde zunächst alles ausermittelt und dann ein Jahr lang untätig bleibt. Bei rein innerstaatlichen Sachverhalten wird dies kaum je vorkommen. Problematisch wird es aber, wenn eine nationale Behörde die Jahresfrist zu Lasten der Europäischen Union verstreichen lässt (dazu sogleich Rn. 439).

432 In **Fall 87** besteht die Besonderheit, dass die Jahresfrist gemäß § 48 IV 2 VwVfG gar nicht zur Anwendung kommt, weil S den BAföG-Bescheid durch arglistige Täuschung erwirkt hat. Im Übrigen hätte das anonyme Schreiben nicht ausgereicht, die Jahresfrist in Gang zu setzen, weil es sich nicht um eine Bearbeitungs-, sondern um eine Entscheidungsfrist handelt.

IV. Europarechtliche Überlagerung

433 **Fall 90:** Das Land L möchte ein Chip-Unternehmen als Investor gewinnen und gewährt ihm daher im Jahr 2020 eine Subvention in Höhe von 1 Mio. €, ohne die EU-Kommission davon zu unterrichten. Als die Kommission davon erfährt, untersagt sie 2021 die Beihilfe nach Art. 107 I AEUV und gibt Deutschland auf, die Subvention zurückzufordern. Zunächst reagiert niemand auf den Beschluss der Kommission. Erst 2023 hebt das Land den Subventionsbescheid auf und fordert die längst ausgezahlte und investierte Subventionssumme zurück. Das Unternehmen hält dies für rechtswidrig. Wie ist die Rechtslage?

4 Zusammenfassend BVerwGE 164, 237, Rn. 30-32; dazu *Eifert*, JURA JK 2019, 902, §§ 48 IV, 49 III 2 VwVfG; *Waldhoff*, JuS 2019, 1135.

5 BVerwGE 70, 356 (363).

Bei Sachverhalten mit europarechtlichem Bezug ist § 48 VwVfG mittlerweile stark durch europarechtliche Anforderungen überlagert worden[6]. Im Bereich der **Landwirtschaft** gewähren deutsche Behörden Subventionen nach Maßgabe europäischer Marktordnungen. Die Abwicklung erfolgt mangels europarechtlicher Bestimmungen überwiegend nach den Regeln des deutschen Verwaltungsrechts. Allerdings handeln hier regelmäßig die Finanzverwaltungen nach der Abgabenordnung, so dass diese Fälle kaum pflichtfachrelevant sind. Noch brisanter sind Fälle, in denen deutsche **Subventionen** gegen das europäische Beihilfenrecht der Art. 107 f. AEUV verstoßen. Nach Art. 107 I AEUV unterliegen alle Subventionen für einzelne Unternehmen oder Produktionszweige, die den Wettbewerb verfälschen können und den innereuropäischen Handel beeinträchtigen, der **europäischen Beihilfenkontrolle**. Diese Subventionen müssen gemäß Art. 108 III 1 AEUV bei der Europäischen Kommission angemeldet werden. Solange die Kommission kein grünes Licht gegeben hat, darf die Subvention nach Art. 108 III 3 AEUV nicht gewährt werden. Erklärt die Kommission die Subvention für unvereinbar mit dem Gemeinsamen Markt, steht endgültig fest, dass die Subventionsgewähr rechtswidrig ist. Art. 108 III AEUV ist **unmittelbar innerstaatlich anwendbar** und gilt, wie alles Europarecht, mit einem Anwendungsvorrang vor nationalem Recht. Soweit Subventionen nach Art. 108 III AEUV rechtswidrig sind, ist dies also auch im Rahmen von § 48 VwVfG zu berücksichtigen. **434**

Deutschland muss die **praktische Wirksamkeit des Europarechts** gewährleisten (sog. *effet utile*). Das bedeutet, dass rechtswidrig gewährte Subventionen grundsätzlich rückabgewickelt werden müssen. In Deutschland stehen dazu §§ 48, 49a VwVfG zur Verfügung. Diese Vorschriften dürfen aber nicht so ausgelegt und angewandt werden, dass sie die Rückabwicklung praktisch unmöglich machen. Diese Vorgabe wirkt sich auf den Vertrauensschutz nach § 48 II VwVfG ebenso aus wie auf die Bestimmung der Rücknahmefrist nach § 48 IV VwVfG und auf die Ermessensausübung. Die wesentlichen Gesichtspunkte sind seit der Alcan-Entscheidung des EuGH[7], der das BVerwG[8] mit Billigung des BVerfG[9] gefolgt ist, grundsätzlich geklärt. **435**

Auch das Europarecht kennt einen Grundsatz des **Vertrauensschutzes**, der mit dem Rücknahmeinteresse zum Ausgleich zu bringen ist. Die Frage ist nur, wann ein schutzwürdiges Vertrauen beim Subventionsempfänger entstehen kann. Ein Anknüpfungspunkt sind die Verfahrensvorschriften des Art. 108 III AEUV. In **Fall 90** ist die Anmeldepflicht nach Art. 108 III 1 AEUV missachtet und die Subvention unter Verstoß gegen die Stillhaltepflicht gemäß Art. 108 III 3 AEUV gewährt worden. Nach den Wertungen des EuGH müssen diese Bestimmungen jedem Unternehmen, das europarechtlich relevante Subventionen in Anspruch nimmt, bekannt sein. Der EuGH konstruiert eine **Obliegenheit des Unternehmens**, sich zu vergewissern, dass die Behörde die **Subvention ordnungsgemäß bei der Europäischen Kommission angemeldet** hat. Verletzt es diese Obliegenheit, ist ein etwaiges Vertrauen in den Bestand des Subventionsbescheides nicht schutzwürdig. Diese Grundwertung zieht sich durch die Auslegung und Anwendung von § 48 VwVfG. **436**

Nachdem die EU-Kommission die Subvention in **Fall 90** untersagt hat, steht endgültig fest, dass der Subventionsbescheid i. S. v. § 48 I 1 VwVfG rechtswidrig ist. Die Rechtmäßigkeit der Kommissionsentscheidung hätte ausschließlich in einem Verfahren vor **437**

6 S. auch *Herrmann/Michl*, Examens-Repetitorium EuR, Rn. 116 ff.
7 EuGH, Slg. 1997, S. I-1591 = NJW 1998, 47.
8 BVerwGE 106, 328.
9 BVerfG (Kammer), NJW 2000, 2015.

dem EuGH nach Art. 263 AEUV überprüft werden können. Nachdem die Kommissionsentscheidung bestandskräftig geworden ist, kann sie auch inzident nicht mehr überprüft werden.

438 Bei der Anwendung von § 48 II VwVfG setzen sich die europarechtlichen Wertungen durch. Ansatzpunkt ist § 48 II 3 Nr. 3 VwVfG in der Variante der **grob fahrlässigen Unkenntnis der Rechtswidrigkeit**. Ein Unternehmen, das im europarechtlich relevanten Bereich Subventionen beansprucht und sich nicht darum kümmert, ob diese Subventionen nach Art. 108 III AEUV ordnungsgemäß angemeldet werden, handelt grob fahrlässig. Damit besteht kein Vertrauensschutz nach § 48 II VwVfG.

439 Die **Jahresfrist** nach § 48 IV VwVfG ist in **Fall 90** an sich verstrichen, auch wenn man sie mit dem Bundesverwaltungsgericht als reine Entscheidungsfrist ansieht (Rn. 431). Mit der Kommissionsentscheidung im Jahre 2008 waren alle Umstände, die für die Rücknahmeentscheidung relevant sind, bekannt. Die praktische Wirksamkeit des Europarechts wäre aber gefährdet, wenn eine nationale Behörde das europarechtliche Rücknahmeinteresse durch schlichte Untätigkeit aushebeln könnte. Zwar erkennt das Europarecht an, dass eine Fristregelung wie die des § 48 IV VwVfG unter Vertrauensschutzgesichtspunkten gerechtfertigt sein kann. Bei einer nicht angemeldeten Subvention kann aber aus europarechtlicher Sicht kein schutzwürdiges Vertrauen entstehen. Daher ist die Anwendung der Fristregelung hier aus europarechtlicher Sicht inakzeptabel. Für eine europarechtskonforme Auslegung bietet § 48 IV VwVfG keinen Ansatzpunkt. Der Konflikt wird über den **Vorrang des Europarechts** gelöst. Wenn und soweit § 48 IV VwVfG, wie hier, mit europarechtlichen Vorgaben nicht vereinbar ist, bleibt er außer Anwendung.

440 Nachdem ein Ausschluss des Vertrauensschutzes nach § 48 II 3 Nr. 3 VwVfG angenommen wurde, ist das Rücknahmeinteresse nach § 48 II 4 VwVfG i. S. einer Regelrücknahme reduziert. Die europarechtlichen Wertungen verbieten es, hier einen Sonderfall anzunehmen, in dem von der Rücknahme abgesehen werden könnte. Vielmehr ist das **Rücknahmeermessen** kraft Europarechts **auf null reduziert**.

V. Rücknahme während eines Rechtsbehelfsverfahrens

441 **Fall 91:** A ficht das absolute Halteverbot vor ihrer Haustür an. Vor dem Verwaltungsgericht zeichnet sich eine Niederlage für die Behörde ab. Dem kommt die Behörde zuvor, indem sie das Verbotszeichen entfernen lässt. Darf sie das? Was sollte A nun tun?

442 § 48 I 1 VwVfG stellt ausdrücklich klar, dass eine Rücknahme auch nach Unanfechtbarkeit möglich ist. Die Formulierung zeigt aber, dass Verwaltungsakte, die noch nicht bestandskräftig sind, erst recht zurückgenommen werden können. Dies bestätigt § 50 VwVfG. Diese Vorschrift schließt den Vertrauensschutz nach § 48 I 2 bis IV VwVfG für den Fall aus, dass mit der Rücknahme einem Rechtsbehelf abgeholfen wird. Das ist sinnvoll, weil insoweit während des Rechtsbehelfsverfahrens noch kein schutzwürdiges Vertrauen entstanden sein kann. § 48 I 1 VwVfG bleibt aber anwendbar. Das bedeutet, dass die Behörde in **Fall 91** der Aufhebung des Halteverbots durch das Gericht mit einer Aufhebung nach § 48 I 1 VwVfG zuvorkommen kann.

443 **Prozessual** bedeutet die Rücknahme, dass die anhängige Anfechtungsklage unzulässig geworden ist, weil der Klagegegenstand, das Halteverbot, durch die behördliche Aufhebung entfallen ist. Bleibt A in **Fall 91** untätig, würde das VG die Klage abweisen und der A nach § 154 I VwGO die

Kosten auferlegen. Will A diese Kostenfolge vermeiden, muss sie also tätig werden. Eine Klageumstellung auf eine Fortsetzungsfeststellungsklage scheitert daran, dass ein Fortsetzungsfeststellungsinteresse nicht ersichtlich ist. Bei einer Klagerücknahme gemäß § 92 VwGO müsste A ebenfalls die Kosten tragen (§ 155 II VwGO). In Betracht kommt damit allein eine **Erledigungserklärung**. Der weitere Fortgang hängt vom Verhalten der Behörde ab. Widerspricht die Behörde der Erledigungserklärung nicht, wird das Gericht nach § 161 II VwGO entscheiden und dem Beklagten die Kosten auferlegen (sog. **beidseitige** Erledigungserklärung). Widerspricht die Behörde der Erledigungserklärung, wäre die Erklärung der A als Klageänderung zu verstehen (sog. **einseitige** Erledigungserklärung). Beantragt würde nunmehr die Feststellung, dass die Klage erledigt ist. Diese Klageänderung ist gemäß § 264 Nr. 2 ZPO, der über § 173 S. 1 Anwendung findet, privilegiert zulässig[10]. Im Zivilrecht ist die Klage auf Feststellung der Erledigung begründet, wenn die Ausgangsklage ursprünglich zulässig und begründet war, dann aber unzulässig oder unbegründet geworden ist[11]. Aus verwaltungsprozessrechtlicher Sicht spricht dagegen viel dafür, nur noch zu prüfen, ob die ursprüngliche Klage tatsächlich erledigt ist[12]. In **Fall 91** führen beide Wege zu demselben Ergebnis, da die Anfechtungsklage ursprünglich anscheinend zulässig und begründet war. Mit der Rücknahme der Verkehrsregelung ist sie, wie gesehen, unzulässig geworden und hat sich erledigt. Damit ist die Erledigungsfeststellungsklage begründet. Das VG wird ihr stattgeben und die Verfahrenskosten nach § 154 VwGO dem Beklagten auferlegen.

§ 19 Widerruf (§ 49 VwVfG)

I. Allgemeines

§ 49 VwVfG weicht in seiner Systematik von § 48 VwVfG ab. Während § 48 VwVfG **444**
sich in Abs. 1 S. 1 sowohl auf begünstigende als auch auf nichtbegünstigende Verwaltungsakte bezieht und anschließend Sonderregelungen für begünstigende Verwaltungsakte normiert, gilt § 49 I VwVfG ausschließlich für nichtbegünstigende Verwaltungsakte. Den Widerruf begünstigender Verwaltungsakte regelt § 49 II und III VwVfG. Von der Rechtsfolge her ist ein Widerruf, anders als die Rücknahme, grundsätzlich nur mit Wirkung ex nunc möglich. Ein rückwirkender Widerruf kommt lediglich bei Subventionsbescheiden nach § 49 III VwVfG in Betracht. Diese Sonderregelung ermöglicht die Rückabwicklung fehlgeschlagener Subventionsverhältnisse.

10 *Hufen*, § 36 Rn. 34; s. auch BVerwG, NVwZ-RR 1988, 56; Im Ergebnis ebenso BVerwGE 82, 41 (42), wonach die Erledigungserklärung als Klageänderung eigener Art unabhängig von § 91 VwGO zulässig ist.
11 BGHZ 106, 359 (366 f.).
12 *Schenke*, VwProzR, Rn. 1204 ff.

445

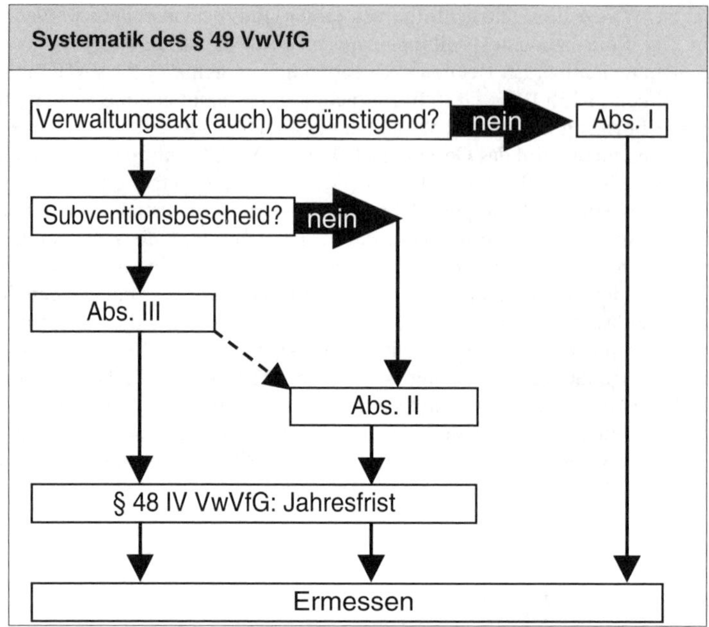

446 Rein belastende Verwaltungsakte können nach § 49 I VwVfG ohne weiteres widerrufen werden, sofern nicht durch den Widerruf rechtswidrige Zustände entstehen. Ist der Ausgangsbescheid begünstigend, setzt hingegen der Vertrauensschutz einem Widerruf enge Grenzen. In diesem Fall bedarf es eines Widerrufsgrundes nach § 49 II oder III VwVfG. Außerdem darf die Widerrufsfrist von einem Jahr, die der oben Rn. 431 behandelten Rücknahmefrist entspricht, noch nicht verstrichen sein (§ 49 II 2/III 2 i. V. m. § 48 IV VwVfG).

II. Fehlgeschlagene Subventionsverhältnisse (§ 49 III VwVfG)

447 Geht es um ein Subventionsverhältnis, sind vorrangig die Widerrufsgründe nach § 49 III VwVfG zu prüfen. § 49 III VwVfG ist zwar nicht in dem Sinne spezieller, dass er § 49 II VwVfG gänzlich verdrängen würde. § 49 III VwVfG enthält aber für Subventionsverhältnisse die spezifischeren Wertungen. Außerdem geht er von der Rechtsfolge her weiter, weil er auch den Widerruf *ex tunc* gestattet. Daher ist § 49 III VwVfG ggf. zuerst zu prüfen.

448 Die Definition des Geld- oder Sachleistungsverwaltungsaktes entspricht der des § 48 II 1 VwVfG (Rn. 425). Zusätzlich verlangt § 49 III 1 VwVfG, dass die Mittel zweckgebunden gewährt werden. Damit ist der **Subventionszweck** gemeint. Wird dieser Subventionszweck nicht erreicht, greift der Widerrufsgrund nach § 49 III 1 Nr. 1 VwVfG ein. Dabei unterscheidet das Gesetz die drei Varianten der Nicht-, der Nicht-alsbald- und der Nicht-mehr-Verwendung.

449 In **Fall 89** stellt die Betriebserweiterung den Subventionszweck dar. Hinsichtlich der Zweckerreichung ist zu differenzieren. Ein Zehntel der Subventionssumme ist verloren. Dieses Zehntel wird also überhaupt nicht für den Subventionszweck verwandt. Hinsicht-

lich der übrigen $^9/_{10}$ fragt sich, ob ein Mitteleinsatz nach 11 Monaten noch „alsbald“ erfolgt. Mangels näherer Angaben zu den Subventionsbedingungen ist auf allgemeinere Erwägungen abzustellen. Solange Gelder nicht für den Subventionszweck ausgegeben werden, können sie bei ordentlicher Wirtschaftsführung Gewinn bringend angelegt werden. Die öffentliche Hand gewährt nur die festgelegte Summe zum Zweck der Investition. Zusätzliche Zinsgewinne sollen dem Investor nicht gewährt werden. Daraus ergibt sich, dass bewilligte Mittel möglichst zeitnah zu ihrem tatsächlichen Einsatz abgerufen werden sollen. 11 Monate sind für die bloße technische Abwicklung nicht erforderlich. Die Mittel wurden also nicht alsbald nach ihrer Erbringung verwandt.

Der Widerruf steht im Ermessen. Dabei geht das BVerwG[1] von einem sog. **intendierten Ermessen** aus (Rn. 192). Die Grundsätze der Wirtschaftlichkeit und Sparsamkeit der Verwaltung sollen es grundsätzlich gebieten, einen Subventionsbescheid, der seinen Zweck verfehlt hat, zu widerrufen. Daraus folgt auch, dass die Verwaltung ihre Entscheidung für einen Widerruf im Regelfall nicht näher begründen muss. Einer besonderen Begründung bedarf es nur, wenn außergewöhnliche Umstände vorliegen, die ein Absehen vom Widerruf rechtfertigen könnten. In **Fall 89** ist zu differenzieren. Soweit ein Zehntel der Subventionssumme verloren ist, besteht kein Grund, von der Regel des Widerrufs abzuweichen. Anders verhält es sich mit den $^9/_{10}$, die nicht alsbald verwandt wurden. Insofern ist der Subventionszweck mittlerweile erreicht. Das spricht dafür, den Bescheid insoweit nun nicht mehr zu widerrufen. Insoweit reicht es aus, wenn die Behörde nach § 49a IV VwVfG Zinsen für die Zwischenzeit verlangt (Rn. 458). **450**

Nach § 49 III 1 Nr. 2 VwVfG kann ein Subventionsbescheid auch dann widerrufen werden, wenn der Subventionsempfänger **Auflagen missachtet**. Auflage kann nur sein, was nicht Zweckbestimmung i. S. v. § 49 III 1 Nr. 1 VwVfG ist. Die Zweckbestimmung ist Inhaltsbestimmung, die Auflage Nebenbestimmung i. S. v. § 36 VwVfG (Rn. 73). Auflagen sichern den Subventionszweck ab. Eine typische Auflage ist es, wenn dem Subventionsempfänger beispielsweise aufgegeben wird, innerhalb eines Jahres einen Verwendungsnachweis beizubringen, also über die Verwendung der Mittel Rechenschaft abzulegen (**Fall 28** bei der Klagebefugnis). Eine solche Auflage ermöglicht es der Behörde, die Einhaltung des Subventionszwecks zu kontrollieren. Wird eine solche Auflage missachtet, gestattet § 49 III 1 Nr. 2 VwVfG den Widerruf. In der Ermessensausübung wird dabei zu berücksichtigen sein, wieweit die Nichterfüllung der Auflage den Subventionszweck gefährdet. **451**

III. Sonstige Widerrufsgründe

Weitere, allgemeine Widerrufsgründe enthält § 49 II 1 VwVfG. Bei der Auslegung und Anwendung dieser Vorschrift ist zu beachten, dass die Aufhebung rechtmäßiger, bestandskräftiger Verwaltungsakte aus Gründen des Vertrauensschutzes die Ausnahme bleiben muss. In den Fällen des § 49 II 1 Nr. 1 VwVfG wird der Vertrauensschutz dadurch beschränkt, dass der Ausgangsbescheid von vornherein mit einem Widerrufsvorbehalt belastet ist. Bei Nr. 2 ist ein etwaiges Vertrauen des Begünstigten regelmäßig nicht schutzwürdig, weil er eine Auflage missachtet hat. Bei Nr. 3–5 müssen hingegen überwiegende öffentliche Interessen eine Durchbrechung des Vertrauensschutzes rechtfertigen. Dabei ist das Merkmal des öffentlichen Interesses bzw. der schweren Nachteile für das Gemeinwohl eng auszulegen, damit der Vertrauensschutz nicht ausgehöhlt wird. **452**

1 BVerwGE 105, 55 (57 f.).

§ 20 Rückforderung erbrachter Leistungen (§ 49a VwVfG)

453 **Fall 91a:** Ein Unternehmen des öffentlichen Buspersonennahverkehrs erhält eine Zuschuss für den Ausbau einer Haltestelle. Die Subvention wird im Subventionsbescheid „vorläufig" auf 200 000 € festgesetzt und ausgezahlt. In den beigefügten „Allgemeinen Nebenbestimmungen für Zuwendungen zur Projektförderung" heißt es unter Nr. 2: „Ermäßigen sich nach der Bewilligung die in dem Kosten- und Finanzierungsplan veranschlagten Gesamtausgaben für den Zuwendungszweck, so ermäßigt sich die Zuwendung bei Anteilsfinanzierung anteilig." Tatsächlich wird der Ausbau kostengünstiger verwirklicht als erwartet. Kann die Behörde nun einen Anteil der Subvention zurückfordern?

454 Hat die Verwaltung einen Leistungsbescheid mit Wirkung für die Vergangenheit aufgehoben, sind erbrachte Leistungen zurückzufordern. Dies regelt § 49a VwVfG. Es handelt sich um eine besondere Ausformung des allgemeinen **öffentlich-rechtlichen Erstattungsanspruchs** (Rn. 281). Die Vorschrift ist nach ihrem Abs. I 1 nur anwendbar im Falle der Rücknahme, des Widerrufs oder des Eintritts einer auflösenden Bedingung. Außerdem muss die Aufhebung mit Wirkung für die Vergangenheit erfolgt sein. Früher war streitig, ob Leistungen auch dann zurückgefordert werden können, wenn ein Subventionsbescheid lediglich mit Wirkung für die Zukunft widerrufen wird. Der Streit erscheint überholt. Einerseits gestattet § 49 III VwVfG in den einschlägigen Fällen nun den Widerruf mit Wirkung für die Vergangenheit. Andererseits lässt sich § 49a I 1 VwVfG die gesetzliche Wertung entnehmen, dass die Rückforderung eine rückwirkende Aufhebung des Subventionsbescheids voraussetzt. Unter diesen Umständen verbietet es sich, im Falle des Widerrufs *ex nunc* eine Rückforderung nach dem allgemeinen öffentlich-rechtlichen Erstattungsanspruch neben § 49a VwVfG zuzulassen.

455 Es steht nicht im Ermessen der Behörde, den Rückforderungsanspruch geltend zu machen. Vielmehr sind erbrachte Leistungen zu erstatten und die Behörde hat diesen Anspruch nach § 49a I 2 VwVfG in einem **Leistungsbescheid** festzusetzen, der in der Praxis vielfach mit dem Aufhebungsbescheid verbunden wird. So wird es auch in **Fall 87** geschehen. Für Zuständigkeit und Verfahren gilt das oben Rn. 421 zur Rücknahme Gesagte entsprechend. In formaler Hinsicht ist § 49a I 1 VwVfG eine der seltenen Vorschriften, die **Schriftform** verlangen. Dabei kann die Schriftform nun gemäß § 3a II VwVfG auch durch die elektronische Form ersetzt werden. Dort wird allerdings eine qualifizierte elektronische Signatur nach dem Signaturgesetz oder eine besonders geschützte Übertragungsart vorausgesetzt.

456 Der materielle Rückforderungstatbestand ist vollständig in § 49a I 1 VwVfG enthalten. § 49 II und III VwVfG regelt die Rechtsfolge, nämlich den Umfang des Erstattungsanspruchs. § 49a II 1 VwVfG enthält eine **Rechtsfolgenverweisung** auf das Recht der ungerechtfertigten Bereicherung im BGB. Damit findet insbesondere auch § 818 III BGB über den Wegfall der Bereicherung Anwendung. § 49a II 2 VwVfG schließt den **Entreicherungseinwand** allerdings aus, wenn der Begünstigte die Umstände, die den Rückforderungsgrund begründen, kannte oder infolge grober Fahrlässigkeit nicht kannte. Hier ist die Haftung **gegenüber dem BGB verschärft**. Während nach § 819 I BGB nur positive Kenntnis des Rechtsmangels schadet, schließt nach § 49a II 2 VwVfG schon die grob fahrlässige Unkenntnis relevanter Umstände den Entreicherungseinwand aus. Namentlich haftet der Subventionsempfänger verschärft, wenn die Rücknahme auf § 48 II 3

Nr. 3 VwVfG gestützt werden kann. Damit ergibt sich die Rückforderung im europarechtlichen **Fall 90** zwanglos aus § 49a VwVfG. Nach der Rücknahme des europarechtswidrigen Subventionsbescheides hat die Behörde die Subvention nach § 49a I VwVfG zurückzufordern. Dabei haftet das Unternehmen nach § 49a II 2 VwVfG verschärft. Die oben Rn. 436 ff. herausgearbeiteten europarechtlichen Wertungen zum Vertrauensschutz schlagen auch hier durch.

Die **Verzinsung** ist abweichend vom BGB in § 49a III VwVfG geregelt. Landesgesetze enthalten zum Teil abweichende Vorschriften (z. B. Art. 49a III BayVwVfG). **457**

§ 49a IV VwVfG enthält eine **eigenständige Anspruchsgrundlage** für den Fall, dass ein Subventionsempfänger öffentliche Mittel erst nach einem längeren Zeitraum verbraucht. Die Auszahlung erhebliche Zeit vor dem Mitteleinsatz kann dem Empfänger einen Zinsgewinn bringen. Dieser kann, auch wenn der Subventionsbescheid weder zurückgenommen noch widerrufen wird, über § 49a IV VwVfG abgeschöpft werden. § 49a IV VwVfG findet z.B. in **Fall 89** Anwendung. Wie oben Rn. 450 gesehen, wird die Behörde den Subventionsbescheid in Höhe von $^9/_{10}$ der Subventionssumme nicht widerrufen, obwohl die Mittel nicht alsbald nach der Auszahlung verwendet wurden. Für die 11 Monate, in denen das Geld der U-AG zur Verfügung standen, können aber Zinsen verlangt werden. Zwar hat die U-AG mit dem Geld tatsächlich keinen Gewinn gemacht. Darauf kommt es aber nach dem Tatbestand des § 49a IV VwVfG nicht an. Die U-AG, die die Mittel vorübergehend zweckentfremdet zur Spekulation verwandt hat, ist im Übrigen nicht schutzwürdig. Daher ist die Zinsforderung auch nicht ermessensfehlerhaft. **458**

Damit ergibt sich für **Fall 89** folgendes Gesamtergebnis: Der Subventionsbescheid wird in Höhe von $^1/_{10}$ widerrufen (Rn. 450). Nach § 49a I–III VwVfG wird dieses Zehntel der Subventionssumme nebst Zinsen zurückgefordert. Für die restlichen $^9/_{10}$ der Subventionssumme werden nach § 49a IV VwVfG Zinsen für 11 Monate gefordert. **459**

Wehrt sich der Subventionsempfänger gegen die Rückabwicklung einer Subvention, kommt es **prozessual** regelmäßig zu einer **objektiven Klagehäufung**. In **Fall 90** müsste das Unternehmen – ggf. nach erfolglosem Widerspruchsverfahren – sowohl den Aufhebungs- als auch den Rückforderungsbescheid anfechten. Auch wenn beide Regelungen in einem Schriftstück vereint sind, handelt es sich um zwei verschiedene Verwaltungsakte und damit auch um **zwei Anfechtungsklagen**. Die beiden Klagen **können** aber gemäß § 44 VwGO **verbunden werden**. In der Klausur sind beide Klagen nacheinander durchzuprüfen, und zwar mit jeweils gesonderter Zulässigkeits- und Begründetheitsprüfung. § 44 VwGO sollte erst bei der zweiten Klage am Ende der Zulässigkeitsprüfung angesprochen werden. Nachdem die Zulässigkeit der zweiten Anfechtungsklage festgestellt wurde, empfiehlt es sich, kurz darzulegen, dass diese Klage nach § 44 VwGO mit der anderen verbunden werden kann. Ein häufiger Fehler ist es, § 44 VwGO anstelle der Zulässigkeit der zweiten Klage zu prüfen. § 44 VwGO regelt nicht die Zulässigkeit von Klagen, sondern die Zulässigkeit ihrer Verbindung. In Klausuren ist **§ 44 VwGO eher nebensächlich**. **460**

In **Fall 91a** könnte der Subventionsbescheid einer Rückforderung entgegenstehen. Allerdings kommt eine Rücknahme gemäß § 48 I 1 VwVfG nicht in Betracht, weil die Kostenunterschreitung den Subventionsbescheid nicht nachträglich rechtswidrig werden lässt. Es fehlt auch an einem Widerrufsgrund gemäß § 49 III 1 Nr. 1 VwVfG, weil der Zuschuss, der nur einen Teil der Gesamtkosten ausmacht, offenbar vollständig für den Ausbau der Haltestelle und damit zweckentsprechend verwandt wurde. Man mag einen Wi- **461** derruf gemäß § 49 II Nr. 3 VwVfG erwägen, doch könnte der Subventionsbescheid danach allenfalls *ex nunc* aufgehoben werden, was für eine Rückforderung gemäß § 49a I 1 VwVfG nicht ausreicht. Das BVerwG arbeitet in einer solchen Konstellation daher mit der Rechtsfigur des **vorläufigen Verwaltungsakts**. Dieser vorläufige Bescheid ist zwar Rechtsgrund für die Auszahlung der Subventionssumme, aber nicht für das endgültige Behaltendürfen.[1] Der endgültige Rechtsgrund wird erst durch einen zweiten Bescheid geschaffen, der nach der Endabrechnung ergeht. Die Behörde kann und muss nun also einen endgültigen Bewilligungsbescheid erlassen, der den Zuschuss auf weniger als 200 000 € festsetzt. Damit fehlt es an einem Rechtsgrund für das Behaltendürfen des Zuschusses, soweit er den endgültig festgesetzten Betrag übersteigt, so dass der Differenzbetrag in analoger Anwendung von § 49a VwVfG zurückgefordert werden kann.[2]

§ 21 Wiederaufgreifen des Verfahrens (§ 51 VwVfG)

462 **Fall 92:** Die beamtete Lehrerin L wird 1989 wegen Mitgliedschaft in der DKP entlassen und klagt erfolglos dagegen. 1995 entscheidet der Europäische Gerichtshof für Menschenrechte in einem ähnlich gelagerten Parallelfall, dass die Entlassung gegen die in Art. 10 EMRK gewährleistete Meinungsfreiheit verstößt. Nun beantragt L bei der Schulbehörde, die Entlassung rückgängig zu machen.

463 In **Fall 92** könnte L ein Wiederaufgreifen des Verfahrens beantragen. Das Wiederaufgreifen des Verfahrens ist **zweistufig ausgestaltet**. In einer ersten Phase wird über das Wiederaufgreifen entschieden. Hat der Antrag Erfolg, ist die Bestandskraft des Ausgangsbescheides beseitigt. Damit ist der Weg frei für eine neue Sachentscheidung, die in einer zweiten Phase getroffen wird. Für das Wiederaufgreifen muss zunächst ein Grund nach § 51 I VwVfG gegeben sein. In Betracht kommen vor allem eine Änderung der Sach- oder Rechtslage (Nr. 1) oder neue Beweismittel (Nr. 2). In **Fall 92** ist eine neue Rechtsprechung eines internationalen Gerichts zu einem völkerrechtlichen Vertrag, den Deutschland ratifiziert hat, entstanden. Dies ist grundsätzlich nicht anders zu behandeln als eine Änderung der deutschen höchstrichterlichen Rechtsprechung. Die neue Rechtsprechung ist kein **neues Beweismittel** i. S. v. § 51 I Nr. 2 VwVfG. Dem Beweis sind allein Tatsachen zugänglich. Die richtige Auslegung von Art. 10 EMRK ist jedoch eine reine Rechtsfrage. Eine **Änderung der Sachlage** i. S. v. § 51 I Nr. 1 VwVfG liegt nicht vor, weil die Tatsachen, die 1989 zur Entlassung geführt haben, gleichgeblieben sind. Der Begriff der **Rechtslage** bezieht sich auf die generell-abstrakten Regelungen, die für den Fall maßgebend sind. Hier ist keine Gesetzesänderung eingetreten. Auch Art. 10 EMRK gilt schon seit dem In-Kraft-Treten der Konvention im Jahre 1953. Geändert hat sich allenfalls das gerichtliche Verständnis dieser Norm. Eine neue Rechtsprechung bedeutet aber an sich keine Änderung der Rechtslage.[1] Unter dem Gesichtspunkt der Völkerrechtsfreundlichkeit der deutschen Rechtsordnung ist das BVerfG allerdings mittlerweile bereit, ein Urteil des EGMR einer Veränderung der Rechtslage gleichzustellen.[2] Damit liegt

1 BVerwGE 135, 238, Rn. 16; dazu *Beaucamp*, JA 2010, 247 ff.; *Schröder*, JURA 2010, 255 ff.
2 BVerwGE 135, 238, Rn. 24.

1 S. BVerwGE 135, 137, Rn. 16; zur Parallele bei der Rechtskraft Rn. 175.
2 BVerfGE 128, 326 (364 f.) – nachträgliche Sicherungsverwahrung; dazu auch *Herrmann/Michl*, Examens-Repetitorium EuR, Rn. 60; *Uerpmann-Wittzack*, JURA 2014, 916 (921).

hier ausnahmsweise ein Wiederaufgreifensgrund vor[3]. Ein Antrag der L nach § 51 VwVfG müsste also vorbehaltlich der Antragsfrist nach § 51 III VwVfG Erfolg haben.

Fraglich ist die Rechtsschutzform. In Betracht kommt jedenfalls eine Verpflichtungskla- **464**
ge, gerichtet auf Wiederaufgreifen des Verfahrens. Denkbar wäre aber auch eine **Durchgriffsklage**, mit der sofort die **Verpflichtung zum Erlass einer neuen Sachentscheidung** erstrebt würde. Das Vorliegen der **Wiederaufgreifensvoraussetzungen** wäre dann **inzident zu prüfen**. Aus Gründen der Prozessökonomie erscheint es sinnvoll, die Durchgriffsklage zuzulassen. Andernfalls würde man den Rechtsschutzsuchenden unter Umständen zwingen, zweimal zu klagen, obwohl die Behörden jedenfalls in der ersten Phase des Wiederaufgreifens keinerlei Ermessen hat.

§ 51 V VwVfG stellt klar, dass § 51 VwVfG die Möglichkeit des **Widerrufs und** der **465**
Rücknahme nicht ausschließt. Bei §§ 48, 49 VwVfG steht die Aufhebung zwar im Ermessen der Behörde. Der Betroffene hat aber auch nach diesen Vorschriften immerhin einen **Anspruch auf ermessensfehlerfreie Entscheidung**. Auch wenn kein Wiederaufgreifensgrund besteht, hat der Betroffene also einen Anspruch auf ermessensfehlerfreie Entscheidung über sein Aufhebungsbegehren. Das BVerwG spricht von einem Wiederaufgreifen i. w. S. und zitiert § 51 V i. V. m. §§ 48, 49 VwVfG.[4] Das Ablehnungsermessen der Behörde wird in solchen Fällen regelmäßig sehr weit sein. Allerdings ist es grundsätzlich ermessenswidrig, einen offenkundig rechtswidrigen Verwaltungsakt sehenden Auges in der Welt zu lassen, solange keine Drittinteressen berührt sind.

3 § 51 I Nr. 3 VwVfG verweist im Übrigen auch auf § 580 Nr. 8 ZPO, wonach ein EGMR-Urteil die Wiederaufnahme des Verfahrens rechtfertigen kann. Das gilt aber nur, wenn das EGMR-Urteil zu demselben Streitgegenstand ergangen ist, und nicht in Parallelfällen (str.).

4 BVerwGE 135, 121, Rn. 24 ff.; 135, 137, Rn. 19 ff.

Teil 6

Staatshaftungsrecht

466

System staatshaftungsrechtlicher Ansprüche

	Rechtsgrundlage	**Haftungsgrund**	**Rechtsfolge**
Amtshaftung	§ 839 BGB, Art. 34 GG	Unrecht + Verschulden	Geldersatz
Folgenbeseitigung	ausnahmsweise Spezialgesetz, ansonsten ungeschrieben	Unrecht, verschuldensunabhängig	Wiederherstellung
aufopferungsgleicher Eingriff	Spezialgesetz, hilfsweise ungeschrieben	Unrecht, verschuldensunabhängig	Geldersatz
Aufopferung	Spezialgesetz, grds. kein Raum für ungeschriebene Anspruchsgrundlage	Sonderopfer	Geldersatz
vertragsähnlich	Sonderbeziehung, § 280 BGB analog	Nebenpflichtverletzung + vermutetes Verschulden	§§ 249 ff. BGB

§ 22 Amtshaftung

467 **Fall 93:** F parkt an einer Bushaltestelle. Die Polizei beauftragt die A-AbschleppGmbH (A) mit dem Umsetzen des Fahrzeugs. Beim Verladen beschädigt ein Mitarbeiter der A das Fahrzeug aus Unachtsamkeit. F fragt nach Schadensersatz.

Fall 94: Auf Weisung des Bundesumweltministers ordnet die zuständige Landesbehörde die Stilllegung eines Kernkraftwerkes an. Das OVG weist die Klage des Energieversorgungsunternehmens (EVU) als unbegründet ab, doch stellt das BVerwG in der Revisionsinstanz einen Verstoß gegen das AtomG fest. Das EVU fragt nach Schadensersatz.

Fall 94a: Ohne die Stilllegungsverfügung anzufechten, klagt das EVU in **Fall 94** sofort auf Schadensersatz. Der Bund beruft sich auf die Bestandskraft der Stilllegungsverfügung.

Fall 95: B beantragt eine Baugenehmigung für eine Biogasanlage im Außenbereich. Obwohl das Vorhaben nach § 35 BauGB zulässig und auch sonst genehmigungsfähig ist, versagt der Gemeinderat mit knapper Mehrheit gegen den Rechtsrat der Planungsreferentin das Einvernehmen nach § 36 BauGB. Wegen des fehlenden Einvernehmens versagt das Landratsamt, dem das Landesrecht auch die Zuständigkeit für die Ersetzung des Einvernehmens nach § 36 II 3 BauGB zuweist, die Baugenehmigung, so dass B die Genehmigung in einem Verwaltungsprozess erstreiten muss. Kann B ihren Verzögerungsschaden von der Gemeinde oder vom Rechtsträger des Landratsamts ersetzt verlangen?

468 Das deutsche Staatshaftungsrecht ist antiquiert. Sinnvoll wäre eine unmittelbare Staatshaftung. Die deutsche Amtshaftung beruht hingegen auf einer **Eigenhaftung des Beam-**

ten (§ 839 BGB), **die** durch Art. 34 GG **auf den Staat übergeleitet wird**. Das erschwert das Verständnis.

Struktur der Amtshaftung nach § 839 BGB, Art. 34 GG
1. „jemand in Ausübung eines … öffentlichen Amtes" (§ 839 BGB i. V. m. Art. 34 GG) 2. Verletzung einer drittbezogenen Amtspflicht 3. Verschulden 4. Zurechenbarer Schaden 5. Haftungsbeschränkungen • „Verweisungsprivileg" (§ 839 I 2 BGB) • Vorrang des Primärrechtsschutzes (§ 839 III BGB) • „Spruchrichterprivileg" (§ 839 II BGB) 6. Anspruchsgegner 7. Ausgestaltung des Anspruchs durch BGB

469

I. Anknüpfung an öffentlich-rechtliche Tätigkeit

Die Haftungsnorm des § 839 BGB wird durch Art. 34 GG überlagert. § 839 I BGB gilt an sich nur für Beamte i. S. der Beamtengesetze (sog. staatsrechtlicher **Beamtenbegriff**). Art. 34 S. 1 GG bezieht sich hingegen auf alle Personen, die ein öffentliches Amt ausüben. Im Rahmen der mittelbaren Staatshaftung nach § 839 BGB i. V. m. Art. 34 GG kommt es also nicht auf das Dienstverhältnis der handelnden Person an, sondern allein auf die **Art der ausgeübten Tätigkeit**. Man spricht insoweit auch vom Beamten im haftungsrechtlichen Sinn, doch führt dieser Begriff leicht zur Verwirrung. Da es auf das Dienstverhältnis der handelnden Person nicht ankommt, ist es auch nicht erforderlich festzustellen, welche Person im Einzelnen gehandelt hat. Es genügt, dass **öffentlich-rechtliches Handeln** vorliegt, das einem bestimmten Verwaltungsträger zurechenbar ist. In **Fall 95** handeln die Gemeinderatsmitglieder bei der Entscheidung über das Einvernehmen nach § 36 BauGB öffentlich-rechtlich und damit in Ausübung eines öffentlichen Amtes. Welche Gemeinderatsmitglieder für und welche gegen die Versagung gestimmt haben, ist irrelevant, da keine Eigenhaftung einzelner Gemeinderatsmitglieder im Raum steht, sondern eine auf die Gemeinde übergeleitete Haftung (Rn. 487). 470

Die Haftung erstreckt sich damit auf alle **Angehörigen des öffentlichen Dienstes** sowie **sonstige Funktionsträger**, soweit sie öffentlich-rechtlich tätig werden. Auch Private werden erfasst, wenn sie mit Hoheitsgewalt beliehen sind. 471

472

Schwierig sind Fälle zu beurteilen, in denen der Staat oder ein anderer Hoheitsträger **Private** in die Erfüllung seiner öffentlich-rechtlichen Aufgaben einbindet, ohne sie mit Hoheitsgewalt zu beleihen. Das Problem tritt beispielsweise auf, wenn die Polizei ein Kfz durch ein privates Unternehmen abschleppen lässt **(Fall 93)**:

473 Früher hat der BGH in diesem Zusammenhang eine sehr enge **„Werkzeugtheorie"** vertreten. Danach haftete die öffentliche Hand nur, wenn sie auf die Durchführung der Arbeiten des Privaten so weitgehend Einfluss genommen hatte, dass sie die Arbeiten wie eigene gegen sich gelten lassen musste[1]. Selbstständig handelnde Werkunternehmer wie Abschleppunternehmen wurden nicht erfasst. Dies war nicht interessengerecht. Für den Kfz-Halter, dessen Fahrzeug abgeschleppt wird, macht es keinen Unterschied, ob die Polizei den Wagen mit eigenen Mitteln und Bediensteten abschleppt, oder ob sie damit ein privates Unternehmen beauftragt. Durch die Auslagerung von Hilfstätigkeiten auf Private darf sich die Verwaltung nicht ihrer Verantwortung gegenüber dem Betroffenen entziehen. Daher stellt der BGH nun vor allem darauf ab, wie stark die wahrgenommene Aufgabe gegenüber dem Betroffenen als hoheitliche Tätigkeit erscheint[2]. Damit greift die Amtshaftung im Bereich der Eingriffsverwaltung auch dann ein, wenn die Behörde die Durchführung einer von ihr angeordneten Maßnahme auf einen Privaten überträgt. In **Fall 93** handelt der Mitarbeiter der A, der das Fahrzeug abschleppt, also in Ausübung eines öffentlichen Amtes. Damit haftet der Staat gegenüber F nach § 839 BGB, Art. 34 GG. Hingegen hat F gegen A keine Ansprüche. Der Amtshaftungsanspruch gegen den Mitarbeiter der A nach § 839 BGB wird auf den Staat übergeleitet. **Zivilrechtliche Ansprüche** werden durch das öffentlich-rechtliche Haftungsregime **verdrängt**. §§ 823, 831 BGB finden also keine Anwendung

II. Das Merkmal der drittbezogenen Amtspflicht

474 Sinnvoll wäre es, die Staatshaftung an die Verletzung von Rechtsnormen zu knüpfen, die im Staat-Bürger-Verhältnis gelten. Im Gegensatz dazu knüpft die Amtshaftung an die Verletzung von **Amtspflichten** an. Sie bezieht sich damit auf das Verhältnis zwischen dem Amtsträger und seinem Dienstherrn. Allerdings gehört zu den innerdienstlichen Amtspflichten insbesondere auch die Pflicht zu rechtmäßigem Handeln. Ist ein behördliches Verhalten rechtswidrig, ist es regelmäßig zugleich amtspflichtwidrig. Damit stellt die Beschädigung des Eigentums der F an ihrem Kraftfahrzeug in **Fall 93** eine Amtspflichtverletzung dar.

475 Ausnahmsweise verletzt ein rechtswidriges Verhalten keine Amtspflicht, wenn der Amtsträger eine entsprechende **Weisung** befolgt hat. In **Fall 94** ist nach dem Urteil des BVerwG davon auszugehen, dass die Stilllegungsverfügung rechtswidrig war. Die Weisung des Bundes nach Art. 85 III GG führt jedoch dazu, dass die Landesbehörde intern verpflichtet war, die Stilllegungsverfügung zu erlassen[3]. Damit hat das Land zwar rechtswidrig gehandelt, doch haben die Landesbediensteten, die der Weisung nachgekommen sind, keine Amtspflicht verletzt. Ein Amtshaftungsanspruch gegen das Land scheidet aus. Allerdings hat der Bundesminister durch seine inhaltlich rechtswidrige Weisung seine Pflicht zum rechtmäßigen Handeln verletzt. Damit kommt ein Amtshaftungsanspruch gegen den Bund in Betracht.

1 BGHZ 48, 98 (103).
2 BGHZ 121, 161 (164 ff.); bestätigend BGHZ 200, 188, Rn. 5; BGH, NJW-RR 2019, 1163, Rn. 18.
3 Nach der Kalkar-Rechtsprechung des BVerfG ist die Weisung für das Land verbindlich, auch wenn sie inhaltlich rechtswidrig sein sollte; BVerfGE 81, 310 (333); s. auch *Geis*, Examens-Repetitorium Staatsrecht, Rn. 229 ff.

Die Amtspflicht muss drittbezogen sein. Das haftungsbegrenzende Kriterium der **Drittbezogenheit** entspricht dem Filter des subjektiven Rechts bei der Klagebefugnis. Die Argumentationslinien laufen weitgehend parallel. In **Fall 93** dient die Amtspflicht, fremdes Eigentum nicht zu beschädigen, dem Schutz des Eigentümers. Ebenso dienen die Normen des AtomG in **Fall 94** dem Schutz des Anlagenbetreibers vor einer rechtswidrigen Stilllegungsverfügung, so dass die Amtspflicht zu rechtmäßigem Verhalten auch hier drittbezogen ist. Bisweilen schließt der Gesetzgeber die Drittbezogenheit ausdrücklich aus. So nimmt die Bundesanstalt für Finanzdienstleistungsaufsicht ihre Aufgaben nach § 4 IV FinDAG[4] ausschließlich im öffentlichen Interesse wahr. Dadurch sollen Amtshaftungsansprüche gegen die Bundesanstalt ausgeschlossen werden, die sich aus einer fehlerhaften Bankenaufsicht ergeben könnten. 476

Die **haftungsbegrenzende Funktion** des Merkmals der Drittbezogenheit steht im Vordergrund, wenn der BGH fragt, ob der Kreis möglicher Betroffener für die öffentliche Hand überschaubar und/oder individualisierbar sei. Mit diesem Ansatz verneinte der BGH beispielsweise eine Haftung des deutschen Wetterdienstes wegen Hagelschäden an Flugzeugen auf Grund einer verspäteten Hagelwarnung[5]. 477

Das Motiv der Haftungsbeschränkung trägt auch die Rechtsprechung zum **Ausschluss der Haftung für legislatives Unrecht**. Zwar unterliegen auch Gesetzgebungsorgane und namentlich die Abgeordneten des Deutschen Bundestages einer Pflicht, keine grundrechtswidrigen Gesetze zu erlassen. Grundrechte sind an sich Individualrechte *par excellence*. Dennoch geht aber die Rechtsprechung davon aus, dass die Pflicht zu grundrechtskonformem Verhalten dem Gesetzgeber allein im öffentlichen Interesse obliegt[6]. Dahinter steht die Vorstellung, dass Gesetze als generell-abstrakte Regelungen eine unbestimmte Vielzahl von Personen und Sachverhalten betreffen. Mögliche Haftungsfolgen sind in ihrem Ausmaß unüberschaubar. Zu einer derartigen Ausdehnung der Haftung gegenüber dem bisher Anerkannten sieht sich die Rechtsprechung nicht befugt. Sie weist diese Grundsatzentscheidung vielmehr dem Gesetzgeber zu[7]. Der Haftungsausschluss für legislatives Unrecht gilt allerdings nicht uneingeschränkt. Ausnahmen erfährt er bei Verstößen gegen Europarecht (Rn. 495). Außerdem greift der **Haftungsausschluss nicht bei fehlerhaften Bebauungsplänen**. Bebauungspläne werden zwar als Satzungen erlassen und sind damit ihrer Form nach Rechtsnormen. Sie regeln aber die Bebaubarkeit konkreter, individualisierter Grundstücke. Der Kreis von Betroffenen ist damit für den Gemeinderat überschaubar und individualisiert. So kommt eine Amtshaftung in Betracht, wenn der Gemeinderat auf einer ehemaligen Mülldeponie unter Verletzung von § 1 VI Nr. 1 BauGB ein Wohngebiet ausweist[8]. § 1 VI Nr. 1 BauGB begründet eine drittbezogene Amtspflicht der Gemeinderatsmitglieder. Allerdings ist hier der Schutzbereich genau zu ermitteln[9]. Wer später ein Wohnhaus auf der ehemaligen Deponie als Eigenheim errichtet, das sich in der Folge als unbewohnbar erweist, fällt in den Schutzbereich der Norm, die gerade gesunde Wohnverhältnisse garantieren soll. Hingegen schützt die Norm nicht die Vermögensinteressen einer Person, die das Grundstück als Vermögensanlage erwirbt. Solche Vermögensschäden können daher keinen Amtshaftungsanspruch auslösen. 478

4 BGBl. 2002 I, S. 1310.
5 BGHZ 129, 17 (18 f.).
6 BGHZ 56, 40 (46); 102, 350 (367).
7 S. *Boujong*, in: Fs. f. Willi Geiger, 1989, S. 430 (433).
8 Grundlegend BGHZ 106, 323 (325 ff.).
9 BGHZ 121, 65 (66 ff.).

479 In **Fall 95** hängt die Haftung der Gemeinde oder des Rechtsträgers des Landratsamts davon ab, wer im Rahmen des Verfahrens zur Erteilung der Baugenehmigung eine drittbezogene Amtspflicht verletzt hat. Die Gemeinderatsmitglieder trifft die Amtspflicht, das Einvernehmen nicht im Widerspruch zu § 36 II 1 BauGB zu versagen. Fraglich ist jedoch, ob diese Pflicht gerade auch die Interessen der Bauherren schützen soll. § 36 BauGB soll zunächst die Planungshoheit der Gemeinde schützen, nicht einzelne Bauwillige. Selbstverständlich haben Bauwillige ein rechtlich geschütztes Interesse, dass ihnen die Baugenehmigung nicht rechtswidrig versagt wird. Der BGH stellt jedoch seit 2011 darauf ab, dass das Einvernehmen ein verwaltungsinterner Mitwirkungsakt ohne rechtliche Außenwirkung ist.[10] Indem die Bauaufsichtsbehörde ein rechtswidrig versagtes Einvernehmen gemäß § 36 II 3 BauGB ersetzen kann, wird ihr im Verhältnis zu den Bauwilligen die **Verantwortung für die rechtmäßige Entscheidung über die Baugenehmigung** zugewiesen. In diesem Sinne geht der BGH davon aus, dass die Bauaufsichtsbehörde das Einvernehmen nicht nur ersetzen kann, sondern ggf. auch muss.[11] Damit steht fest, dass die Mitarbeiter des Landratsamts eine drittbezogene Amtspflicht zur Ersetzung eines rechtswidrig versagten Einvernehmens trifft, während die Amtspflicht der Gemeinderatsmitglieder aus § 36 II 1 BauGB nicht drittbezogen ist. Es haftet also allein der Rechtsträger des Landratsamts.

III. Verschulden

480 Für das Verschulden gelten allgemeine zivilrechtliche Grundsätze und namentlich der **Fahrlässigkeitsmaßstab** von § 276 II BGB. In **Fall 94** kommt es darauf an, ob der Bundesumweltminister fahrlässig gehandelt hat. Vor allem stellt sich die Frage, wie viel an Rechtskenntnis von einer Behörde verlangt werden kann. Grundsätzlich ist zu erwarten, dass die Verwaltung das Recht richtig anwendet. Allerdings würde man die Sorgfaltsanforderungen überspannen, wenn man von einer Behörde bessere Rechtskenntnis erwarten würde als sie ein Kollegialgericht mit drei oder mehr Berufsrichtern besitzt[12]. In **Fall 94** hat ein Senat des OVG, der nach § 9 III VwGO mindestens mit drei Berufsrichtern besetzt ist, die Stilllegungsverfügung für rechtmäßig gehalten. Nach dem Urteil des BVerwG ist davon auszugehen, dass die OVG-Entscheidung falsch und die Stilllegungsverfügung rechtswidrig war. Von einem Exekutivorgan kann aber nicht verlangt werden, dass es die Rechtslage besser überschaut als die Berufsrichter des OVG. Die Entscheidung des OVG ist daher ein wichtiges Indiz dafür, dass dem Bundesumweltminister keine Fahrlässigkeit zur Last fällt.

IV. Zurechenbarer Schaden

481 Fragen im Bereich des Schadens, der Kausalität und der Zurechnung lassen sich grundsätzlich nach allgemeinen zivilrechtlichen Regeln lösen.

---

10 BGH, NVwZ 2011, 249, Rn 13; bestätigend BGH, NVwZ 2022, 179, Rn. 18 f.

11 BGH, NVwZ 2011, 249, Rn. 14 f.; für den Fall, dass das Landesrecht die Ersetzungsbefugnis der Kommunalaufsicht zuweist, nun ebenso BGH, NVwZ 2022, 179, Rn. 20 ff.

12 BGH, NVwZ 1998, 878; krit. *Maurer/Waldhoff*, AllgVwR, § 26 Rn. 25.

V. Haftungsbeschränkungen

§ 839 BGB kennt drei Haftungsprivilegien, die den Staat gegenüber allgemeinen zivilrechtlichen Grundsätzen begünstigen und die allesamt problematisch sind. **482**

1. Verweisungsprivileg

Nach § 839 I 2 BGB haftet der Beamte bei Fahrlässigkeit nur, soweit der Geschädigte keinen anderen Ersatzanspruch verwirklichen kann. Die Regelung ist ein Privileg gegenüber §§ 830, 840 BGB, die bei einer Mehrheit von Schädigern eine gesamtschuldnerische Haftung anordnen. Da die Haftung des Beamten durch Art. 34 GG auf den Staat übergeleitet wird, kommt das Verweisungsprivileg des § 839 I 2 BGB dem Staat zugute. Die Besserstellung des Staates gegenüber anderen Schädigern ist schwer verständlich. Daher wird das Verweisungsprivileg **restriktiv gehandhabt**. Es greift beispielsweise nicht ein, wenn der Amtshaftungsanspruch mit einem Versicherungsanspruch des Geschädigten konkurriert. Ausgeschlossen ist das Verweisungsprivileg auch, wenn der Staat am allgemeinen Straßenverkehr teilnimmt. Nehmen Hoheitsträger in öffentlich-rechtlicher Funktion am allgemeinen **Straßenverkehr** teil, richtet sich zwar die Haftung nach § 839 BGB, Art. 34 GG. Soweit die Hoheitsträger im Straßenverkehr aber keine staatlichen Sonderrechte in Anspruch nehmen, besteht kein Grund, sie gegenüber sonstigen Verkehrsteilnehmern zu privilegieren. Deshalb greift das Verweisungsprivileg nicht ein. Die Gleichstellung mit Privaten im allgemeinen Straßenverkehr zeigt sich auch daran, dass der Staat in diesen Fällen der Halterhaftung nach § 7 StVG unterliegt. Halterhaftung und Amtshaftung stehen dann ggf. unabhängig nebeneinander. Dagegen wird die Fahrerhaftung gemäß § 18 StVG als Fall der Verschuldenshaftung verdrängt[13]. **483**

2. Vorrang des Primärrechtsschutzes

§ 839 III BGB sieht vor, dass der Verletzte vorrangig Primärrechtsschutz suchen muss. Versäumt er schuldhaft, den Schaden durch Primärrechtsschutz abzuwenden, verliert er den Amtshaftungsanspruch. Die Regelung stellt eine **Verschärfung gegenüber § 254 II BGB** dar. Während das Mitverschulden des Verletzten dort zu einer Anspruchskürzung führt, lässt § 839 III BGB den Anspruch vollständig entfallen. Die Vorschrift findet ihre Parallele in der Rechtsprechung zum enteignungs- bzw. aufopferungsgleichen Eingriff (Rn. 517). Hier wie dort ist es dem Betroffenen verwehrt, sich auf ein „Dulde und Liquidiere" zurückzuziehen. Vielmehr trifft den Betroffenen die Obliegenheit, rechtswidrige Beeinträchtigungen mit Hilfe des Primärrechtsschutzes abzuwenden. Nur soweit dies nicht möglich ist, kann er Schadensersatz verlangen. **484**

In **Fall 94a** hat das EVU auf Primärrechtsschutz verzichtet. Man könnte überlegen, ob die Bestandskraft des Verwaltungsaktes bereits die Geltendmachung einer Amtspflichtverletzung ausschließt. Allerdings bedeutet die Bestandskraft nur, dass die Wirksamkeit des Verwaltungsaktes nicht mehr mit Rechtsbehelfen in Frage gestellt werden kann. Über die Rechtmäßigkeit der Verfügung ist damit nichts gesagt. Sie könnte von den ordentlichen Gerichten noch immer inzident im Amtshaftungsprozess überprüft werden. Ein Amtshaftungsanspruch scheitert aber an § 839 III BGB, soweit sich der Schaden durch **485**

13 BGHZ 121, 161 (167 f.).

eine Anfechtung der Stilllegungsverfügung und ggf. durch vorläufigen Rechtsschutz hätte verhindern lassen.

3. Spruchrichterprivileg

486 § 839 II 1 BGB regelt das sog. Spruchrichterprivileg. Danach ist die Amtshaftung im Wesentlichen auf Fälle der Rechtsbeugung i. S. v. § 339 StGB beschränkt. Zweck der Regelung ist nicht der Schutz der richterlichen Entscheidungsfreude, sondern der **Schutz der Rechtskraft**. Die Vorschrift findet daher nur bei Entscheidungen Anwendung, die der Rechtskraft fähig sind. Entscheidungen nach § 80 V VwGO können gemäß § 80 VII VwGO jederzeit geändert werden. Sie entfalten also keine Rechtskraft, so dass § 839 II BGB nicht eingreift.

VI. Anspruchsgegner

487 Anspruchsgegner ist nach Art. 34 S. 1 GG grundsätzlich die öffentliche Hand, also der Staat oder eine andere juristische Person des öffentlichen Rechts. Nach dem Wortlaut haftet diejenige juristische Person, in deren Diensten der Amtsträger steht. Daher stellt die sog. **Anstellungstheorie** auf das Dienstverhältnis ab. Allerdings wird die Anstellungstheorie durch das **Kriterium des Anvertrautseins**, das sich ebenfalls in Art. 34 S. 1 GG findet, modifiziert[14]. Damit haftet beispielsweise in **Fall 93** das Land als Verwaltungsträger der Polizei, die der privaten GmbH das Abschleppen anvertraut hat. Nach denselben Kriterien bestimmt sich die Haftung für das Landratsamt. Soweit das Landratsamt als untere Staatsbehörde tätig wird, haftet der Staat. Wird das Landratsamt hingegen als Behörde des Landkreises tätig, haftet der Landkreis. Damit nähert sich die modifizierte Anstellungstheorie der sog. Funktionstheorie an, die darauf abstellt, wessen Aufgaben wahrgenommen werden. Die Funktionstheorie findet allerdings im Wortlaut des Art. 34 S. 1 GG keine Stütze.

VII. Ausgestaltung des Anspruchs durch das BGB

488 Trotz seiner öffentlich-rechtlichen Natur ist der Amtshaftungsanspruch in die Regelungen des BGB eingebettet. Seine nähere Ausformung folgt damit dem **zivilrechtlichen Deliktsrecht**. Beispielsweise wird ebenso wie im Zivilrecht Schmerzensgeld im Rahmen von § 253 BGB gewährt. Ein anspruchsminderndes Mitverschulden i. S. v. § 254 I BGB kann etwa dann vorliegen, wenn der Bauherr von einer rechtswidrig erteilten Baugenehmigung Gebrauch macht, obwohl diese bereits mit einem Rechtsbehelf angegriffen wurde[15]. Für die Verjährung gelten §§ 195, 199 BGB.

489 Zu beachten ist jedoch, dass § 249 I BGB keine Anwendung findet. Der Amtshaftungsanspruch richtet sich **ausschließlich** auf **Geld**. „Naturalrestitution" kann allein unter den Voraussetzungen des Folgenbeseitigungsanspruchs verlangt werden (Rn. 498 ff.). Der **Ausschluss der Naturalrestitution** erklärt sich aus der Genese des Amtshaftungsanspruchs. Nach dem ursprünglichen Konzept von § 839 I BGB handelt es sich um eine pri-

14 BGH, NVwZ 2000, 963 (964).
15 BGH, NVwZ 2008, 926.

vate Eigenhaftung des Beamten. Als Privatperson ist der Beamte nicht in der Lage, ein Verwaltungshandeln rückgängig zu machen. Der Anspruch kann sich daher nur auf Geldersatz richten. Durch die Überleitung auf den Staat verändert sich der Anspruchsinhalt nicht. Er bleibt also auf Geldersatz beschränkt.

VIII. Eigenhaftung des Beamten

Die Haftungsüberleitung tritt nach Art. 34 I GG nur grundsätzlich ein. Eine Ausnahme bestimmt beispielsweise § 19 BNotO für die Haftung der Notare. **490**

Außerdem greift die Haftungsüberleitung nach Art. 34 GG nur bei öffentlich-rechtlichem Handeln ein. Handelt der Staat privatrechtlich, ist zu unterscheiden. Beamte im staatsrechtlichen Sinn haften **bei privatrechtlichen Diensthandlungen** nach § 839 I 1 BGB, ohne dass die Haftung auf den Staat übergeleitet würde. Neben dem Beamten haftet dann allerdings die öffentliche Hand entweder nach §§ 31, 89 BGB oder nach § 831 BGB. Damit greift zu Gunsten des Beamten das Verweisungsprivileg gemäß § 839 I 2 BGB ein. Der Geschädigte muss sich an den Staat halten, die persönliche Amtshaftung des Beamten ist ausgeschlossen. Handelt der Staat privatrechtlich nicht durch Beamte im staatsrechtlichen Sinn, sondern durch sonstige Personen, findet § 839 BGB keine Anwendung. Die Haftung bestimmt sich dann vollständig nach allgemeinen zivilrechtlichen Regeln. **491**

IX. Europarechtliche Staatshaftung

Fall 96: Eine EU-Richtlinie verpflichtet die Bundesrepublik Deutschland, Pauschaltouristen vor einer Insolvenz des Reiseveranstalters durch eine Pflichtversicherung zu schützen (s. jetzt § 651k BGB). Der Bundesgesetzgeber bleibt untätig. Nach Ablauf der Umsetzungsfrist wird der Reiseveranstalter „MP Travel Line" insolvent. Da er keine Versicherung abgeschlossen hat, müssen einige Reisende ihren bereits bezahlten Rückflug noch einmal aus eigener Tasche bezahlen. Sie verlangen vom Bund Ersatz. Zu Recht? **492**

Besonderheiten gelten, wenn deutsche Staatsorgane gegen Europäisches Unionsrecht verstoßen. In diesem Fall wird das deutsche Amtshaftungsrecht durch Europarecht überlagert[16]. Die europarechtlichen Anforderungen hat der **EuGH** im Leitfall **Francovich**[17] und in weiteren Entscheidungen[18] aus allgemeinen europarechtlichen Grundsätzen abgeleitet. Zu den Grundlagen gehören der Gedanke des *effet utile* (Rn. 435) und die Kooperationspflicht der Mitgliedstaaten nach Art. 4 III EUV. Die Grundlinien der europarechtlich geforderten Staatshaftung sind mittlerweile weitgehend anerkannt: **493**

Staatshaftung für die Verletzung von europarechtlichen Normen
1. Verletzte Norm bezweckt, dem Einzelnen Rechte zu gewährleisten 2. Verstoß hinreichend qualifiziert 3. Kausalzusammenhang zwischen Rechtsverletzung und Schaden 4. Ausgestaltung der Haftung durch die Mitgliedstaaten (z.B. Verjährung)

494

16 Dazu vertiefend *Herrmann/Michl*, Examens-Repetitorium EuR, Rn. 77 ff.

17 **EuGH, Slg. 1991, I-5357 = NJW 1992, 165, Rn. 31 ff.**

18 Im Überblick *Maurer/Waldhoff*, AllgVwR, § 31 Rn. 12.

495 Zunächst muss die **verletzte Norm individualschützender Natur** sein. In **Fall 96** hat die Richtlinie zum Zweck, Rechte der Pauschaltouristen als Verbraucher für den Fall der Insolvenz des Reiseveranstalters zu begründen. Die Unrechtshaftung des Staates ist nach den europarechtlichen Vorgaben **nicht verschuldensabhängig**. Diese Haftungsverschärfung wird **aber** bis zu einem gewissen Grad durch das Kriterium kompensiert, dass der **Verstoß hinreichend qualifiziert**, also hinreichend schwerwiegend und erkennbar sein muss. In **Fall 96** ist die völlige Untätigkeit des Bundesgesetzgebers ein offenkundiger und gravierender Verstoß gegen die Umsetzungspflicht. Was die **Kausalität** angeht, ist in **Fall 96** zu differenzieren. Soweit die betroffenen Reisenden ihre Reise schon vor Ablauf der Umsetzungsfrist gebucht haben, wäre der Schaden auch bei fristgemäßer Umsetzung eingetreten. Anders ist es, wenn der Reisevertrag erst nach Ende der Umsetzungsfrist abgeschlossen worden ist. Insoweit ist der Schaden kausal. Die **nähere Ausgestaltung des Anspruchs obliegt dem nationalen Recht**. Das gilt etwa für die Verjährung. Dabei ist allerdings zu beachten, dass das nationale Recht die Haftung für Verstöße gegen Gemeinschaftsrecht **nicht schlechter** ausgestalten darf **als die Haftung für Verstöße gegen nationales Recht**. Außerdem darf die nationale Ausgestaltung die **praktische Wirksamkeit** der europarechtlich gebotenen Staatshaftung nicht in Frage stellen. Damit lässt sich insbesondere der Haftungsausschluss bei sog. legislativem Unrecht (Rn. 478) ebenso wenig aufrechterhalten wie das Spruchrichterprivileg bei judikativem Unrecht (Rn. 486)[19].

496 Von der **Konstruktion** her ist **nicht abschließend geklärt**, ob die Staatshaftung für Verstöße gegen Unionsrecht europarechtlicher oder nationaler Natur ist. Überwiegend wird angenommen, dass es sich um eine europarechtliche Anspruchsgrundlage handelt, die lediglich durch nationale Normen näher ausgestaltet wird[20]. Es erscheint aber auch vertretbar, die Anspruchsgrundlage im nationalen Recht zu suchen, das dann freilich durch europarechtliche Vorgaben überlagert würde. Im zweiten Fall wäre Anspruchsgrundlage aus deutscher Sicht vor allem der Amtshaftungsanspruch, der europarechtskonform zu modifizieren wäre. Die wichtigste Änderung läge darin, dass sich die Haftung für Verstöße gegen Europarecht auch auf legislatives Unrecht erstreckt.

§ 23 Folgenbeseitigungsanspruch

497 **Fall 97:** Die Vermieterin und Hauseigentümerin E hat gegen M einen Räumungstitel erwirkt. Unmittelbar vor der Zwangsräumung weist die Behörde den M wegen drohender Obdachlosigkeit rechtswidrig in seine bisherige Wohnung ein. Nach erfolglosem Widerspruchsverfahren klagt E gegen die Einweisung und verlangt zugleich die Exmittierung des M, der bereits erklärt hat, die Wohnung auf keinen Fall zu verlassen.

Fall 98: Mit Baugenehmigung des Landratsamts errichtet B eine Fabrikhalle. Als die Halle fertig ist, hebt das Gericht die Baugenehmigung auf Anfechtung der N auf. Nun verlangt N vom Landratsamt die Beseitigung der Fabrikhalle. Zu Recht?

498 Der Amtshaftungsanspruch ist, wie gesehen (Rn. 489), allein auf Geldersatz gerichtet. Begehrt der Betroffene die Wiederherstellung des ursprünglichen Zustandes, steht ihm dafür

19 S. EuGH, Slg. 2003, I-10239 = NJW 2003, 3599, Rn. 31 ff. – Köbler; Slg. 2006, I-5177 = NJW 2006, 3337, Rn. 24 ff. – Traghetti.

20 So BGHZ 134, 30 (33, 36).

der Folgenbeseitigungsanspruch zur Verfügung. Sollen die Folgen eines Verwaltungsaktes beseitigt werden, spricht man von einem **Vollzugsfolgenbeseitigungsanspruch**.

Voraussetzungen des Folgenbeseitigungsanspruchs
1. öffentlich-rechtliche Maßnahme 2. die in ein subjektives Recht eingreift 3. unmittelbare Folge 4. Folge dauert an 5. Folge ist rechtswidrig 6. Beseitigung möglich und zumutbar

In allen anderen Fällen ist der **allgemeine Folgenbeseitigungsanspruch** einschlägig. Die beiden Varianten des Folgenbeseitigungsanspruchs haben im Wesentlichen dieselben Tatbestandsvoraussetzungen.

Die rechtliche Verankerung des Folgenbeseitigungsanspruchs ist nicht vollständig geklärt. Genannt werden namentlich: Grundrechte, eine Analogie zu §§ 1004, 12 sowie 862 BGB, das Rechtsstaatsprinzip, „Richterrecht" und Gewohnheitsrecht. Die genaue Herleitung kann dahinstehen, da der Anspruch jedenfalls allgemein anerkannt ist und auch seine Tatbestandsmerkmale weitgehend unbestritten sind[1]. **499**

Erforderlich ist zunächst eine **öffentlich-rechtliche Maßnahme**. Handelt die öffentliche Hand zivilrechtlich, richtet sich die Folgenbeseitigung nach zivilrechtlichen Regelungen. Ist die Maßnahme als Verwaltungsakt zu qualifizieren, greift der Vollzugsfolgenbeseitigungsanspruch ein. In den **Fällen 97 f.** geht es jeweils um einen Verwaltungsakt, im ersten Fall um die Einweisungsverfügung, im zweiten um die Baugenehmigung. **500**

Die Maßnahme muss **in ein subjektives Recht des Betroffenen eingreifen**. In **Fall 97** greift die Einweisungsverfügung in das Eigentum der E ein, das durch Art. 14 I 1 GG geschützt wird. In **Fall 98** greift die Baugenehmigung offenbar in nachbarschützende Vorschriften des öffentlichen Baurechts ein. **501**

Der Folgenbeseitigungsanspruch erstreckt sich **nur** auf **unmittelbare Folgen** der öffentlich-rechtlichen Maßnahme. In **Fall 97** ließe sich bereits zweifeln, ob der Aufenthalt des M in der Wohnung eine Folge der Einweisung ist. Dagegen spricht, dass M die Wohnung schon vor der Einweisung bewohnte[2]. Allerdings ist zu berücksichtigen, dass die Verwaltung mit der Einweisung eine neue Rechtsgrundlage für den Aufenthalt des M in der Wohnung geschaffen hat. Die Einweisung begründet als Beschlagnahme eine Art öffentlich-rechtliches Verwahrungsverhältnis. Damit entsteht als Folge der Einweisung ein neuer rechtlicher Zustand, der solange fortwirkt, bis der Aufenthalt, der sich auf diese Verfügung gründet, tatsächlich beendet ist[3]. Unter diesem Gesichtspunkt erscheint der Aufenthalt als Folge der Einweisungsverfügung. Hinter dieser dogmatischen Konstruktion steht die Frage nach einer angemessenen Verteilung des Räumungsrisikos zwischen Eigentümer und Verwaltung. Verhindert die Verwaltung eine bereits eingeleitete Zwangsräumung, indem sie den früheren Mieter in seine bisherige Wohnung einweist, ist es sachgerecht, dass sie damit im Weiteren das Räumungsrisiko übernimmt. **502**

1 Im Überblick BVerwG, NVwZ 2022, 1820, Rn. 16 ff.
2 Dahin gehend OLG Köln, NJW 1994, 1012 (1013).
3 BGHZ 130, 332 (336 f.) = NJW 1995, 2918 (2919 f.) in Anschluss an die herrschende verwaltungsgerichtliche Rechtsprechung.

503 Die Folge muss unmittelbar sein. Das **Kriterium der Unmittelbarkeit** wird verwandt, wenn eine Zurechnung normativ eingeschränkt werden soll. Es weist hier, ebenso wie in anderen Verwendungszusammenhängen, auf Zurechnungsprobleme hin. Die Rechtsordnung hat verschiedene Zurechnungsgesichtspunkte entwickelt, um das Kriterium der Unmittelbarkeit im Einzelfall auszufüllen:

504

Unmittelbarkeit als Zurechnungsproblem
Das Kriterium der Unmittelbarkeit weist auf Zurechnungsprobleme hin. Topoi zur Lösung der Zurechnungsprobleme: • Dazwischentreten eines freiverantwortlich handelnden Dritten? • Finalität? • Typische Folge?/Verwirklichung einer spezifischen Gefahr?

505 Die einzelnen Gesichtspunkte stellen keine Regeln dar, die jede für sich zu einem eindeutigen Ergebnis führen würden. Es handelt sich lediglich um **Argumentationshilfen**. Weisen alle Gesichtspunkte im Einzelfall in dieselbe Richtung, liegt ein unproblematischer Fall vor. Weisen einzelne Topoi in unterschiedliche Richtungen oder passen einzelne Topoi überhaupt nicht, handelt es sich um einen Grenzfall, der besonders sorgfältiger Analyse bedarf.

506 In **Fall 97** ließe sich erwägen, ob M als freiverantwortlich handelnder Dritter durch seine Entscheidung, die Wohnung zu benutzen, den Zurechnungszusammenhang unterbricht. Dabei würde aber übersehen, dass es der Behörde gerade darauf ankam, dass M in der Wohnung verblieb. Der Aufenthalt ist von der Behörde gewollt und erwünscht. Zugleich handelt es sich um eine typische Folge der Einweisungsverfügung, dass der von Obdachlosigkeit Bedrohte von ihr Gebrauch macht. Deshalb hält die Rechtsprechung den Aufenthalt des Eingewiesenen für eine unmittelbare Folge der Einweisungsverfügung[4].

507 Anders verhält es sich in **Fall 98**. Zwar ist es eine typische Folge der Baugenehmigung, dass das genehmigte Bauwerk errichtet wird. Ist die Baugenehmigung rechtswidrig und wird das materiell baurechtswidrige Gebäude in der Folge errichtet, verwirklicht sich darin die spezifische Gefahr der rechtswidrigen Baugenehmigung. Das ändert aber nichts daran, dass der Bau auf der freiverantwortlichen Entscheidung des Bauherrn beruht. Die Baugenehmigung ist rechtlich Voraussetzung für den Bau, lässt dem Bauherrn aber völlige Freiheit, ob der Bau tatsächlich ausgeführt wird. Zweifelhaft ist auch das Kriterium der Finalität. Der Bauaufsichtsbehörde kommt es nicht darauf an, dass das genehmigte Gebäude verwirklicht wird. Das Baugenehmigungsverfahren soll lediglich verhindern, dass materiell baurechtswidrige Vorhaben verwirklicht werden. Es ist aber kein Instrument zur Herbeiführung einer öffentlich erwünschten Bebauung. Daher erscheint der Bau nicht als unmittelbare Folge der Baugenehmigung, so dass in **Fall 98** ein Folgenbeseitigungsanspruch ausscheidet. Das schließt nicht aus, dass N einen **Anspruch auf ermessensfehlerfreie Entscheidung aus den bauordnungsrechtlichen Vorschriften** über die Abbruchverfügung herleiten kann. Soweit ein Vorhaben Baunachbarrecht verletzt, dient die Regelung der Abbruchverfügung auch den Interessen der betroffenen Nachbarn. Damit haben Nachbarn insoweit ein subjektives Recht auf ermessensfehlerfreie Entscheidung. Dieses Recht besteht jedoch **unabhängig vom Folgenbeseitigungsanspruch**.

508 Beseitigt werden können **nur Folgen, die noch andauern**. In **Fall 97** ist dies der Fall, weil M die Wohnung weiter bewohnt. Die Folge muss darüber hinaus **rechtswidrig** sein.

---

4 S. Rn. 502, Fn. 3.

Sie ist rechtswidrig, wenn der Betroffene nicht zur Duldung verpflichtet ist. Beim Vollzugsfolgenbeseitigungsanspruch können sich Duldungspflichten namentlich aus dem vollzogenen Verwaltungsakt ergeben. In **Fall 97** verpflichtet die Einweisungsverfügung die E, den Aufenthalt des M solange zu dulden, bis der Einweisungszeitraum abgelaufen ist oder bis die Verfügung wegen ihrer Rechtswidrigkeit aufgehoben worden ist. In dem Moment, wo das Gericht die Einweisungsverfügung aufhebt, entfällt jedoch die Duldungspflicht, so dass der Aufenthalt des M rechtswidrig wird.

Die Beseitigung kann nicht verlangt werden, wenn sie unmöglich ist. Bei **tatsächlicher** 509
Unmöglichkeit bereitet dies keine Probleme. Schwieriger sind die Fälle einer **rechtlichen Unmöglichkeit** zu behandeln. In **Fall 97** könnte die Exmittierung als Folgenbeseitigung am entgegenstehenden Willen des M scheitern. Eine Folgenbeseitigung ist der Behörde nur möglich, wenn sie den M zum Verlassen der Wohnung verpflichten kann. Daher wären in der Klausur an dieser Stelle inzident die Voraussetzungen einer Exmittierungsverfügung gegen M zu prüfen. Rechtsgrundlage wird je nach Landesrecht in der Regel die ordnungsbehördliche Generalklausel sein. Der weitere Aufenthalt, der das Eigentumsrecht der E verletzt, stört die öffentliche Sicherheit. M kann als Verhaltensverantwortlicher in Anspruch genommen werden. Das Einschreiten steht grundsätzlich im Ermessen der Behörde. Es ist umstritten, ob sich das Ermessen in Folgenbeseitigungskonstellationen auf null reduziert. Der Folgenbeseitigungsanspruch kann sich nicht ermessensreduzierend auswirken, weil er seinerseits von der Möglichkeit der Folgenbeseitigung abhängt. Als **ermessensreduzierend** kann aber **die sog. Folgenbeseitigungslast** angesehen werden. Eine Folgenbeseitigungslast besteht, sobald die ersten fünf Voraussetzungen des Folgenbeseitigungsanspruchs (vor Rn. 498) erfüllt sind. Die Folgenbeseitigungslast besteht also unabhängig von der Möglichkeit und der Zumutbarkeit einer Folgenbeseitigung. Damit kann die Folgenbeseitigungslast bei der Prüfung der rechtlichen Möglichkeit einer Folgenbeseitigung ermessensreduzierend wirken. In **Fall 97** reduziert die Folgenbeseitigungslast das Exmittierungsermessen der Behörde auf null. Damit ist die Folgenbeseitigung möglich.

Die **Folgenbeseitigung** muss schließlich auch **zumutbar** sein. Das Kriterium der Zumut- 510
barkeit ist mit äußerster Zurückhaltung zu handhaben. Anderenfalls bestünde die Gefahr, den Folgenbeseitigungsanspruch auf diesem Weg auszuhebeln. Hat beispielsweise die öffentliche Hand eine Straße gebaut, die Anlieger in ihren Rechten verletzt, kann ein Rückbau der Straße nicht allein unter Hinweis auf die Kosten als unzumutbar abgelehnt werden. Die Herstellung rechtmäßiger Zustände ist der Verwaltung regelmäßig auch dann zuzumuten, wenn erhebliche finanzielle Interessen auf dem Spiel stehen. Unzumutbar wäre eine Folgenbeseitigung nur dann, wenn eine **Legalisierung des bisher rechtswidrigen Zustandes konkret zu erwarten** wäre. Hätte die Verwaltung beispielsweise ein neues Planfeststellungsverfahren eingeleitet, um die bisher rechtswidrig erbaute Straße zu legalisieren, wäre es unverhältnismäßig, die Behörde zunächst zum Rückbau zu verpflichten, obwohl sie dieselbe Straße in absehbarer Zeit rechtmäßigerweise wird errichten können. In **Fall 97** spricht nichts gegen die Zumutbarkeit der Exmittierung, so dass ein Folgenbeseitigungsanspruch besteht.

Prozessual kann M die Klage auf Folgenbeseitigung in **Fall 97** nach § 113 I 2 VwGO 511
mit der Anfechtung der Einweisungsverfügung verbinden. § 113 I 2 VwGO hat eine rein prozessuale Bedeutung. Die Vorschrift regelt den Folgenbeseitigungsanspruch nicht, sondern setzt ihn voraus. Ihre Funktion besteht allein darin, die **Verbindung der Anfechtungsklage mit der allgemeinen Leistungsklage, gerichtet auf Folgenbeseiti-**

gung, zu erleichtern. In Verhältnis zu § 44 VwGO (Rn. 460) handelt es sich also um einen besonderen Fall der objektiven Klagehäufung. Für das Verfahren des vorläufigen Rechtsschutzes findet § 113 I 2 VwGO seine Entsprechung in § 80 V 3 VwGO.

§ 24 Sonstige Ansprüche und Rechtswegfragen

512 **Fall 99:** Aufgrund eines völlig unerwarteten Softwarefehlers gibt eine Ampel für die beiden sich kreuzenden Straßen gleichzeitig grünes Licht. Dadurch kommt es zu einem Zusammenstoß. F verlangt von der Stadt Ersatz der Reparaturkosten sowie Schmerzensgeld.

Fall 100: F parkt ihren Pkw auf öffentlichem Straßenland und lässt das Fenster offen. Die Polizei verbringt den Pkw zum Schutz vor Einbruchsdiebstählen auf den Polizeihof. Dort wird ein Kotflügel aus ungeklärten Gründen zerkratzt. F verlangt Schadensersatz.

Fall 101: Ein Polizist (P) wird im Dienst verletzt, weil ein Vorgesetzter den Einsatz unvorsichtig geleitet hat. P klagt vor dem VG auf Schadensersatz. Das VG kommt zu der Überzeugung, dass den Vorgesetzten kein Verschulden trifft, sieht sich aber mit schwierigen Rechtswegfragen konfrontiert. Wie wird das VG entscheiden?

I. Aufopferung, enteignender und enteignungsgleicher Eingriff

513

Anspruch aus aufopferungs- bzw. enteignungsgleichem Eingriff
1. vermögenswerte Rechtsposition bzw. nichtvermögenswertes Recht 2. öffentlich-rechtliche Maßnahme 3. Maßnahme greift unmittelbar in Rechtsposition ein 4. Maßnahme ist rechtswidrig 5. Vorrang des Primärrechtsschutzes 6. Rechtsfolge: Schadensausgleich

514 Verschiedene spezialgesetzlich geregelte Entschädigungsansprüche lassen sich auf den **Aufopferungsgedanken** zurückführen, wie er in §§ 74, 75 der Einleitung zum Allgemeinen Landrecht für die Preußischen Staaten (ALR) zum Ausdruck kommt und richterrechtlich ausgeformt ist. Dazu gehören namentlich die Regelungen der **Polizei- und Ordnungsgesetze**, die dem als Nichtstörer in Anspruch Genommenen einen Entschädigungsanspruch zubilligen[1]. Das Unmittelbarkeitskriterium, das o. Rn. 503 für den Folgenbeseitigungsanspruch behandelt wurde, gilt auch für Aufopferungsansprüche und wird ggf. in spezialgesetzliche Entschädigungstatbestände hineingelesen. Gefragt wird dann nach einem unmittelbaren Zusammenhang zwischen behördlicher Maßnahme und Schaden[2]. Als Zurechnungskriterien erscheinen wiederum der von der Behörde beabsichtigte Zweck, die Verwirklichung einer spezifischen Gefahr sowie die Unterbrechung des Zurechnungszusammenhanges durch einen frei verantwortlich handelnden Dritten (Rn. 503).

515 **Ungeschriebene Aufopferungsansprüche kommen** hingegen **kaum noch vor**. Insbesondere hat der ungeschriebene Anspruch aus enteignendem Eingriff, der zunächst in

1 Dazu *Wehr*, Examens-Repetitorium PolR, Rn. 540 ff.
2 *Wehr*, Examens-Repetitorium PolR, Rn. 550.

Art. 14 GG und später im Aufopferungsgedanken verankert wurde, seine Bedeutung weitgehend verloren. Er sollte bei übermäßigen Eingriffen in das Eigentum einen Ausgleich in Geld ermöglichen. Nach der neueren Rechtsprechung des BVerfG ist für einen derartigen ungeschriebenen Anspruch grds. kein Raum mehr[3]. Danach ist es im Rahmen von Art. 14 I GG Aufgabe der Gesetzgebung, übermäßige Eigentumseingriffe zu vermeiden. Kann sich eine Inhaltsbestimmung des Eigentums im Einzelfall unverhältnismäßig auswirken, ist es Sache der Gesetzgebung, Ausnahmeregelungen vorzusehen. Hält die Gesetzgebung eine Regelung trotz ihrer besonderen Härte für erforderlich, kann es zwar angemessen sein, die Eigentumsbeschränkung durch einen Geldersatz zu kompensieren. Die Entscheidung für diese Lösung liegt aber wiederum in der Hand der Gesetzgebung, die die Einzelheiten regeln muss. Besteht eine spezialgesetzliche Entschädigungsnorm, ist diese ggf. anzuwenden. Fehlt eine solche Norm, ist die Inhaltsbestimmung des Eigentums unter Umständen unverhältnismäßig und verfassungswidrig. Dann muss der Betroffene Rechtsschutz gegen die Einschränkung seines Eigentums suchen. In keinem der beiden Fälle besteht Raum für einen Rückgriff auf einen ungeschriebenen Aufopferungsanspruch. Auch eine salvatorische Klausel, mit der das Gesetz Entschädigung für den Fall vorsieht, dass eine Regelung im Einzelfall enteignende Wirkung haben sollte, ist unzureichend. Sie genügt nicht dem verfassungsrechtlichen Bestimmtheitsgebot. Gleichwohl operiert die Rechtsprechung in seltenen Fällen noch immer mit einem ungeschriebenen Aufopferungsanspruch, so etwa, wenn eine Person, deren Unschuld sich im Nachhinein herausstellt, im Rahmen der Strafverfolgung rechtmäßig vorläufig festgenommen und dabei verletzt wird.[4]

Weniger Bedenken begegnet der ungeschriebene Anspruch aus **aufopferungsgleichem bzw. enteignungsgleichem Eingriff**. Er stellt einen Fall der verschuldensunabhängigen Unrechtshaftung dar. Wird in eine vermögenswerte Rechtsposition eingegriffen, spricht man von einem enteignungsgleichen Eingriff, ansonsten von einem aufopferungsgleichen Eingriff im engeren Sinne. Ein typischer Anwendungsfall ist das **sog. feindliche Grün** in **Fall 99**. Ein Amtshaftungsanspruch wird hier vielfach am Verschulden scheitern. Das macht den verschuldensunabhängigen Anspruch aus aufopferungsgleichem Eingriff interessant. Das Kraftfahrzeug und die Gesundheit der Verkehrsteilnehmer sind geschützte Rechtspositionen. Das feindliche Ampelgrün stellt eine rechtswidrige öffentlich-rechtliche Maßnahme dar. Auch hier gilt das Unmittelbarkeitskriterium. Früher ging die Rechtsprechung davon aus, dass das Verhalten der Autofahrer den Zurechnungszusammenhang unterbreche. Nach den o. Rn. 503 genannten Zurechnungskriterien ist diese Sicht kaum haltbar. Schaltet eine Ampel auf Grün, steht es nicht im freien Belieben der wartenden Autofahrer, ob sie an- und in die Kreuzung einfahren. Vielmehr befiehlt das grüne Ampellicht den Verkehrsteilnehmern, die Kreuzung zügig, wenn auch nicht unachtsam zu überqueren. Die Freiverantwortlichkeit ist damit stark eingeschränkt. Zudem ist das Einfahren in die Kreuzung eine typische Folge des grünen Lichtzeichens, und wenn es bei feindlichem Grün zu einem Zusammenstoß kommt, verwirklicht sich darin die spezifische Gefahr der Ampel. Daher bejaht der BGH nunmehr bei feindlichem Grün den Unmittelbarkeitszusammenhang[5]. 516

Das gesamte Staatshaftungsrecht wird von dem Grundsatz beherrscht, dass **Primärrechtsschutz vorrangig** ist[6]. Dieser Grundsatz findet sich für die Amtshaftung in § 839 517

3 Insbesondere BVerfGE 100, 226 (239 ff.).
4 BGHZ 215, 335.
5 BGHZ 99, 249 (254 f.).
6 Bestandsaufnehmend und zugleich krit. *Axer*, DVBl. 2001, 1322 ff.

III BGB (Rn. 484) und gilt auch für den aufopferungsgleichen Eingriff. Bei feindlichem Grün tritt freilich der Schaden ein, bevor die Betroffenen eine Chance hätten, Primärrechtsschutz zu suchen. In der **Rechtsfolge** wurde der Anspruch aus Aufopferung und aufopferungsgleichem Eingriff im Gegensatz zur Amtshaftung traditionell auf den **Ausgleich des Vermögensschadens** beschränkt. Es wurden also Reparatur- und ggf. Heilungskosten ersetzt, aber kein Schmerzensgeld gewährt. Diese Einschränkung hat der BGH 2017 aufgegeben und den Entschädigungsanspruch damit einem Schadensersatzanspruch angeglichen.[7]

518 Auch wenn der ungeschriebene Anspruch aus aufopferungsgleichem Eingriff grundsätzlich fortbesteht, wird er vielfach durch **spezialgesetzliche Normierungen** verdrängt. So werden im Fall des feindlichen Grüns regelmäßig Entschädigungsansprüche der Polizei- und Ordnungsgesetze einschlägig sein. Da diese fachgesetzlichen Entschädigungstatbestände aber auf dem Gedanken des aufopferungsgleichen Eingriffs beruhen, hilft die Kenntnis des ungeschriebenen Anspruchs beim Verständnis und der Auslegung der fachgesetzlichen Normen. Das gilt insbesondere auch für das Erfordernis der Unmittelbarkeit. So erging die o. zitierte Entscheidung des BGH[8] zum feindlichen Grün nicht zum ungeschriebenen Anspruch aus aufopferungsgleichem Eingriff, sondern zu § 39 I Buchst. b OBG NW. Unabhängig von ihrer spezialgesetzlichen Normierung stehen Ansprüche aus aufopferungsgleichem Eingriff **selbstständig neben der Amtshaftung**[9].

II. Pflichtverletzung im verwaltungsrechtlichen Schuldverhältnis

519 Amtshaftung und Haftung aus aufopferungsgleichem Eingriff sind öffentlich-rechtliche Gegenstücke zur deliktischen Haftung des BGB. Daneben kennt auch das öffentliche Recht **vertragliche und vertragsähnliche Sonderbeziehungen**. In derartigen Sonderbeziehungen können grundsätzlich die Regelungen des BGB über die vertragliche Haftung entsprechend angewendet werden. Öffentlich-rechtliche Sonderbeziehungen können nicht nur durch Vertrag begründet werden, sondern insbesondere auch durch Verwaltungsakt. In **Fall 100** begründet die Sicherstellung des Pkw durch die Polizei eine **öffentlich-rechtliche Verwahrung**. In dieser Sonderbeziehung trifft den Staat entsprechend § 241 II BGB die Nebenpflicht, den Pkw vor Beschädigungen zu schützen. Für eine Verletzung dieser Pflicht haftet der Staat entsprechend §§ 276, 278, 280 BGB. Der Vorteil gegenüber der Amtshaftung liegt in der Beweislastumkehr gemäß § 280 I 2 BGB: Die vertragsähnliche Haftung ist zwar wie die Amtshaftung verschuldensabhängig, doch wird das Verschulden hier vermutet. Lässt sich nicht klären, wie der Kratzer während der öffentlichen Verwahrung entstanden ist, misslingt der Entlastungsbeweis, so dass der Staat haftet.

520 Auch das **Beamtenverhältnis** ist eine öffentlich-rechtliche Sonderbeziehung. Den Staat trifft eine **Fürsorgepflicht** gegenüber seinen Beamten, für deren Verletzung er nach vertragsähnlichen Grundsätzen haftet. In **Fall 101** ist die Fürsorgepflicht gegenüber dem Polizisten verletzt worden. Dabei ist der Vorgesetzte Erfüllungsgehilfe, dessen etwaiges Verschulden sich der Staat entsprechend § 278 S. 1 zurechnen lassen müsste. Der Schadensersatzanspruch geht zunächst auf Ersatz des materiellen Schadens. Nach § 253 II BGB kann auch Schmerzensgeld verlangt werden.

---

7 BGHZ 215, 335, Rn. 5 ff.
8 Rn. 516, Fn. 5.
9 BGHZ 170, 260 (272).

Diese vertraglichen und vertragsähnlichen Schadensersatzansprüche stehen als Anspruchsgrundlagen **selbstständig neben der Amtshaftung** und neben einem etwaigen Anspruch aus aufopferungsgleichem Eingriff. 521

III. Geschäftsführung ohne Auftrag

Diskutiert wird auch eine öffentlich-rechtliche Geschäftsführung ohne Auftrag in entsprechender Anwendung von §§ 677 ff. BGB. Sie ist nicht ausgeschlossen, doch sehr **problematisch und umstritten**. Zweifelhaft ist bereits die Abgrenzung zwischen öffentlichem Recht und Zivilrecht. Es erscheint sachgerecht, auf die Rechtsnatur des Geschäftes abzustellen. Ist der Geschäftsherr ein Privater, führt dies regelmäßig zur Anwendung des Zivilrechts. Eine öffentlich-rechtliche Geschäftsführung ohne Auftrag ist daher am ehesten denkbar, **wenn ein Hoheitsträger Aufgaben eines anderen Hoheitsträgers wahrnimmt**. Hier kollidiert die Annahme einer Geschäftsführung ohne Auftrag allerdings regelmäßig mit der Kompetenzordnung. Die Rechtsordnung weist Aufgaben jeweils bestimmten Behörden zu. Handelt eine Behörde innerhalb ihrer Zuständigkeit, bestimmen sich Ersatz- und Rückgriffsansprüche regelmäßig nach den einschlägigen Fachgesetzen. Überschreitet eine Behörde ihre Kompetenzen, besteht regelmäßig kein Anlass, die Behörde, die rechtswidrig in den Aufgabenbereich eines anderen Hoheitsträgers eingreift, durch einen Ersatzanspruch zu privilegieren. Daher sollten die Regelungen über die Geschäftsführung ohne Auftrag nur mit größter Zurückhaltung in das öffentliche Recht übertragen werden. 522

IV. Konkurrenzen und Rechtswegfragen – Die Rechtswegspaltung

Wie gesehen, können verschiedene **Ersatzansprüche** miteinander **konkurrieren** (Rn. 483, 518, 521). Dabei gehen gesetzliche Spezialregelungen den allgemeinen Haftungstatbeständen vor. Beispielsweise verdrängen fachgesetzliche Ausprägungen des Anspruchs aus enteignungsgleichem Eingriff den entsprechenden ungeschriebenen Haftungsanspruch. Darüber hinaus schließt die Amtshaftung die deliktischen Haftungstatbestände des Zivilrechts aus (Rn. 473, 483). Ansonsten stehen die verschiedenen Anspruchsgrundlagen jedoch weitgehend unabhängig nebeneinander. Wird eine rechtswidrige Baugenehmigung nach § 48 VwVfG zurückgenommen, kommt für den Bauherrn beispielsweise sowohl ein Amtshaftungsanspruch wegen rechtswidriger Erteilung der Baugenehmigung als auch ein Entschädigungsanspruch gemäß § 48 III VwVfG in Betracht. 523

Obwohl die Staatshaftung für rechtswidrige Maßnahmen des öffentlichen Rechts stets öffentlich-rechtlicher Natur ist, sind **einige Staatshaftungsansprüche den ordentlichen Gerichten zugewiesen**. Für die Amtshaftung folgt dies unmittelbar aus Art. 34 S. 3. § 40 II VwGO erstreckt die Sonderzuweisung auf weitere staatshaftungsrechtliche Ansprüche. Sachlich zuständig ist das LG im Rahmen von § 71 II Nr. 2 GVG. 524

Besondere Probleme entstehen, wenn verschiedene Anspruchsgrundlagen miteinander konkurrieren, für die unterschiedliche Rechtswege eröffnet sind. Das zeigt **Fall 101**. Prozessual wird der Streitgegenstand durch den Antrag und den zu Grunde liegenden Lebenssachverhalt bestimmt (sog. prozessual-zweigliedriger Streitgegenstandsbegriff, Rn. 175). Verlangt P Schadensersatz wegen der Verletzungen, die er sich bei einem be- 525 stimmten Einsatz zugezogen hat, handelt es sich also um **einen einzigen prozessualen Anspruch**. **Materiell** kann dieser **aber** auf **verschiedene Anspruchsgrundlagen** gestützt werden. Für den Amtshaftungsanspruch ist nach Art. 34 S. 3 GG der ordentliche Rechtsweg eröffnet. Daneben steht ein möglicher Anspruch aus Verletzung der beamtenrechtlichen Fürsorgepflicht. § 40 II 1 VwGO weist zwar derartige Schadensersatzansprüche aus der Verletzung öffentlich-rechtlicher Pflichten, die nicht auf einem öffentlich-rechtlichen Vertrag beruhen, grundsätzlich ebenfalls den Zivilgerichten zu. Nach § 40 II 2 VwGO haben aber §§ 54 I BeamtStG, 126 I BBG Vorrang, die Ansprüche aus dem Beamtenverhältnis den Verwaltungsgerichten zuweisen. Damit ergibt sich eine **Rechtswegspaltung**. Für die Amtshaftung wäre das Landgericht zuständig, für die parallele beamtenrechtliche Anspruchsgrundlage das VG. Diese Rechtswegspaltung sucht § 17 II 1 GVG zu vermeiden. Danach entscheidet das Gericht des zulässigen Rechtsweges den Rechtsstreit unter allen in Betracht kommenden rechtlichen Gesichtspunkten. Würde P beim LG klagen, könnte dieses also nicht nur den Amtshaftungsanspruch prüfen, sondern auch den Anspruch aus Verletzung der beamtenrechtlichen Fürsorgepflicht. Dieser Grundsatz wird aber nach § 17 II 2 GVG durch Art. 34 S. 3 GG durchbrochen. Danach darf der Amtshaftungsanspruch dem Zivilgericht nicht entzogen werden. Das bedeutet, dass das VG die Klage des P nur unter dem Gesichtspunkt einer Verletzung der beamtenrechtlichen Fürsorgepflicht prüfen darf. Begründet diese Anspruchsgrundlage den beantragten Schadensersatz, wird das VG der Klage stattgeben. Besteht hingegen kein Anspruch aus Verletzung der beamtenrechtlichen Fürsorgepflicht, etwa weil es am Verschulden fehlt, wird das VG die Klage als unter diesem rechtlichen Gesichtspunkt unbegründet abweisen. Die Rechtskraft des Urteils erstreckt sich dann nicht auf den gesamten prozessualen Anspruch, sondern nur auf diese Anspruchsgrundlage. Das führt dazu, dass es dem P unbenommen bleibt, anschließend vor dem LG unter dem Gesichtspunkt einer Amtspflichtverletzung zu klagen.

Teil 7

Rechtsschutz gegen Vollstreckungsakte

Die Verwaltungsvollstreckung richtet sich weitgehend nach **Landesrecht** und wird häufig im Rahmen des **Polizei- und Ordnungsrechts**[1] behandelt. Daher beschränkt sich das vorliegende Repetitorium darauf, wenige allgemeine Grundstrukturen zu wiederholen. 526

Je nachdem, welche Behörde handelt, finden **unterschiedliche Rechtsgrundlagen** Anwendung. Das VwVG Bund regelt ausschließlich die Vollziehung der Verwaltungsakte von **Bundesbehörden**. Da in Klausursachverhalten regelmäßig **Landesbehörden** zuständig sind, ist die direkte Anwendung des VwVG Bund die Ausnahme. Im Landesrecht finden sich häufig Sonderregelungen in den **Polizeigesetzen**. Ansonsten findet das allgemeine **LandesVwVG** Anwendung. Da das vorliegende Repetitorium nicht auf Besonderheiten einzelner Länder eingehen kann, wird hier das VwVG Bund zu Grunde gelegt, obwohl die Beispielsfälle an sich nach dem jeweiligen Landesrecht zu lösen wären. Stellt man auf den Vollstreckungsgegenstand ab, lässt sich die Vollstreckung von Geldforderungen und die Vollziehung sonstiger Verwaltungsakte unterscheiden. Die Vollstreckung von **Geldforderungen**, die in §§ 1 bis 5 VwVG Bund geregelt ist, bleibt hier außer Betracht. In den folgenden beiden Paragrafen werden lediglich zwei prozessuale Grundkonstellationen vorgestellt, nämlich die Anfechtung einer Zwangsmittelandrohung einerseits und Rechtsschutzfragen hinsichtlich der Kosten der Ersatzvornahme andererseits. 527

§ 25 Überprüfung einer Zwangsmittelandrohung

Fall 102: G hat vor ihrer Gaststätte Fahnen aufgehängt, die in den öffentlichen Straßenraum hineinragen und eine unerlaubte Sondernutzung darstellen. Die zuständige Stadtverwaltung gibt der G durch Bescheid auf, die Fahnen zu entfernen. Als nach sechs Wochen nichts geschehen ist, droht die Stadtverwaltung unter Setzung einer weiteren Frist ein „Zwangsgeld in Höhe von 200 €, wahlweise die Ersatzvornahme" für den Fall an, dass G die Fahnen nicht innerhalb von zwei Wochen entfernt. Die Kosten der Ersatzvornahme veranschlagt die Behörde auf 150 €. Nach erfolglosem Widerspruchsverfahren erhebt G Klage gegen die Zwangsmittelandrohung und macht geltend, dass das Verlangen, die Fahnen abzunehmen, unverhältnismäßig sei. Beurteilen Sie die Erfolgsaussichten der Klage! 528

Die Zwangsmittelandrohung trifft wichtige **Vorentscheidungen für die weitere Vollstreckung**. Namentlich konkretisiert sie verbindlich das später anzuwendende Zwangsmittel. Hält der Betroffene Weichenstellungen für die weitere Vollstreckung, die die Behörde in der Zwangsmittelandrohung trifft, für falsch, muss er sich gegen die Androhung wehren, bevor diese bestandskräftig wird. Die Zwangsmittelandrohung hat daher unter Rechtsschutzgesichtspunkten große Bedeutung. 529

1 S. *Wehr*, Examens-Repetitorium PolR, Rn. 304 ff., 382 ff., 413 ff.; *Seiler*, Examens-Repetitorium VwR, Fall 7, Rn. 187 ff.

I. Die Zwangsmittelandrohung als Gegenstand der Anfechtungsklage

530 Die Zulässigkeit der verwaltungsgerichtlichen Klage wurde im ersten Teil dieses Repetitoriums wiederholt. Bei der Klage gegen eine Zwangsmittelandrohung könnte allenfalls die statthafte Klageart zweifelhaft sein. Die **Anfechtungsklage** ist statthaft, wenn die Androhung als **Verwaltungsakt** zu qualifizieren ist. Von den Merkmalen des § 35 VwVfG (Rn. 58) ist allein der **Regelungscharakter** problematisch. Sieht man in der Zwangsmittelandrohung lediglich das Inaussichtstellen einer zukünftigen Vollstreckung, könnte der Regelungscharakter zu verneinen sein. Dabei würde aber übersehen, dass die Zwangsmittelandrohung nach § 13 III–V VwVG Bund bereits wichtige Vorentscheidungen über die Art und Weise der zukünftigen Vollstreckung trifft, indem sie namentlich die Zwangsmittelauswahl vorwegnimmt. Damit handelt es sich um einen feststellenden Verwaltungsakt, der mit der Anfechtungsklage angegriffen werden kann. § 18 I 1 VwVG Bund stellt die Statthaftigkeit der Anfechtungsklage zusätzlich klar.

531 Die **weiteren Sachentscheidungsvoraussetzungen** der Anfechtungsklage bereiten keine besonderen Schwierigkeiten. Namentlich ergibt sich die Klagebefugnis des Adressaten einer Zwangsmittelandrohung zumindest aus Art. 2 I GG.

II. Rechtmäßigkeit der Zwangsmittelandrohung

532 Die Begründetheit der Anfechtungsklage bemisst sich nach § 113 I 1 VwGO. Eine rechtswidrige Zwangsmittelandrohung verletzt den Adressaten zumindest in seinem Grundrecht aus Art. 2 I GG. Damit hängt die Begründetheit der Klage maßgeblich von der Rechtmäßigkeit der Androhung ab.

Die Vorschläge für den Aufbau einer Rechtmäßigkeitsprüfung im Vollstreckungsrecht weichen erheblich voneinander ab. Der hier gegebene Vorschlag beruht vor allem auf Erwägungen der Lernökonomie. Er orientiert sich daher einerseits an der allgemeinen Prüfungsstruktur für die Rechtmäßigkeit eines Verwaltungsaktes (Rn. 183) und andererseits am Wortlaut des § 13 VwVG Bund, der gerade in der Klausursituation eine wichtige Hilfestellung bietet.

Rechtmäßigkeit einer Zwangsmittelandrohung
1. Rechtsgrundlage (§ 13 VwVG Bund)
2. Formelle Rechtmäßigkeit
a) Zuständigkeit (§ 7 VwVG Bund)
b) Verfahren (s. § 28 II Nr. 5 VwVfG)
c) Schriftform + Zustellung (§ 13 I 1, VII VwVG Bund)
3. Materielle Rechtmäßigkeit
a) Wirksamer Verwaltungsakt
b) Angemessene Frist (§ 13 I 2 VwVG Bund)
c) Bestimmtheit (§ 13 III–V VwVG Bund)
d) Richtige Zwangsmittelauswahl
• gesetzliche Voraussetzungen (§§ 10 ff. VwVG Bund)
• Auswahlermessen

533 Ein Verwaltungsakt wird nach § 7 I VwVG und den entsprechenden landesrechtlichen Bestimmungen grundsätzlich von der Behörde vollzogen, die ihn erlassen hat. Die Be-

hörde, die die Grundverfügung erlassen hat, ist damit auch für die Zwangsmittelandrohung **zuständig**.

Beim Verfahren ist § 28 II Nr. 5 VwVfG zu beachten. Danach ist eine **Anhörung** vor Maßnahmen, die in der Verwaltungsvollstreckung getroffen werden, grundsätzlich **entbehrlich**. Dies gilt auch für die Zwangsmittelandrohung. **534**

Die Zwangsmittelandrohung unterliegt **strengen Formvorschriften**. Sie muss nach § 13 I 1 VwVG schriftlich erlassen, daher gemäß § 39 I VwVfG begründet und zudem nach § 13 VII VwVG zugestellt werden. **535**

In materieller Hinsicht setzt die Zwangsmittelandrohung zunächst einen **wirksamen Verwaltungsakt** voraus. Zweifelt der Adressat an der Rechtmäßigkeit der Grundverfügung, muss er diese gesondert anfechten. Ist die Zwangsmittelandrohung mit der Grundverfügung verbunden, geht § 18 I 2 VwVG davon aus, dass sich ein Rechtsbehelf gegen die Androhung zugleich auf die Grundverfügung erstreckt. Anderenfalls bedürfte es eines selbstständigen Rechtsbehelfs gegen die Grundverfügung[1]. Eine **inzidente Überprüfung der Grundverfügung scheidet** insbesondere dann **aus**, wenn diese – wie in **Fall 102** – bereits bestandskräftig geworden ist. Dies ergibt sich aus den Grundsätzen der Bestandskraft und wird durch § 18 I 3 VwVG zusätzlich bestätigt. Allerdings kann der Betroffene geltend machen, dass die Grundverfügung i. S. v. § 44 VwVfG nichtig sei. Eine nichtige Grundverfügung ist nach § 43 III VwVfG unwirksam und kann damit auch nicht Vollstreckungsgrundlage sein (Rn. 231 ff.). **536**

Die **Grundverfügung** muss im Zeitpunkt der Androhung **noch nicht vollstreckbar** sein. Vollstreckbar ist sie nach § 6 I VwVG nur, wenn sie unanfechtbar ist oder wenn einem Rechtsbehelf nach § 80 II VwGO keine aufschiebende Wirkung zukommt. Die Androhung wird aber häufig selbst dann mit der Grundverfügung verbunden, wenn diese nicht sofort vollziehbar ist. § 13 II VwVG lässt diese Möglichkeit ausdrücklich zu. Daraus folgt, dass eine Androhung schon vor Eintritt der Vollstreckbarkeit zulässig ist. **537**

In der Androhung muss nach § 13 I 2 VwVG eine **angemessene Frist** für die Erfüllung des Verwaltungsaktes bestimmt werden. Wie viel Zeit eingeräumt werden muss, bemisst sich zum einen nach dem zeitlichen Aufwand, den die Erfüllung des Verwaltungsaktes kostet, und zum anderen nach der Eilbedürftigkeit. So wird die Frist bei einer Abrissverfügung im Zweifel mehrere Wochen oder sogar Monate betragen müssen. Hingegen kann sich die Frist bei einer schlichten Unterlassungsverfügung auf null reduzieren. Bei der Fristbemessung ist zu beachten, dass der Betroffene einem Verwaltungsakt nicht nachkommen muss, solange einem Rechtsbehelf aufschiebende Wirkung zukommt. Dem Betroffenen muss also ein angemessener Zeitraum nach Eintritt der Vollstreckbarkeit eingeräumt werden. **538**

Die Androhung muss sich nach § 13 III VwVG auf **ein einziges, bestimmtes Zwangsmittel** beziehen. Im Falle der Ersatzvornahme sind gemäß § 13 IV VwVG die voraussichtlichen Kosten zu veranschlagen. Beim Zwangsgeld ist nach § 13 V VwVG eine genaue Höhe anzugeben. **539**

Das **Zwangsmittel** muss nicht nur genau angegeben werden, sondern es muss auch **inhaltlich richtig ausgewählt** sein. Zunächst sind die Voraussetzungen durchzuprüfen, die das Gesetz an die einzelnen Zwangsmittel stellt (im Bund §§ 10–12 VwVG). Insbesondere ist die Ersatzvornahme nur bei vertretbaren Handlungen möglich, während unmittelba- **540**

1 Dazu im Einzelnen *Wehr*, Examens-Repetitorium PolR, Rn. 414 ff.; *Weiß*, DÖV 2001, 275 (282 ff.).

rer Zwang als ultima ratio subsidiär ist zur Ersatzvornahme und zum Zwangsgeld. Soweit nach den gesetzlichen Bestimmungen verschiedene Zwangsmittel in Betracht kommen, muss die Behörde ihr **Auswahlermessen** fehlerfrei ausgeübt haben. Insgesamt muss das angedrohte Zwangsmittel verhältnismäßig sein. Das gilt beim Zwangsgeld namentlich auch für die Höhe des Zwangsgeldes.

541 In **Fall 102** war die Stadtverwaltung, die die Grundverfügung erlassen hat, auch für die Zwangsmittelandrohung zuständig. Eine Anhörung war nach § 28 II Nr. 5 VwVfG entbehrlich. Die Wahrung der Form muss mangels Angaben im Sachverhalt unterstellt werden. In materieller Hinsicht liegt mit dem Bescheid, die Fahnen zu entfernen, eine Grundverfügung vor. Unwirksamkeitsgründe sind nicht ersichtlich. Da sich die Fahnen voraussichtlich relativ einfach entfernen lassen, erscheint die gesetzte Frist von zwei Wochen angemessen. Die wahlweise Androhung von zwei verschiedenen Zwangsmitteln verstößt jedoch gegen § 13 III VwVG. Damit ist die Zwangsmittelandrohung rechtswidrig. Allenfalls hilfsweise könnte erörtert werden, ob die beiden Zwangsmittel jeweils für sich rechtmäßig sein könnten. Nach der Rechtslage im Bund ergeben sich insoweit Zweifel für das Zwangsgeld. Vertretbare Handlungen, wie die Abnahme der Fahnen, sind nach § 10 VwVG Bund vorrangig im Wege der Ersatzvornahme zu vollstrecken. Für die Androhung eines Zwangsgeldes bedürfte es nach § 11 I 2 VwVG Bund besonderer Gründe, die hier zweifelhaft sind.

§ 26 Kosten der Ersatzvornahme

542 **Fall 103:** Die zuständige Stadtverwaltung ordnet zur Durchführung des Wochenmarktes auf dem Marktplatz mit Verkehrszeichen ein absolutes Halteverbot für die Zeit mittwochs von 7 bis 14 Uhr an. Als das Fahrzeug der F am Mittwoch um 7.05 Uhr in der Halteverbotszone steht, lässt eine städtische Beamtin das Fahrzeug durch die A-AbschleppGmbH umsetzen. F erhält einen Kostenbescheid, mit dem ihr der Rechnungsbetrag der A-AbschleppGmbH auferlegt wird. Ein Widerspruch bleibt erfolglos.

1. Beurteilen Sie die Erfolgsaussichten einer Klage!
2. Kann F mit der Zahlung abwarten, bis das VG entschieden hat?

I. Rechtmäßigkeit des Kostenbescheides

543 **Rechtmäßigkeit eines Bescheides über Kosten der Ersatzvornahme**

1. Rechtsgrundlage (§ 10 VwVG Bund i.V.m. Kostenrecht)
2. Formelle Rechtmäßigkeit
   a) Zuständigkeit
   b) Verfahren (kein Fall des § 28 II Nr. 5 VwVfG)
   c) Form
3. Materielle Rechtmäßigkeit
   a) Wirksame, vollziehbare Grundverfügung (Ausnahme: § 6 II VwVG)
   b) Wirksame Androhung der Ersatzvornahme (soweit Androhung erforderlich)
   c) Übereinstimmung der Zwangsmittelanwendung mit der Androhung – falls Androhung entbehrlich: richtige Zwangsmittelauswahl
   d) Auslagen tatsächlich entstanden bzw. Gebührenhöhe rechtmäßig

Greift der Betroffene einen Bescheid über die Kosten der Ersatzvornahme an, wird das gesamte Vollstreckungsverfahren aus der Ex-Post-Perspektive betrachtet. Dann wird rückschauend die Rechtmäßigkeit des gesamten Vollstreckungsverfahrens untersucht, soweit nicht bestandskräftige Zwischenentscheidungen einer inhaltlichen Prüfung entgegenstehen. Soweit dem Kostenbescheid bestandskräftige Verwaltungsakte vorausgehen, ist deren inhaltliche Rechtmäßigkeit nicht mehr zu überprüfen[1]. **544**

Grundlage des Kostenbescheides ist im Bund **§ 10 VwVG**, ggf. ergänzt durch kostenrechtliche Bestimmungen. Landesrecht enthält zum Teil deutlichere Regelungen als § 10 VwVG Bund. **Zuständig** ist die Behörde, die den Verwaltungsakt erlassen und vollzogen hat. Nach § 28 I VwVfG ist der Betroffene grundsätzlich anzuhören. Eine Ausnahme vom **Anhörungserfordernis** gilt nach § 28 II Nr. 5 VwVfG nur für Maßnahmen, die „in der Verwaltungsvollstreckung" getroffen werden. Der **Kostenbescheid** ist aber **nicht** mehr **Teil der Verwaltungsvollstreckung**, sondern nur mehr eine nachgelagerte Folge. Das zeigt sich deutlich in **Fall 103**. Mit der Umsetzung des Fahrzeugs ist die Grundverfügung erfüllt. Mit der Durchführung der Ersatzvornahme ist der Zweck der Vollstreckung erreicht. Ein weiterer Vollzug wäre nach § 15 III VwVG unzulässig. Der Kostenbescheid dient nicht mehr der Durchsetzung der Grundverfügung, sondern ist lediglich eine Folge der durchgeführten Ersatzvornahme. Auch der Regelungszweck von § 28 II Nr. 5 VwVG, eine zügige Durchführung der Vollstreckung zu gewährleisten, greift nicht mehr ein, wenn der Vollstreckungserfolg bereits erreicht ist. **545**

In materieller Hinsicht ist der Kostenbescheid rechtmäßig, soweit die Kosten als Folge einer rechtmäßigen Ersatzvornahme tatsächlich entstanden sind. Dabei ist zu beachten, dass wichtige Vorfragen möglicherweise durch eine Bestandskraft der Grundverfügung und der Zwangsmittelandrohung einer Überprüfung entzogen sind. Der Kostenbescheid setzt zunächst eine **Grundverfügung** voraus. Anders als bei der Androhung des Zwangsmittels muss die Grundverfügung hier nicht nur wirksam, sondern im Zeitpunkt der Ersatzvornahme auch **vollziehbar** gewesen sein. Ausnahmsweise ist eine Ersatzvornahme auch ohne vorausgehende Grundverfügung unter den Voraussetzungen des Sofortvollzuges nach § 6 II VwVG statthaft. In diesem Fall ist inzident zu prüfen, ob die Voraussetzungen für eine Grundverfügung vorlagen. **546**

Nach § 13 VwVG Bund muss die Ersatzvornahme grundsätzlich angedroht worden sein. Da die **Androhung** ein Verwaltungsakt ist, reicht es aus, wenn sie **wirksam** ist. Im Rahmen einer Anfechtung des Kostenbescheides sind nur solche Fehler der Zwangsmittelandrohung beachtlich, die so schwer wiegen, dass sie nach § 44 VwVfG zur Nichtigkeit der Androhung führen. Liegen die Voraussetzungen des Sofortvollzugs vor, ist eine Androhung nach § 13 I 1 VwVG Bund entbehrlich. **547**

Wurde ein Zwangsmittel angedroht, ist weiter zu prüfen, ob die durchgeführte **Ersatzvornahme von der Androhung gedeckt** ist. Hingegen ist die Zwangsmittelauswahl nicht mehr zu prüfen, da sie bereits Gegenstand der vorausgehenden Androhung war und ggf. gesondert angefochten werden müsste. Durfte der Ersatzvornahme hingegen ohne vorausgehender Androhung durchgeführt werden, muss im Rahmen des Kostenbescheides inzident die Zulässigkeit der Ersatzvornahme geprüft werden. **548**

In **Fall 103** ist das Halteverbotszeichen als Verkehrszeichen nach § 80 II 1 Nr. 2 VwGO sofort vollziehbar (Rn. 362). Eine Androhung ist nicht erfolgt. Allerdings liegen die Vo- **549**

1 S. auch *Wehr*, Examens-Repetitorium PolR, Rn. 516 ff.

raussetzungen nach § 6 II VwVG vor, weil es darum geht, die Fortsetzung einer Verkehrsordnungswidrigkeit zu verhindern. In diesem Fall ist nach § 13 I 1 VwVG Bund auch die Zwangsmittelandrohung entbehrlich. § 6 II VwVG Bund regelt zwar an sich die Vollziehung ohne Grundverfügung, während hier eine Grundverfügung vorhanden ist. Wenn aber sogar der Verzicht auf Grundverfügung und Androhung zulässig ist, muss es erst recht zulässig sein, unter denselben Voraussetzungen bei vorhandener Grundverfügung lediglich auf die Androhung zu verzichten. Landesrecht ist in diesem Punkt teilweise deutlicher formuliert als das Bundesrecht. Da die Umsetzung des Fahrzeuges eine vertretbare Handlung darstellt, ist die Ersatzvornahme nach § 10 VwVG Bund ein taugliches Zwangsmittel. Es begegnet keinen Bedenken, dass die Verwaltung dieses Mittel gewählt hat. Damit kann sie die Kosten festsetzen, die sich aus den gesetzlich vorgesehenen Gebühren sowie Auslagen zusammensetzen. Hier werden nur die tatsächlich entstandenen Auslagen für das Abschleppen geltend gemacht.

II. Vorläufiger Rechtsschutz

550 In **Fall 103** möchte F zusätzlich wissen, ob sie vor einer Entscheidung des VG zahlen muss. Dies beurteilt sich nach § 80 VwGO (Rn. 360 ff.). Die Klage hat gemäß § 80 I 1 VwGO grundsätzlich **aufschiebende Wirkung** mit der Folge, dass F vorläufig nicht zu zahlen bräuchte.

551 Die aufschiebende Wirkung könnte aber nach § 80 II 1 Nr. 3 VwGO entfallen. Im LandesAGVwGO oder im LandesVwVG finden sich vielfach Vorschriften, nach denen Rechtsbehelfen gegen **Maßnahmen**, die **in der Verwaltungsvollstreckung** getroffen werden, keine aufschiebende Wirkung zukommt. Nach diesen Vorschriften sind beispielsweise Zwangsmittelandrohungen sofort vollziehbar. Der Bescheid über die Kosten der Ersatzvornahme ist aber nicht mehr Teil der Verwaltungsvollstreckung, sondern dieser nachgelagert. Was o. Rn. 545 im Rahmen von § 28 II Nr. 5 VwVfG ausgeführt wurde, gilt auch hier. Auf diese Weise lässt sich ein Wegfall der aufschiebenden Wirkung also nicht begründen.

552 Erwägen ließe sich ein Wegfall der aufschiebenden Wirkung nach § 80 II 1 Nr. 1 VwGO. Bei der ersten Lektüre drängt sich dies auf. Die herrschende Meinung versteht den Begriff der **öffentlichen Abgaben und Kosten** jedoch sehr eng (Rn. 362). Danach geht es darum sicherzustellen, dass der allgemeine Finanzbedarf der öffentlichen Hand gedeckt wird. Geschützt werden soll das Vertrauen in die Konstanz laufender Einnahmen. Daher sollen nur solche Kosten erfasst sein, die gesetzlich mit bestimmten Sätzen vorgesehen sind[2]. Die Festsetzung individuell anfallender Auslagen im Einzelfall soll nicht erfasst sein. Folgt man dieser Auffassung, greift auch § 80 II 1 Nr. 1 VwGO nicht ein. Das bedeutet, dass F jedenfalls bis zur Entscheidung des VG nicht zahlen muss.

2 A. A. BayVGH, BayVBl. 1995, 694 (695).

Sachverzeichnis

Die Angaben beziehen sich auf die Randnummern.